プリント形式のリアル過去問で本番の臨場感！

青森県 公立高等学校

2025年春 受験用

解答集

本書は，実物をなるべくそのままに，プリント形式で年度ごとに収録しています。
問題用紙を教科別に分けて使うことができるので，本番さながらの演習ができます。

■　収録内容

・解答集(この冊子です)

書籍ＩＤ番号，この問題集の使い方，最新年度実物データ，教科別入試データ解析，
解答例と解説，ご使用にあたってのお願い・ご注意，お問い合わせ

・2024(令和６)年度 ～ 2022(令和４)年度　学力検査問題

・リスニング問題音声《オンラインで聴く》　詳しくは次のページをご覧ください。

○は収録あり　年度	'24	'23	'22			
■ 問題収録	○	○	○			
■ 解答用紙	○	○	○			
■ 配点	○	○	○			
■ 放送問題音声・原稿※	○	○	○			

全教科に解説
があります

※放送問題は国語と英語で実施
注)国語問題文非掲載:2024年度の5

問題文の非掲載につきまして

著作権上の都合により，本書に収録している過去入試問題の本文の一部を掲載しておりません。ご不便をおかけし，誠に申し訳ございません。

本文の一部を掲載できなかったことによる国語の演習不足を補うため，論説文および小説文の演習問題のダウンロード付録があります。弊社ウェブサイトから書籍ＩＤ番号を入力してご利用ください。

なお，問題の量，形式，難易度などの傾向が，実際の入試問題と一致しない場合があります。

教英出版

JN132399

■ 書籍ＩＤ番号

リスニング問題の音声は，教英出版ウェブサイトの「ご購入者様のページ」画面で，書籍ＩＤ番号を入力してご利用ください。

入試に役立つダウンロード付録や学校情報なども随時更新して掲載しています。

書籍ＩＤ番号　166302

（有効期限：2025年9月30日まで）

【入試に役立つダウンロード付録】
「ラストチェックテスト（標準／ハイレベル）」
「高校合格への道」

【リスニング問題音声】
オンラインで問題の音声を聴くことができます。
有効期限までは無料で何度でも聴くことができます。

■ この問題集の使い方

年度ごとにプリント形式で収録しています。針を外して教科ごとに分けて使用します。①片側，②中央のどちらかでとじてありますので，下図を参考に，問題用紙と解答用紙に分けて準備をしましょう（解答用紙がない場合もあります）。

針を外すときは，けがをしないように十分注意してください。また，針を外すと紛失しやすくなりますので気をつけましょう。

① 片側でとじてあるもの

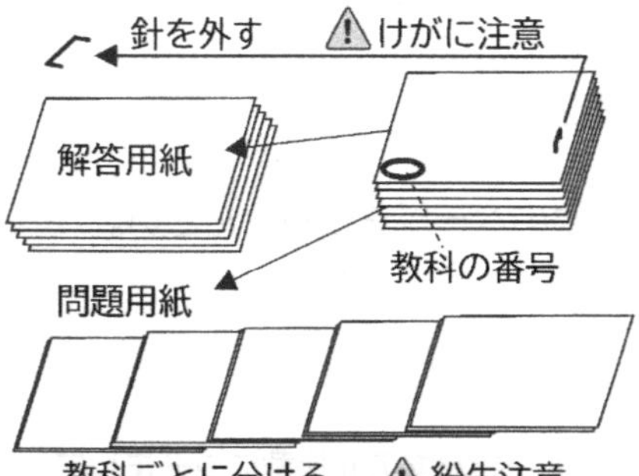

② 中央でとじてあるもの

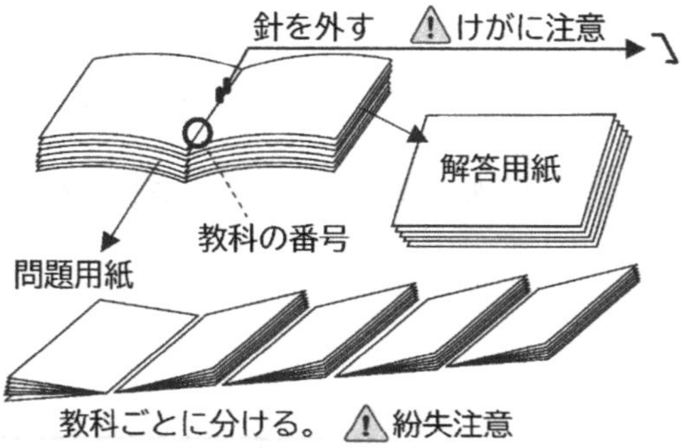

※教科数が上図と異なる場合があります。
解答用紙がない場合や，問題と一体になっている場合があります。
教科の番号は，教科ごとに分けるときの参考にしてください。

■ 最新年度　実物データ

実物をなるべくそのままに編集していますが，収録の都合上，実際の試験問題とは異なる場合があります。実物のサイズ，様式は右表で確認してください。

問題用紙	Ａ４冊子（二つ折り）
解答用紙	Ａ３片面プリント

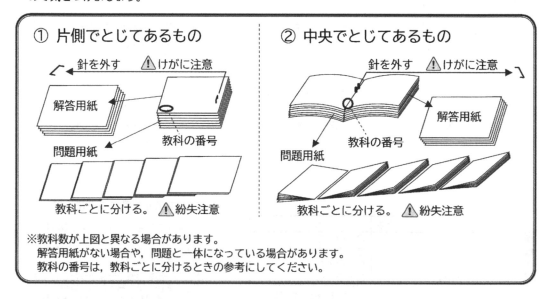

青森県　公立高校入試データ解析　国語

分野別データ			2024	2023	2022
大問の種類	長文	論説文・説明文・評論	○	○	○
		小説・物語	○	○	○
		随筆・紀行文			
	古文・漢文		○	○	○
	詩・短歌・俳句				
	その他の文章				
	条件・課題作文		○	○	○
	聞き取り		○	○	○
漢字・語句	漢字の読み書き		○	○	○
	熟語・熟語の構成				
	部首・筆順・画数・書体		○		
	四字熟語・慣用句・ことわざ				
	類義語・対義語				
文法	品詞・用法・活用		○	○	○
	文節相互の関係・文の組み立て			○	
	敬語・言葉づかい		○		
文章の読解	長文	語句の意味・補充	○	○	○
		接続語の用法・補充			
		表現技法・表現の特徴		○	○
		段落・文の相互関係			
		文章内容の理解	○	○	○
		人物の心情の理解	○	○	○
	古文・漢文	歴史的仮名遣い	○	○	
		文法・語句の意味・知識	○	○	○
		動作主	○		○
		文章内容の理解	○	○	○
	詩・短歌・俳句				
	その他の文章				

形式データ	2024	2023	2022
漢字の読み書き	10	10	10
記号選択	8	9	10
抜き出し	3	3	2
記述	10	12	8
作文・短文	1	1	1
その他	1		1

2025年度入試に向けて

1は放送による検査で，設問も音声で出題される。最後まで集中して，正しく聞き取ろう。2は漢字の問題。3は古典。歴史的仮名遣いや返り点のルールといった基本的な古典知識から，文章全体の読解に関する問いが見られる。4と5は，文学的な文章と説明的な文章。出題の順番は年によってかわることがある。文学的な文章では，場面の展開に沿って，人物の心情を丁寧に読み取ろう。説明的な文章では段落ごとの内容をおさえながら，全体として筆者が言いたいことをつかもう。6は作文。条件に注意して，自分の意見をわかりやすくまとめる練習をしておこう。

青森県 公立高校入試データ解析 数学

分類		2024	2023	2022	問題構成	2024	2023	2022
式と計算	数と計算	○	○	○	小問	[1](1)(4)計算問題 (2)数直線 (7)ことがらの逆と反例 [2](2)連立方程式の文章問題	[1](1)(4)計算問題 (2)文字式の文章問題	[1](1)計算問題 (3)(4)(8)絶対値，連立方程式，平方根の文章問題
	文字式	○	○	○				
	平方根	○	○	○				
	因数分解		○					
	1次方程式		○		大問	[5]規則的に増える値について，文字式，２次方程式の文章問題	[5]買い物について，連立方程式，１次方程式の文章問題	[5]カレンダーの曜日について，２次方程式の文章問題
	連立方程式	○	○	○				
	２次方程式	○		○				
統計	データの活用	○	○	○	小問	[1](3)[2](1)標本調査など	[1](3)(8)箱ひげ図など	[1](7)四分位範囲
					大問			
	確率		○	○	小問		[2](2)５枚のカード	[2](2)方程式と確率
					大問			
関数	比例・反比例	○		○	小問	[1](5)変域 (8)１次関数	[1](5)１次関数の式	[1](5)変域
	１次関数	○	○	○				
	２乗に比例する関数	○	○	○				
	いろいろな関数							
	グラフの作成				大問	[4]座標平面 直線，放物線，三角形	[4]座標平面 直線，放物線，正方形，三角形	[4]座標平面 双曲線，直線，放物線，四角形
	座標平面上の図形	○	○	○				
	動点，重なる図形							
図形	平面図形の性質	○	○	○	小問	[1](6)合同な三角形と角度	[1](6)平行線と角度 (7)特別な直角三角形 [2](1)作図	[1](2)おうぎ形の面積 (6)円と角度 [2](1)作図
	空間図形の性質	○	○	○				
	回転体							
	立体の切断							
	円周角	○		○				
	相似と比	○	○		大問	[3](1)空間図形 円すいと糸 (2)平面図形 円，三角形	[3](1)空間図形 三角すい (2)平面図形 正方形，三角形	[3](1)空間図形 立方体，正四角すい (2)平面図形 ひし形，三角形
	三平方の定理	○	○	○				
	作図		○	○				
	証明	○	○	○				

2025 年度入試に向けて

100 点満点中 40 点余りが大問 1 に割り振られている。大問 1 は，計算問題をはじめとする，各分野の基本的な問題ばかりなので，確実に正解したい。そのためにも，簡単な公式は必ずすべて覚えておくこと。覚えた公式はほかの問題を解く際にも利用できるので，全体的な点数アップにつながる。

青森県　公立高校入試データ解析　英語

分野別データ		2024	2023	2022
音声	発音・読み方			
	リスニング	○	○	○
文法	適語補充・選択			
	語形変化			
	その他			
英作文	語句の並べかえ	○	○	○
	補充作文	○	○	○
	自由作文	○	○	○
	条件作文	○	○	○
読解	語句や文の補充	○	○	○
	代名詞などの指示内容	○	○	○
	英文の並べかえ			
	日本語での記述	○	○	○
	英問英答	○	○	○
	絵・表・図を選択			
	内容真偽	○	○	○
	内容の要約	○	○	○
	その他			

形式データ			2024	2023	2022
リスニング	記号選択		8	8	8
	英語記述		1	1	1
	日本語記述				
文法・英作文・読解	読解	会話文	2	2	2
		長文	2	2	2
		絵・図・表	1	1	1
	記号選択		13	13	10
	語句記述		3	0	1
	日本語記述		1	4	4
	英文記述		9	9	11

2025 年度入試に向けて

リスニングでも英問英答の問題が出題されるなど，英語の記述問題が多いという傾向に変化はない。特に英作文の問題が多いから，教科書で基本の構文を覚え，自分の考えを英文で表す練習をしよう。文法だけの問題は出題されないが，単語や連語表現はリスニング・英作文・読解の基礎となる部分だから，必ず勉強しておこう。また，毎年必ず資料を使った読解問題が出題される。会話と資料の両方から読み取らなければならないので，過去問や問題集で類似問題を解いて対策しておこう。

青森県　公立高校入試データ解析　理科

分野別データ		2024	2023	2022
物理	光・音・力による現象	○	○	○
	電流の性質とその利用	○	○	○
	運動とエネルギー		○	○
化学	物質のすがた	○	○	○
	化学変化と原子・分子	○	○	○
	化学変化とイオン	○	○	○
生物	植物の生活と種類	○		○
	動物の生活と種類	○	○	○
	生命の連続性と食物連鎖	○	○	○
地学	大地の変化	○	○	○
	気象のしくみとその変化	○	○	○
	地球と宇宙	○	○	○

形式データ	2024	2023	2022
記号選択	13	15	16
語句記述	9	14	14
文章記述	4	3	5
作図	1	2	3
数値	10	6	4
化学式・化学反応式	2	1	2

2025 年度入試に向けて

物理，化学，生物，地学の問題がまんべんなく出題され，覚えている知識を使ってすぐに解答できる問題から，時間をかけて考えたり計算したりする問題まで，難易度もさまざまである。自分自身の目標をしっかりと定めて，答えられる問題から順に解いていけるように，過去問を使って解く順番と時間の使い方を練習しておこう。また，正解できなかった問題については，解説を読んだり教科書やノートを読み返したりして，次に同じような問題が出た時には正解できるようにしておこう。

青森県　公立高校入試データ解析　社会

	分野別データ	2024	2023	2022	形式データ	2024	2023	2022
地理	世界のすがた	○	○	○	記号選択	3	4	5
	世界の諸地域（アジア・ヨーロッパ・アフリカ）	○	○		語句記述	7	6	8
	世界の諸地域（南北アメリカ・オセアニア）	○	○	○	文章記述	2	2	3
	日本のすがた	○	○	○	作図			
	日本の諸地域（九州・中国・四国・近畿）		○	○	計算	1		1
	日本の諸地域（中部・関東・東北・北海道）	○		○				
	身近な地域の調査							
歴史	原始・古代の日本	○	○	○	記号選択	6	4	4
	中世の日本	○	○	○	語句記述	5	6	7
	近世の日本	○	○	○	文章記述	2	2	2
	近代の日本	○	○	○	並べ替え	1	1	1
	現代の日本	○	○	○				
	世界史	○		○				
公民	わたしたちと現代社会	○	○	○	記号選択	5	5	5
	基本的人権		○	○	語句記述	10	8	6
	日本国憲法			○	文章記述	3	2	2
	民主政治	○	○	○				
	経済	○	○	○				
	国際社会・国際問題	○	○					

2025年度入試に向けて

記号選択と語句記述の問題がほとんどである。長い文で答えることはほとんどないことから，一問一答式の暗記練習が最も効果的と思われる。資料についても，複数の資料を読み取る問題はほとんど見当たらないことから，教科書や資料集などにのっている資料のもつ意味を理解できていれば，問題を解く上で支障はないと思われる。出題パターンもある程度決まっているので，過去問を使って問題を解き，出題されている分野をしっかりと復習すれば，良い受験勉強になるだろう。

2024 解答例
令和6年度

青森県公立高等学校

《2024　国語　解答例》

1　(1)活性化につなげる　(2)回収品の種類を増やすこと。　(3)3　(4)再利用で資源の節約を

2　(1)ア．すんか　イ．きょうこく　ウ．きんこう　エ．なが　オ．こと　カ．登録　キ．破損　ク．縦断　ケ．筋道　コ．済　(2)4

3　(1)ア．右漢文　イ．1　ウ．常に行動し、常に進む　(2)ア．とびちがいたる　イ．2

謂ヒテ二晏子ニ一曰ハク

4　(1)おっしゃる　(2)いつの間にか身にまとってしまった
(3)次に何を言えばいいのかわからないのに、朔のもとに走った　(4)3
(5)正反対の気持ちでも裏と表でつながっているからどっちも持っていい

5　(1)2　(2)3　(3)うすいプラスチック板の上にまかれた砂が作る模様　(4)時代によってことなる
(5)A．ブラックホールが存在すると仮定する　B．目に見えず可視化できないが存在すると認識する
(6)4

6　〈作文のポイント〉
・最初に自分の主張、立場を明確に決め、その内容に沿って書いていく。
・わかりやすい表現を心がける。自信のない表現や漢字は使わない。
さらにくわしい作文の書き方・作文例はこちら！→https://kyoei-syuppan.net/mobile/files/sakupo.html

《2024　英語　解答例》

1　(1)ア．2　イ．1　ウ．4　(2)ア．3　イ．3　ウ．4　(3)ア．3　イ．1
(4)(例文1)I want to enjoy eating lunch with them.　(例文2)I want to sing a Japanese song for them.

2　(1)ア．will be happy to visit these　イ．you help me send my message　ウ．don't have to speak English well　(2)3
(3)1．If you come to Aomori in winter, you can see snow.　2．What are you interested in?

3　(1)A．5　B．2　C．7　(2)4，6

4　(1)ア．larger　イ．examples　ウ．garbage　(2)1．It brought terrible changes in their lives.　2．They were found in a dead whale's stomach.　3．No, it hasn't.
(3)(例文1) I feel sad about this story.　I usually use plastic bags for shopping.　So, it is good to bring my bag.
(例文2)I know this news, but I didn't do anything special.　We should start something to keep these sea animals safe.

5　(1)ア．3　イ．2　ウ．4　エ．1　(2)私たちは，家でもバスの中でも，病院で待っている時でも寝る前でも本を読むことができるから。〔別解〕私たちはいつでもどこでも本を読むことができるから。
(3)ア．7　イ．4　ウ．5

《2024　数学　解答例》

1 ⑴ア．5　イ．－6　ウ．$-6x+4y$　エ．$\frac{x+11y-14}{15}$　オ．8　⑵－1，7　⑶420　⑷$\frac{1}{9}x^2+2x+9$
⑸ $a=4$　$b=0$　⑹35　⑺$x=2$，$y=2$　⑻エ

2 ⑴ア．15，20　イ．3　⑵ア．㋐$\frac{x}{3}$　㋑$\frac{y}{5}$　㋒2.3　イ．Aさんの家から峠まで…4.2　峠から祖父の家まで…4.5

3 ⑴ア．3　イ．120　ウ．$\frac{3\sqrt{7}}{2}$　⑵ア．㋐∠ACB　㋑∠APB　㋒∠ABQ　イ．$\frac{5\sqrt{2}}{2}$

4 ⑴2　⑵$3\sqrt{5}$　⑶ア．（0，12）　イ．$\frac{12\sqrt{5}}{5}$

5 ⑴ア．5　イ．すべての対角線を2回ずつ数える　⑵ア．㋒15　㋓n（n－1）　イ．12

《2024　社会　解答例》

1 ⑴南極　⑵4　⑶ア．APEC　イ．乾燥　ウ．2．フィリピン　4．チリ　⑷4

2 ⑴白神　⑵潮境〔別解〕潮目　⑶3　⑷冬に雪でおおわれて農作業ができない時期の仕事　⑸ア．2
イ．新鮮な状態で出荷ができること。〔別解〕輸送にかかる時間や費用をおさえることができること。

3 ⑴ア．摂関政治　イ．3　⑵ア．宗派…3　人物…栄西　イ．足利義政　⑶ア．2　イ．朝廷に政権を返上すること。

4 ⑴西郷隆盛　⑵2→3→1　⑶アメリカが国内の反対で加入できなかった　⑷ワシントン　⑸ア．4
イ．3

5 ⑴ア．200　イ．2　ウ．総会　⑵ア．解散　イ．国会議員の中から国会が指名する。　ウ．住民が直接選挙で選ぶ。　⑶1

6 ⑴ア．2　イ．クーリング・オフ　⑵ア．消費　イ．将来の世代に借金の返済を担わせることになるから。
⑶公衆衛生　⑷1

7 ⑴NGO　⑵3　⑶4　⑷ア．A．京都　B．パリ　イ．持続可能

《2024　理科　解答例》

1 ⑴ア．脊椎動物　イ．2　⑵ア．4　イ．遺伝子　⑶1　⑷ア．3　イ．直径は小さく，密度は大きい。

2 ⑴ア．2　イ．窒素，エタノール　⑵ア．電流を流しやすくするため。　イ．陰極…水素　陽極…酸素
⑶ア．3　イ．250　⑷ア．3　イ．5

3 ⑴ア．600　イ．葉を脱色するため。　ウ．①葉緑体　②デンプン
⑵ア．1　イ．光合成の方が呼吸よりさかんに行われているから。

4 ⑴ア．緑　イ．Cl^-　ウ．2　⑵ア．$BaSO_4$　イ．0.84

5 ⑴ア．3　イ．右グラフ　ウ．4　⑵ア．抵抗器B…40　抵抗器D…30
イ．12

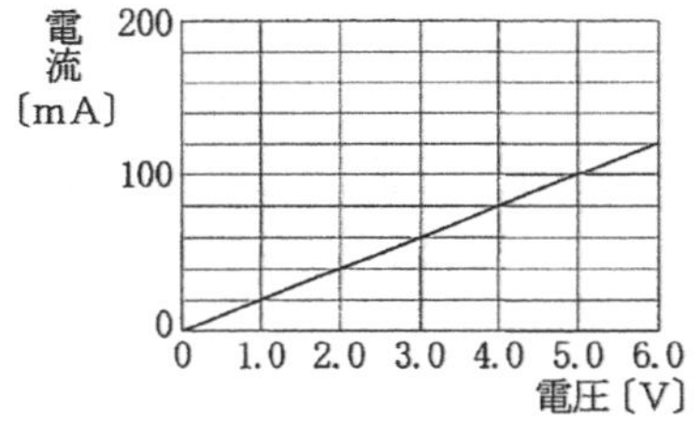

6 ⑴ア．断層　イ．1　ウ．4　⑵ア．2　イ．22時23分18秒　ウ．28

《2024 国語 解説》

1 (1) 司会の山田さんの最初の発言の「今日の会議の目的は、それぞれの学校で行っている環境保全の活動の内容と今後の見通しを知ることで、活動の活性化につなげるためです」を参照。

(2) 吉井さんの最初の発言の後半部、「今は古紙の回収しか行っていないので、今後は、回収品の種類を増やすことを、町内会の方と相談していきたいです」を参照。

(3) 「ありがとうございます。回収した古紙が新しい紙の原料に変わると、資源の節約になりますよね」「なるほど。まだ使えるものを再利用することは、ゴミの削減に向けて有効な取り組みですね。こちらも資源の節約になりますね」と、直前の吉井さんと高橋さんの発表について、自分の意見を付け加えてまとめている。

(4) 高橋さんの発表から、配布プリントの印刷されていない面をメモ用紙として使うという再利用の仕方がわかった。ポスターのキャッチコピーとしては、他にも「いろいろな再利用を工夫しよう」「柔軟な発想で創造的な再利用を」「きめ細かい分別で資源の無駄遣いをなくそう」など、様々なものが考えられる。

2 (2)「木」(きへん)は行書では三画。1は「ころもへん」。2は「しめすへん」。3は「けものへん」。

3 (1)ア 書き下し文の「晏子《あんし》に謂《い》ひて曰《いわ》く」を参照。「子」から「謂」に二字返っているから「一・二点」を用いる。 イ 最初の「 」は、梁丘拠《りょうきゅうきょ》が晏子に「吾《われ》(=私は)」「夫子《ふうし》に(=あなたに)」「及ばず(=及ばない)」と言っている。 ウ 晏子は、〝「為者常成、行者常至」(為《な》す者は常に成り、行く者は常に至る)と聞くが、自分は「常為而不置、常行而不休者」(常に為して置かず、常に行きて休まざる者なり)〟と言っている。この「為す」(=行動する)ことと「行く」(=進む)ことを、常に両方できる人物はまれである。これが、ふつうの人が晏子になかなか及ばない理由である。

【漢文の内容】

> 梁丘拠が晏子に言ったことには、「私は死ぬまであなたには及ばない。」と。晏子が言ったことには「私はこのように聞いた、行動する人物は必ず成功し、進む人物は必ず到達する、と。私は人と異なることがあるのではない。常に行動して放置せず、常に進んで休まない人物である。だから人は私にはなかなか及ぶことができないのだ。」と。

(2)ア 古文で言葉の先頭にない「はひふへほ」は、「わいうえお」に直す。 イ 1.このような比較はしていない。 2.「闇もなほ、蛍の多く飛びちがひたる」を筆者は肯定的に評価しており、2と一致する。 3.「また、ただ一つ二つなど、ほのかにうち光りて行くもをかし」は前文からの続きで、蛍のことを言っている。 4.「雨など降るもをかし」と合わない。

【古文の内容】

> 夏はなんといっても夜が良い。月のあるころはいうまでもない。闇の夜でもやはり、蛍が多く飛び交っているのはおもしろい。また、たくさんではなく、ただ一つ二つなど、かすかに光って飛んで行くのも趣がある。雨など降るのもおもしろい。

4 (1) 「言う」の尊敬語は「おっしゃる」、謙譲語は「申す・申し上げる」である。

(2) 「朔《はじめ》くんも大人っぽい自分になりたくてそうなったんだとぼんやり思いこんでいた」という自分の思いこみを「でも、そうじゃなくて」と打ち消したあとで、「(朔くんは)大人びた雰囲気を、いつの間にか身にまとってしまったのかもしれない」と推測している。雰囲気を身につけることを、衣装をつけるように象徴的に表現している。

前後の「いつの間にか」「〜てしまった」には、意識的ではなかったこと、むしろ意図に反する結果だったことなどが示唆《しさ》されている。

(3)　「ここで別れるのは、ごく自然のことだ」という状況なのに、「『朔くん！』叫ぶと、朔くんは足を止めて、わたしを見た」。さらに、「わたし」は、「次に何を言えばいいのかわからな」かったのに、「朔くんのもとに走った」。このかみあわないような前後をつなげているのが、「悪あがきをするように」である。しかし、ここで悪あがきをしたおかげで、真子は「わたしの言葉(＝考え方)」を増やすことができた。

(4)　朔は自分の歌声が好きで、声変わりがきてボーイ・ソプラノの声が消えてしまうことを辛く思っている。それを、自分で「カルシウムを摂《と》らなくても〜成長期には勝てなかったね（＝牛乳を飲まなくても、成長は止められないね。だからやがてボーイ・ソプラノは消えてしまうね)」と自虐的に言い、笑ったのは、雰囲気が深刻にならないようにするためで、自分のことを真剣に考えてくれている真子に対する気遣いによるものである。よって、３が適する。

(5)　二重傍線部Ａは本文４行目からの「朔くんがこんなにきれいなボーイ・ソプラノを持ってるのに、それを知らない人がいっぱいいるのが、もったいないって思って」、二重傍線部Ｂは前後の朔などの発言から、どのような意味なのかが読み取れる。二重傍線部Ｃについて、直後に「残念って気持ちもあるけど〜愛《いと》しいなって思う気持ちの方が、大きい」とあり、「もったいない」には、二つの気持ちがあるとしている。このような思いに至ったのは、「どうせ消えちゃう声だから大勢の人に聴かせたくないって気持ちと、消える前にみんなに聴いてほしいって気持ち、正反対だけど、裏と表でちゃんとつながってるんだと思うよ。だから、どっちも持っていいんだよ」ということに気づいたからである。

5　著作権上の都合により文章を掲載しておりませんので、解説も掲載しておりません。ご不便をおかけし、誠に申し訳ございません。

《2024　英語　解説》

1　(1)ア　「私はこの標識を見つけたので，犬と公園を散歩しました。どの標識ですか？」…２が適切。　イ　「私の誕生日は 10 月 21 日です。カナコの誕生日は私の誕生日の１か月後です。カナコの誕生日はいつですか？」…１「11 月 21 日」が適切。　ウ　「あなたはジョンと話しています。彼の好きな食べ物を知りたいです。あなたは彼に何を尋ねますか？」…４「あなたはどんな食べ物が好きですか？」が適切。

(2)【放送文の要約】参照。ア　「人々が海外の芸術作品を見たい場合は，どこに行きますか？」…３「３階へ」が適切。　イ「人々は１階で何ができますか？」…３「彼らは伝統的な食事を食べることができます」が適切。
ウ「国際的なアートイベントについて正しいものはどれですか？」…１「その美術館は×今週限定でイベントを開催しています」　２「特設アートショップは×美術館の中にあります」　３「レストランは×午後７時に閉まります」　４〇「美術館は７時まで開いています」

【放送文の要約】

当館にお越しくださりありがとうございます。今月は国際的なアートイベントがございます。２階では日本の芸術作品をご覧いただけます。ア3海外の芸術作品を楽しみたい方は３階にお越しください。イ3１階のレストランでは，多くの国の伝統料理をお召し上がりいただけます。そこで昼食をお食べになった方には，ポストカードをお贈りいたします。この美術館の前では，今週限定の特設アートショップをオープンしております。ウ4美術館とショップは午後７時に閉まりますが，レストランは午後９時まで営業しております。私たちの美術館をお楽しみください。ありがとうございました。

⑶ア　質問「彼らはどこで話していますか？」…タカシ「リサ。この歴史の本はどう？」→リサ「ありがとう。これは私にとっていいわね。どこで見つけたの？」→タカシ「あそこだよ。歴史の本はもっとたくさんあるよ」→リサ「１日に何冊本を借りることができるの？」の流れより，３「図書館で」が適切。　イ　質問「タカシは次に何と言うでしょうか？」…リサ「タカシ，私は明日セントラルスタジアムに行くよ」→タカシ「ここから遠いね。バスで行った方がいいよ」→リサ「そうなの？スタジアムまでバスでどれくらいかかるの？」の流れより，１「20 分だよ」が適切。

⑷　「こんにちは，みなさん。私はみなさんに質問をしたいです。来週，アメリカから 10 人の学生が来ます。彼らは私たちの学校を訪れます。みなさんには彼らと楽しい時間を過ごしてほしいです。みなさんは彼らと何をしたいですか？」…リー先生の最後の質問「みなさんは彼らと何をしたいですか？」に対する自分の考えを答える。I want to ～.「私は～したいです」などで答えるとよい。（例文１）「私は彼らと昼食を食べるのを楽しみたいです」

（例文２）「私は彼らのために日本の歌を歌いたいです」

2【本文の要約】参照。

⑴ア　主語の直後には助動詞の will，動詞の原形の be と続き，文末の places につながるのは these「これらの」，その前は visit ～「～を訪問する」である。　・be happy to ～「～してうれしい／喜んで～する」

イ　Can you ～?「～してくれませんか？」を使って相手に頼む文にする。文末に to her があるので，send＋もの＋to＋人「(人)に(もの)を送る」の形と考えて send my message to her「彼女に僕のメッセージを送る」とつながる。　・help＋人＋動詞の原形「(人)が～するのを助ける」

ウ　don't have to ～「～する必要はない」と話の流れより，「上手に英語を話す必要はない」という意味にする。well「上手に」は文末に置くこと。

⑵　□の直前にケンは，完璧な英語が必要だという考えは間違っていると言っているので，３「簡単な」を入れて，「簡単な英語で十分」とつなげる。１「難しい」，２「よい」，４「すばらしい」は不適切。

⑶　「リンジー先生，お元気ですか？先生の国の良い場所を教えてくれてありがとうございます。日本には美味しい食べ物，美しい海，たくさんの有名なお祭りがあります」に続く部分を英語にする。

１　If を使った文にする。snow「雪」は数えられない名詞だから，複数形にしないように注意しよう。

「青森に来る」＝come to Aomori　「冬に」＝in winter　「雪を見る」＝see snow

２　疑問詞 What を使った疑問文にする。文末の in を付け忘れないようにしよう。

「～に興味がある」＝be interested in ～

【本文の要約】

こんにちは，ヒロヤさん！

前回の授業で旅行の話をしたのを覚えていますか？あなたにいつか私の国を訪れてほしいです。そこであなたに私の国を紹介したいと思います。ここには美しい自然があります。動物が好きなら，クルーガー国立公園を訪れましょう。そこで野生のライオンやゾウを見ることができます。テーブルマウンテンという有名な山があります。山の頂上は平らで，テーブルのようです。あなたは自然と登山が好きでしたよね。ア これらの場所を訪れたらあなたは満足することでしょう。（＝You will be happy to visit these places.）私は日本に行きたいので，日本について教えてほしいです。

ヒロヤ：ケン，このメッセージを見て。僕は英語のリンジー先生からこれを受け取ったよ。先生に外国人に人気の場所を教えたいけど，僕は英語が得意じゃないんだ。イ 先生に僕のメッセージを送るのを手伝ってくれない？（＝Can you help me send my message to her?）

ケン　：もちろん。彼女にどこを紹介するつもりなの？

ヒロヤ：うーん。わからないな…。

ケン　：じゃあ，彼女は何が好きなの？

ヒロヤ：うーん。知らないな…。

ケン　：ヒロヤ，それが問題だよ。彼女は君の好きなことを知っていて，素敵な場所を紹介してくれたよ。君が彼女のことをよく知らないなら，彼女の好きな場所をどうやって選ぶのさ？

ヒロヤ：その通りだ。でも僕は英語が苦手なんだ。だから，もし先生が僕の英語を理解できない場合はどうすればいいの？僕はいつもそのことを心配しているんだ。

ケン　：ヒロヤ，良いコミュニケーションには完璧な英語が必要だと思ってる？それは間違いだよ。⑵3簡単な（＝Simple）英語で十分だよ。ウ君は上手に英語を話す必要はないよ。（＝You don't have to speak English well.）君は話し相手のことを気にするべきだよ。これは良いコミュニケーションのために重要だね。

ヒロヤ：そうか。僕はまず先生のことを知るべきだな。

ケン　：そう，お互いを知ることはコミュニケーションの始まりだよ。

ヒロヤ：ありがとう，ケン。

3【本文の要約】参照。

⑵　1「サトミは×幼稚園の先生になることにしました」　2「ミラー先生は×職場体験をしたことがありません」　3×「アキの母は幼稚園に行くように言いましたが，アキは行きませんでした」…本文にない内容。　4○「職場体験の後，サトミは以前よりも看護師になりたいという思いが強くなりました」　5「サトミとアキは×先週，職場体験に挑戦しました」　6○「アキは母の仕事はすばらしいことがわかりました」

【本文の要約】

ミラー：何をしているのですか？

サトミ：私たちは職場体験について話しています。私たちは２週間前に仕事について学ぶためにさまざまな場所に行きました。

ミラー：アキさんはどこに行きましたか？

アキ　：私は幼稚園に行きました。

ミラー：なるほど。サトミさん，あなたはどうですか？

サトミ：私は看護師になりたいので，病院に行くことにしました。A5看護師として働くことについて学びました。病院の看護師は，患者の体と心に非常に注意を払っていました。彼らは患者の世話をするとき，いつも患者の気持ちを考えていました。患者を安心させることは，彼らの仕事の重要な部分だと思いました。⑵4私は今本当に看護師になりです。私は良い看護師になるために一生懸命勉強します。

ミラー：サトミさん，あなたの仕事に対する気持ちは強くなりましたね。アキさん，あなたはどうですか？

アキ　：私にとって将来の仕事を決めるのは難しかったです。最初，B2私は職場体験をする場所を決めることができませんでした。でも，母が手伝ってくれました。母は幼稚園の先生です。母は子どもたちと一緒にいるととても幸せだと言っていたので，私は幼稚園に行くことにしました。職場体験では先生のひとりが，幼稚園の先生は常に子どもの健康について考え，子どもの安全を確保する必要があると教えてくれました。幼稚園の先生には多くの責任がありました。⑵6先生方の仕事は重要で素晴らしいです。私は今，以前よりも母を尊敬しています。

ミラー：それはいいですね。子どもと一緒にいたとき，どんな気持ちでしたか？

アキ　：うれしかったです。C7たくさんの子どもが私を必要としてくれているのを感じました。子どもたちは私と一緒に絵を描きたがっていました。

サトミ：なるほど。私も患者が「ありがとう」と言ってくれた時，とてもうれしかったです。彼らに必要とされていると思いました。

ミラー：ふたりとも多くのことを学びましたね。そんな風に感じることが大切です。学生の時，私は職場体験を通して同じようなことを感じました。もし，あなたたちが将来の仕事でそのような感覚を持てるとしたら，それはすてきなことですね。

4 【本文の要約】参照。

(1)ア　「2050年の海洋では，全てのプラスチックの総量が全ての魚よりも(　　)なります」…第１段落３～４行目より，2050年には海洋のプラスチックの総量が魚よりも大きくなるので，比較級のlargerを入れる。

イ　「マリは海の動物に関する話の３つの(　　)を挙げています」…第２段落１～２行目で，マリは３つの海の動物の例を紹介すると言っている。examplesが適切。　　ウ　「マリは私たちに(　　)と一緒に暮らすことを想像してほしい」…第３段落３～４行目で，マリはゴミと一緒に暮らすことが想像できるか問いかけている。garbageを入れる。

(2)１　「プラスチックは海の動物に何をもたらしましたか？」…第２段落１行目より，彼らの生活にひどい変化をもたらしたので，It brought terrible changes in their lives.と答える。　　２　「2018年に80枚のビニール袋はどこで見つかりましたか？」…第２段落４行目より，死んだクジラの胃の中から見つかったので，They were found in a dead whale's stomach.と答える。　　３　「海は海の動物にとってよりよい状態になっていますか？」…第２段落４～５行目より，No, it hasn't.と答える。

(3)　下線部の質問「この海洋の問題についてどう思いますか？」に対する自分の考えを答える。20語以上の条件を守ること。(例文１)「私はこの話について悲しくなりました。私はいつも買い物でビニール袋を使いますが，自分の買い物袋を持参する方がいいです」　(例文２)「私はこのニュースを知っていますが，特別なことは何もしませんでした。私たちはこれらの海の動物を安全に保つために，何かし始めるべきです」

「～を安全に保つ」＝keep ～ safe

【本文の要約】

2022年，１年間で約800万トンのプラスチックゴミが世界の海洋に流れ込みました。これは東京ドーム７つ分です。何もしなければ，2040年には約2900万トンのプラスチックが海洋に流入し，(1)ア2050年には海洋に生息するすべての魚よりもプラスチックの総量の方が多くなってしまいます！みなさんはそんな海洋の魚が食べたいですか？

海の動物についての話がいくつかあります。(2)1プラスチックは彼らの生活にひどい変化をもたらしました。(1)イ３つの例を紹介します。１つ目に，カメはビニール袋を食べ，プラスチックの漁網に引っかかり，プラスチックのストローによって怪我をします。２つ目に，海鳥の90%はプラスチックを食べていると言われています。３つ目に，(2)2 2018年に死んだクジラの胃から80枚のビニール袋が見つかりました。つまり，(2)3海はこれらの動物にとってますます悪い状態になっています。

もしあなたにこんなことが起きたらどうしますか？あなたは部屋で楽しい時間を過ごしていますが，知らない人によってゴミが部屋に投げ込まれます。それは止まることなく，あなたの部屋をゴミでいっぱいにし続けます。ゴミを自分で部屋から取り除くことはできません。(1)ウあなたはゴミと一緒に暮らすことが想像できますか？自分たちの問題として何かを考えることは，私たちに必要なことです。

⑶この海洋の問題についてどう思いますか？

5 ⑴ア 「メイはスティーブ・ジョブズの本を読む前，」…3「上手にスピーチをするためにたくさん練習したと思っていました」が適当。1「自分の最高のパフォーマンスのために，より多くの練習が必要であることを知っていました」，2「人前でスピーチをするのが上手でしたが，もっと上手になりたいと思っていました」，4「新しいことに挑戦したいと思い，それを探しました」は不適切。 イ 「メイは冒険の本を読んでいた時，」…2「冒険の世界を想像し，とてもわくわくしました」が適切。1「ハリーとその友人たちに強い力を与えました」，3「現実ではなかったので冒険の世界を楽しむことは困難でした」，4「簡単な英語で書かれていたので，それを楽しむことができました」は不適切。 ウ 「本を読むことについて，メイが言っていないことは」…4「学校で本を読むことは，学校の外で本を読むことよりも優れています」が適切。1「本を読むことで新しい考え方を得ることができます」，2「ファンタジーや冒険についての話は読むのがさらに楽しいです」，3「私たちは本を読むことによって，今日生きていない人々に会うことができます」はメイが言った内容。 エ 「メイのスピーチでは，」…1「本は誰かのメッセージを過去から今日へ伝えることができます」が適切。2「私たちが人生で経験したことがないなら，本の中の世界を想像することはできません」，3「本が彼女にとっての先生であるのは，それらが教科を教えるからです」，4「彼女は過去を生きていた人からメッセージをもらいましたが，それが気に入りませんでした」は不適切。

⑵ 理由はSoの前にある。直前の2文の，さまざまな場所で本が読めるという内容を日本語でまとめる。

⑶ 「本を読むことは誰にとっても大切なことです。メイは，自身の読書ア7経験(＝experiences)を通じて感じたことを話すことでこのことを示しました。本には力強いメッセージが書かれており，本の中にはわくわくするような世界が待っています。彼女は本が彼女にとって素晴らしい先生であることを知っています。そのため，彼女はもっと新しい本イ4を読みたい(＝wants to read)と思っています。それらも彼女にとって良い先生になるでしょう。彼女は読書を通して自分自身ウ5を向上させられる(＝can improve)ことを願っています。

【本文の要約】

学校にはたくさんの先生がいますが，学校以外に先生はいますか？私はいます。彼らは話さず，決して教科を教えず，ただ私が来るのを待っています。彼らは，本です！本は私の人生の先生だと言えます。

本を読んでいる時，あなたは著者や物語の中の登場人物と話すことができます。⑴ウ1彼らはあなたに自分の考えを話し，新しい考え方を教えてくれます。その中のひとりは，すでに亡くなっている偉人かもしれません。その中のひとりは，違う時代を生きた人かもしれません。⑴ウ3人生の中で彼らに出会うことはないかもしれませんが，本で出会うことはできます。私は昨年，友達の前でスピーチをするのが苦手でした。そんな時，本でスティーブ·ジョブズに出会いました。新しいことに挑戦した時，彼は一生懸命練習しました。彼は私に，最高のパフォーマンスをするためには1万時間の練習が必要だと教えてくれました。⑴ア3私はスピーチの練習はもう十分だと思っていました。しかし，スティーブ・ジョブズは私に，以前よりもっと努力する必要があると教えてくれました。彼は私を助けてくれて，私のスピーチは良くなりました。⑴エ1彼は 2011 年に亡くなりました。しかし，私は今でも彼のメッセージを受け取ることができます。彼のメッセージは本の中で生きていて，私の心を動かします。スティーブ・ジョブズは私の先生になれるのです！

また，本を読むことは人生で経験することのできない素晴らしい経験を与えてくれます。読書を通して多くのことを想像することができます。ハリー・ポッターの本を知っていますか？これは冒険の物語です。⑴イ2私はそれを読んでとてもわくわくしたことを覚えています。私は自分が特別な人間ではないことをわかっていましたが，ハリーや彼の友人たちと素晴らしい時間を過ごしているように感じました。読んでいる間に，黒い帽子をかぶって空中を飛び，彼らと共に戦う自分を想像することができました。読み終わって，本からたくさんのパワーをもらいました。私は本当に冒険の世界を楽しみました。たとえあなたが人生で経験したことがないとしても，あなたは誰かの人生に身を置き，同じ世界で過ごすことができるのです。(1)ウ2物語がファンタジーや冒険であれば，もっと楽しめると思います。あなたもヒーローになれるのです！

本は私に新しい考え方と新しい経験を与えてくれました。(2)私たちは家でもバスの中でも本を読むことができます。病院で待っている時でも寝る前でも読むこともできます。ですから，本を読むことは私たちの生活を通して学び続けるための簡単な方法のひとつです。本を読むことは，学校でも学べない新しいことを私たちに与えてくれます。私は本を読めばもっと成長できると思います。良い本を見つけたら私に教えてください。私は新しい先生に会えるのを楽しみにしています！

《2024　数学　解説》

1　(1)ア　与式＝$4+1=$**5**

イ　与式＝$(-24)\div 4=$**−6**

ウ　与式＝$(9x-6y)\times(-\frac{2}{3})=9x\times(-\frac{2}{3})-6y\times(-\frac{2}{3})=$**$-6x+4y$**

エ　与式＝$\frac{5(2x+y-1)-3(3x-2y+3)}{15}=\frac{10x+5y-5-9x+6y-9}{15}=$**$\frac{x+11y-14}{15}$**

オ　与式＝$(\sqrt{6}+\sqrt{2})\times\sqrt{4}(\sqrt{6}-\sqrt{2})=2(\sqrt{6}+\sqrt{2})(\sqrt{6}-\sqrt{2})=2(6-2)=2\times 4=$**8**

(2)　$3-4=$**−1**と，$3+4=$**7**

(3)　印のついたクリップとすべてのクリップの個数の比は，およそ2：35と推定できる。

よって，すべてのクリップの個数は，およそ，$24\times\frac{35}{2}=$**420(個)**

(4)　与式＝$(\frac{1}{3}x)^2+2\times\frac{1}{3}x\times 3+3^2=$**$\frac{1}{9}x^2+2x+9$**

(5)　**【解き方】$y=x^2$のグラフは上に開いた放物線だから，xの絶対値が大きいほどyの値は大きくなる。したがって，yが最大値の16となるのは，xが−3かaのときである。**

$x=-3$のとき$y=(-3)^2=9$となり，これはyの最大値ではない。したがって，$x=a$のとき$y=16$となるから，$16=a^2$より，$a=\pm 4$　　$-3<a$より$a=$**4**である。

xの変域が0を含むからyの最小値は0なので，$b=$**0**である。

(6)　**【解き方】△ABC≡△EBDより，∠x＝∠BEDだから，∠BEDの大きさを求める。**

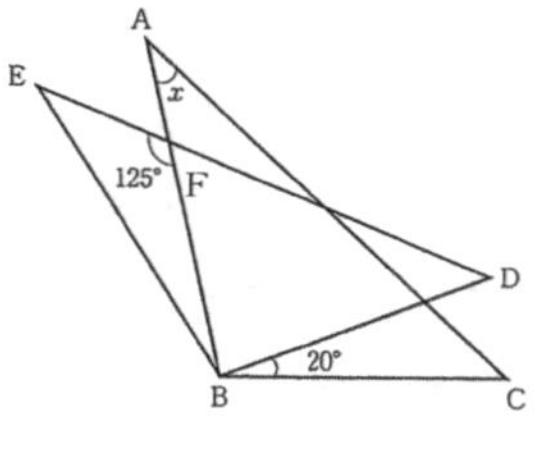

∠EBA＝∠EBD−∠ABD＝∠ABC−∠ABD＝20°

右図のように点Fをおくと，△EBFの内角の和より，

∠BEF＝180°−20°−125°＝35°　　よって，∠x＝**35°**

(7)　逆は，「$x+y=4$ならば，$x=3$，$y=1$である。」

これが正しくないことを示す反例は，例えば**$x=2$，$y=2$**である。

(8)　$2x+y=3$より，$y=-2x+3$である。直線$y=-2x+3$のグラフを考えるとよい。

ア．直線$y=-2x+3$上において，xの値が1つに決まるとyの値も1つに決まるから，正しい。

イ．直線$y=-2x+3$上には無数の点があるので，正しい。

ウ．$y=-2x+3$に$x=1$を代入すると，$y=-2+3=1$となるので，正しい。

エ．直線$y=-2x+3$は切片が3だから点(0，3)を通るが，傾きは−2なので，正しくない。

以上より，**エ**を選べばよい。

2 (1)ア　**【解き方】35 個のデータの中央値は，35÷２＝17 余り１より，大きさ順に並べたときの 18 番目の値である。**

Ｙ中学校について，15 分未満の生徒は２＋５＋10＝17(人)，20 分未満の生徒は 17＋８＝25(人)だから，小さい方から 18 番目のデータは **15** 分以上 **20** 分未満の階級に含まれる。よって，中央値もこの階級に含まれる。

イ　１．Ｘ中学校について，15 分未満の生徒は１＋３＋５＝９(人)いるから，正しくない。

２．25 分以上 30 分未満の階級において，Ｘ中学校では度数が０だがＹ中学校では度数が３だから，最大値はＹ中学校の方が大きい。したがって，正しくない。

３．20 分以上 25 分未満の階級の相対度数は，Ｘ中学校が$\frac{4}{20}$＝0.2，Ｙ中学校が$\frac{7}{35}$＝0.2 だから，正しい。

４．20 分未満の累積相対度数は，Ｘ中学校が$\frac{1+3+5+7}{20}$＝0.8，Ｙ中学校が$\frac{25}{35}$＝0.71…だから，正しくない。

以上より，**3** を選べばよい。

(2)ア　Ａさんの家から峠までは$\boldsymbol{\frac{x}{3}}$時間かかり，峠から祖父の家までは$\boldsymbol{\frac{y}{5}}$時間かかった。

18 分＝$\frac{18}{60}$時間＝0.3 時間だから，かかった時間の合計は，２＋0.3＝**2.3**(時間)である。

イ　かかった時間の合計について，$\frac{x}{3}+\frac{y}{5}=2.3$　　両辺に 30 をかけて，$10x+6y=69$…①とする。

道のりの合計について，$x+y=8.7$…②とする。

①－②×６でyを消去すると，$10x-6x=69-52.2$　　$4x=16.8$　　$x=4.2$

②に$x=4.2$を代入すると，$4.2+y=8.7$　　$y=4.5$

よって，Ａさんの家から峠までの道のりは **4.2 km**，峠から祖父の家までの道のりは **4.5 km**である。

3 (1)ア　底面の円の中心をＯとすると，右の図Ⅰように作図できる。

三平方の定理より，$AB=\sqrt{1^2+(2\sqrt{2})^2}=\mathbf{3}$ (cm)

図Ⅰ

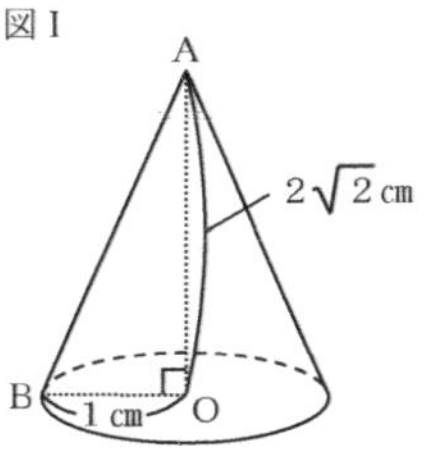

イ　**【解き方】円すいの展開図は図Ⅱのようになり，側面のおうぎ形の弧の長さと底面の円周の長さが等しい。**

図Ⅱ

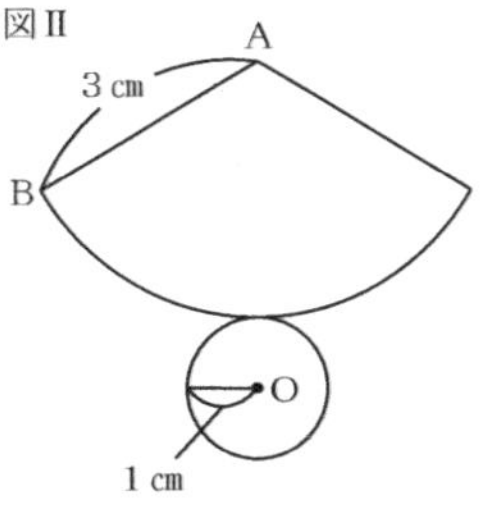

底面の円周の長さが，$2\pi\times1=2\pi$ (cm)だから，

側面のおうぎ形の弧の長さも 2π cmである。

おうぎ形の中心角を$x°$とすると，弧の長さについて，

$2\pi\times3\times\frac{x}{360}=2\pi$　　これを解くと$x=120$となるから，

求める角度は **120°** である。

ウ　**【解き方】立体の表面に長さが最短になるようにかけられた糸は，展開図上で線分となる。したがって，右図のような展開図の一部で考え（B′は組み立てたときＢと重なる点），ＢＭの長さを求めればよい。**

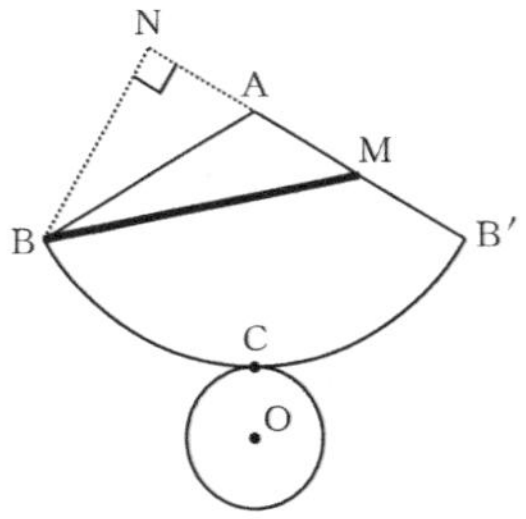

$\angle BAN=180°-120°=60°$だから，△ＢＮＡは３辺の比が $1:2:\sqrt{3}$ の直角三角形である。$AN=\frac{1}{2}AB=\frac{3}{2}$ (cm)，$NB=\sqrt{3}AN=\frac{3\sqrt{3}}{2}$ (cm)，

$MN=MA+AN=\frac{3}{2}+\frac{3}{2}=3$ (cm)だから，三平方の定理より，

$BM=\sqrt{MN^2+NB^2}=\sqrt{3^2+(\frac{3\sqrt{3}}{2})^2}=\sqrt{\frac{63}{4}}=\boldsymbol{\frac{3\sqrt{7}}{2}}$ (cm)

(2)ア　証明の穴埋め問題では，すでに書かれていることがヒントになるのでそれをよく読んで，論理的な説明になるように空欄を埋めていこう。答えがすぐにわからない場合は，仮定を図にかきこみ，問題の内容に応じて，図形の性質，平行線の同位角・錯角，円周角の定理などからわかることも図にかきこんで，答えを考えよう。

イ　【解き方】ＡＰ＝$x$cmとすると，ＡＱ＝２$x$cmである。
△ＡＢＰ∽△ＡＱＢを利用して，xの方程式を立てる。

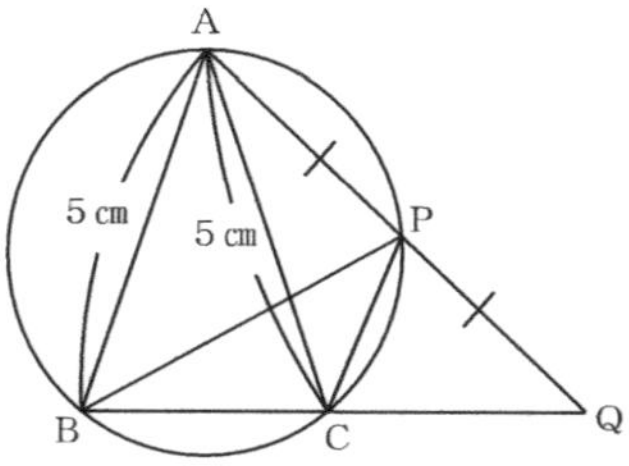

△ＡＢＰ∽△ＡＱＢより，ＡＢ：ＡＱ＝ＡＰ：ＡＢ

５：２x＝x：５　　$2x^2=25$　　$x^2=\frac{25}{2}$　　$x=\pm\frac{5}{\sqrt{2}}$

$x>0$より，$x=\frac{5}{\sqrt{2}}=\frac{5\sqrt{2}}{2}$　　よって，ＡＰ＝$\mathbf{\frac{5\sqrt{2}}{2}}$cm

4　(1)　$y=2x^2$にＡのx座標の$x=-1$を代入すると，$y=2\times(-1)^2=2$となるから，Ａ(－１，**２**)である。

(2)　**【解き方】三平方の定理より，ＡＢ＝$\sqrt{(\text{ＡとＢの}x\text{座標の差})^2+(\text{ＡとＢの}y\text{座標の差})^2}$で求められる。**

$y=2x^2$にＢのx座標の$x=2$を代入すると，$y=2\times2^2=8$となるから，Ｂ(２，８)である。

(ＡとＢのx座標の差)＝２－(－１)＝３(cm)，(ＡとＢのy座標の差)＝８－２＝６(cm)だから，

ＡＢ＝$\sqrt{3^2+6^2}=\sqrt{45}=\mathbf{3\sqrt{5}}$(cm)

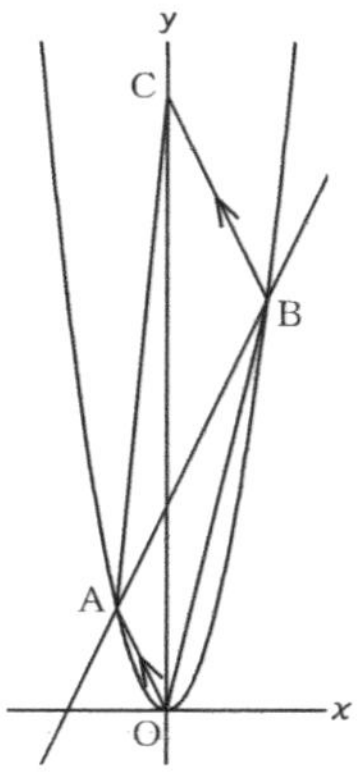

(3)ア　**【解き方１】△ＡＯＢと△ＡＯＣでは辺ＡＯが共通なので，面積が等しいならば，ＡＯを底辺としたときの高さが等しい。したがって，ＯＡ//ＢＣである。**

直線ＯＡの式を$y=ax$とし，Ａ(－１，２)の座標を代入すると，$2=-a$より，$a=-2$

したがって，直線ＯＡの傾きは－２である。平行な直線は傾きが等しいから，直線ＢＣの傾きも－２なので，直線ＢＣの式を$y=-2x+b$とする。

この式にＢ(２，８)の座標を代入すると，$8=-2\times2+b$より，$b=12$

よって，Ｃのy座標は12だから，Ｃ(**０，12**)である。

【解き方２】右の「座標平面上の三角形の面積の求め方」を利用して△ＡＯＢの面積を求めてから，Ｃの座標を求める。

座標平面上の三角形の面積の求め方

右図において，△ＯＰＱ＝△ＯＰＲ＋△ＯＱＲ＝△ＯＭＲ＋△ＯＮＲ＝△ＭＮＲだから，△ＯＰＱの面積は以下の式で求められる。

△ＯＰＱ＝$\frac{1}{2}$×ＯＲ×(ＰとＱのx座標の差)

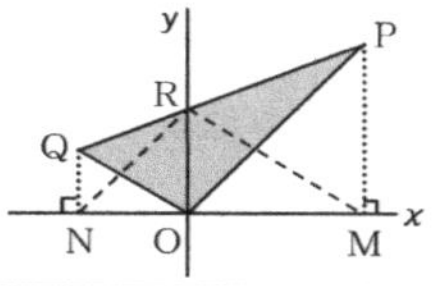

②の式を$y=mx+n$とすると，

Ａの座標から$2=-m+n$，

Ｂの座標から$8=2m+n$が成り立つ。

これらを連立方程式として解くと，$m=2$，$n=4$となるから，②の式は，$y=2x+4$である。

②とy軸との交点をＤとする。②の切片が４だからＤのy座標は４なので，Ｄ(０，４)，ＯＤ＝４cmである。

したがって，△ＡＯＢ＝$\frac{1}{2}$×ＯＤ×(ＡとＢのx座標の差)＝$\frac{1}{2}\times4\times3=6$(cm²)

これより△ＡＯＣ＝６cm²だから，△ＡＯＣの面積について，$\frac{1}{2}$×ＯＣ×(ＡとＯのx座標の差)＝６が成り立つので，

$\frac{1}{2}$×ＯＣ×{０－(－１)}＝６　　ＯＣ＝12(cm)　　よって，Ｃのy座標は12だから，Ｃ(**０，12**)である。

イ　【解き方】Ａと直線ＢＣとの距離は，△ＡＯＣの底辺をＯＡとしたときの高さと等しい。

(3)アより△ＡＯＣ＝６cm²である。

三平方の定理より，ＯＡ＝$\sqrt{(\text{ＡとＯの}x\text{座標の差})^2+(\text{ＡとＯの}y\text{座標の差})^2}=\sqrt{1^2+2^2}=\sqrt{5}$(cm)

したがって，求める距離をｈcmとすると，△ＡＯＣの面積について，$\frac{1}{2}\times\sqrt{5}\times h=6$　　$h=\frac{12}{\sqrt{5}}=\frac{12\sqrt{5}}{5}$

よって，求める距離は$\mathbf{\frac{12\sqrt{5}}{5}}$cmである。

5　⑴ア　正五角形の対角線は，右図の点線のように５本引ける

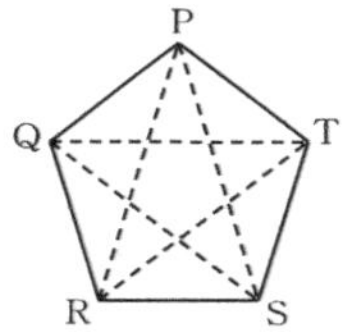

イ　正ｎ角形の対角線の本数を{(ｎ－３)×ｎ}本と考えると，例えば，右図の正五角形の対角線ＰＲを，ＰからＲに引いた対角線と，ＲからＰに引いた対角線として２回数えてしまうことになる。

⑵ア　選手が６人のとき，各選手は自分以外の６－１＝５(人)と対戦するが，試合数を５×６と計算するとすべての試合を２回ずつ数えてしまう。したがって，試合数は，$\frac{5\times6}{2}=15$(試合)

同様に考えて，選手がｎ人のときの試合数は，$\frac{(n-1)\times n}{2}=\frac{n(n-1)}{2}$(試合)

イ　$\frac{n(n-1)}{2}=66$を解けばよい。$n^2-n=132$　　$n^2-n-132=0$　　$(n-12)(n+11)=0$

$n=12,\ -11$　　$n>0$より，$n=12$　　よって，求める人数は12人である。

《2024　社会　解説》

1　⑴　南極大陸　　南極大陸とその他の大陸との位置関係は右図参照。

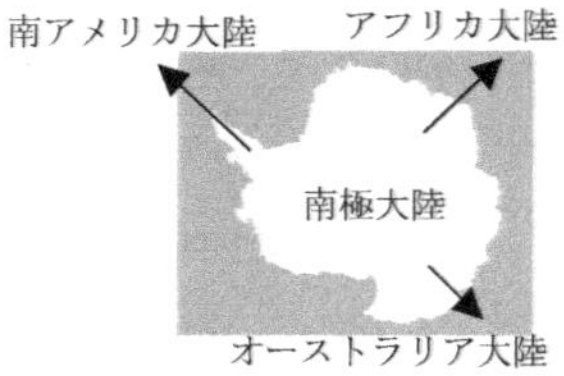

⑵　４　　鉄鉱石は，オーストラリア＞ブラジル＞中国の順に生産量が多い。オーストラリア大陸の北西に位置するピルバラ地区に印があることから，鉄鉱石と判断する。

⑶ア　ＡＰＥＣ　　アジア太平洋経済協力の略称である。ＡＰＥＣには，カナダ，チリ，オーストラリア，フィリピン，韓国のほか，日本，アメリカ合衆国など，太平洋を取り巻く国々が参加している。　イ　乾燥帯　　オーストラリア大陸の内陸部はほぼ砂漠になっている。気候帯を問われているので，熱帯・温帯・乾燥帯・亜寒帯(冷帯)・寒帯のいずれかで答える。

ウ　２＝フィリピン　４＝チリ　　わかりやすいものから考える。銅鉱の輸出が多い４はチリである。また，人口密度が低い３と５は，面積が広く人口が少ないカナダとオーストラリアであり，鉱産資源の輸出が多い５がオーストラリアだから，３がカナダである。残った１と２は韓国とフィリピンであり，韓国の方が工業が盛んだから，国内総生産の多い１が韓国，少ない２がフィリピンと判断する。

⑷　４時間　　経度差15度で１時間の時差が生じる。日本とペキンの経度差は135－120＝15(度)，時差は１時間である。東経の値が大きい日本の方が時刻は進んでいるから，日本が３月20日午後５時のときのペキンの時刻は３月20日午後４時である。ペキンの空港に到着した時刻は３月20日午後８時だから，出発から到着までにかかった時間は４時間である。

2　⑴　白神山地　　日本では，「知床」「白神山地」「小笠原諸島」「屋久島」「奄美大島・徳之島・沖縄島北部及び西表島」が世界自然遺産に登録されている。

⑵　潮境〔別解〕潮目　　暖流と寒流がぶつかる海中の境界を潮境，海面上の境界を潮目という。

⑶　３　　青森県の六ヶ所村あたりに印があることから，風力発電と判断する。東北地方には，年間を通じて強い風が吹く，風力発電に適した場所が多い。

⑷　積雪で冬の農作業ができない東北地方や北陸地方では，冬の農家の副業として家内工業が発達し，伝統工芸品と呼ばれるようになった。

⑸ア　２　　１．誤り。白菜は2.7％，かぶは14.8％だからかぶの割合の方が高い。３．誤り。きゅうりの生産量上位５県のうち，関東地方の生産量をあわせた割合は群馬，埼玉，千葉の9.8＋8.3＋5.7＝23.8(％)であり，25％をこえない。４．誤り。青森県のかぶの生産量は，10.8×0.058＝0.6264(万トン)より，約6300トンである。

イ　大都市向けに，新鮮さが要求される野菜や果物，牛乳，鶏卵などを生産している。

3　⑴**ア**　摂関政治　　藤原氏は，自分の娘を天皇に嫁がせ，生まれた子を天皇に立て，自ら外戚として摂政や関白となって政治を行い，高い地位を一族で独占した。このような政治を摂関政治といい，藤原道長，頼通親子のときに全盛期を迎えた。　**イ**　3　　木綿が商品作物として栽培されるようになり，庶民が木綿の衣服を着るようになったのは江戸時代以降である。

⑵**ア**　宗派＝3　人物名＝栄西　　禅宗が室町幕府に保護されるようになると，禅の思想を視覚的に表現した枯山水が発展した。　**イ**　足利義政　　室町幕府第 8 代将軍である足利義政のあとつぎ問題と管領をめぐる守護大名の権力争いから応仁の乱が起きた。

⑶**ア**　2　　江戸時代は 1603～1868 年までである。ドイツでの宗教改革は，16 世紀の 1517 年にルターが始めた。1は 1688 年，3は 1789 年，4は 1861 年。　**イ**　大政奉還の内容が書かれていればよい。土佐藩の前藩主山内豊信らが徳川慶喜にいったん政権を手放すことを提案すると，慶喜は新たな政権のなかで主導権を維持できると考え，これを受け入れて政権を朝廷に返した。

4　⑴　西郷隆盛　　西郷隆盛と板垣退助は，武力を使ってでも朝鮮を開国させようとする征韓論を唱えた。岩倉使節団として，欧米の進んだ制度や文化を見てきた大久保利通らが，国内の改革と国力の充実を優先させるべきだと反対したため，主張が受け入れられなかった西郷らは政府を退いた(明治六年の政変　1873 年)。

⑵　2→3→1　　2(江華島事件 1875 年・日朝修好条規 1876 年)→3(日清戦争 1894～1895 年直前)→1(日露戦争 1904～1905 年)

⑶　国際連盟は，アメリカ大統領ウィルソンの提案で発足したが，アメリカは議会が反対して参加できなかった。

⑷　ワシントン　　ワシントン海軍軍縮条約・ロンドン海軍軍縮条約が結ばれた 1920～1930 年頃は，軍縮と国際協調が進んだ年代であった。

⑸**ア**　4　　サンフランシスコ平和条約は，アメリカを中心とする西側諸国と日本の間で結ばれた条約である。また，インドとビルマ(現ミャンマー)は会議を欠席，中華人民共和国・中華民国(台湾)は招かれなかった。

イ　3　　日本の国際連合への加盟は，ソ連と日ソ共同宣言に調印したことで実現した。国際連合安全保障理事会の常任理事国の1つであるソ連は，日本がアメリカ側で国際連合に加盟することに対して，拒否権を発動して反対していた(拒否権を発動させると，議案は廃案となる)。日ソ共同宣言に調印し，日本とソ連の国交が回復したことで，ソ連の反対がなくなり，日本の国連加盟が実現した。

5　⑴**ア**　200　　沿岸から 200 海里の水域のうち，領海を除く海域を排他的経済水域といい，沿岸国に水産資源や鉱産資源を開発する権利がある。　**イ**　2　　主権が及ぶのは領土・領海・領空の範囲で，宇宙空間は含まれない。

ウ　総会　　国際連合の主要機関には，総会，安全保障理事会，経済社会理事会，信託統治理事会，国際司法裁判所，事務局がある。文章中に「すべての加盟国が加わり，…平等に1票を持つ」とあることから総会と判断する。

⑵**ア**　解散　　内閣不信任決議が衆議院で可決されると，10 日以内に衆議院を解散しない限り，内閣は総辞職しなければならない。　**イ**　内閣総理大臣は，国会議員の中から指名される。基本的には政権をもつ与党の党首が首相に選ばれる。　**ウ**　地方公共団体の首長(市町村長・都道府県知事)と地方議会議員は，それぞれ住民による投票で選ばれる。このような選出制度を二元代表制という。

⑶　1　「年齢，障がいの有無，国籍などのさまざまなちがいを認め」＝多様性を重視した考え方。社会保障の整備などを積極的に行う政府を「大きな政府」という。よって，多様性を重視し，大きな政府を目指す1を選ぶ。

6　⑴**ア**　2　　生徒の言葉に店員が答えた時点で契約は成立する。

(2)ア　消費　　2024 年現在の消費税は基本的に 10％であり，食品や定期購読される新聞などは８％の軽減税率が適用される。　イ　令和５年 12 月時点での国の借金の総額は 1286 兆円だから，国民１人あたりが約 1000 万円ずつ借金をしていることになる。

(3)　公衆衛生　　社会保障制度の４つの柱については右表参照。

社会保険	社会福祉	公衆衛生	公的扶助
医療保険 年金保険 雇用保険 労災保険 介護保険など	児童福祉 母子福祉 身体障がい者福祉 高齢者福祉など	感染症予防 予防接種 廃棄物処理 下水道 公害対策など	生活保護 （生活・住宅・ 教育・医療 などの扶助）
加入者や国・事業主が社会保険料を積み立て，必要なときに給付を受ける	働くことが困難で社会的に弱い立場の人々に対して生活の保障や支援のサービスをする	国民の健康増進をはかり，感染症などの予防をめざす	収入が少なく，最低限度の生活を営めない人に，生活費などを給付する

(4)　1　　独占禁止法を運用する公正取引委員会が，独占や寡占を規制し，自由な競争を促している。

7　(2)　3　　マイクロクレジットは，バングラデシュのグラミン銀行が始めた制度である。

(3)　4　　公害対策基本法が制定されたのは 1967 年，環境庁の発足は 1971 年である。

(4)ア　A＝京都　B＝パリ　　京都議定書では，先進国だけに温室効果ガスの排出削減を求め，中国やインドなどには課されなかった。パリ協定では，すべての国に温室効果ガスの排出削減の目標を設定することを義務付けた。

《2024　理科　解説》

1　(1)ア　脊椎動物に対し，Bのように背骨をもたない動物を無脊椎動物という。　イ　Cは肺で呼吸をし，C以外(D)はえらで呼吸をする。なお，1はBに分類される軟体動物，3はDに分類される動物，4はEに分類される哺乳類の特徴である。

(2)ア　図のようなふえ方は無性生殖の分裂といい，ミカヅキモも分裂でふえることができる。

(3)　夏に対し，冬はユーラシア大陸上の空気が下降し，気圧が高くなるため，気圧の低い太平洋に向かって北西の季節風がふく。

(4)ア　地球より太陽に近いところを公転する内惑星(水星と金星)は，真夜中に見ることができないが，地球より太陽から離れたところを公転する外惑星は，真夜中に見えることもある。　イ　太陽に近い方の４つの惑星(水星，金星，地球，火星)を地球型惑星，それ以外の惑星(木星，土星，天王星，海王星)を木星型惑星という。地球型惑星は主に岩石でできていて，直径が小さく，密度は大きい。これに対し，木星型惑星は主に気体でできていて，直径が大きく，密度は小さい。

2　(1)ア　物質が状態変化すると，体積は変化するが，質量は変化しない。同じ質量の物体が状態変化するとき，ふつう，体積が小さい順に固体＜液体＜気体となるが，水は例外で液体より固体の体積の方が大きくなる。　イ　沸点は，液体が気体に変わる温度だから，沸点が 100℃より低いものは，100℃で気体である。よって，窒素とエタノールが正答となる。なお，融点は固体が液体に変わる温度で，100℃より融点の方が高いアルミニウムは 100℃で固体，100℃が融点と沸点の間になる水銀は 100℃で液体である。

(2)イ　水を電気分解すると，陰極から水素，陽極から酸素が発生する〔$2H_2O \rightarrow 2H_2+O_2$〕。

(3)ア　音は物体を振動させることで伝わる。したがって，振動するものがある，気体中や液体中や固体中は伝わるが，振動するものがない真空中では伝わらない。　イ　1秒間に振動する回数を振動数という。よって，$\frac{1}{0.004}$＝250(Hz)である。

図 i

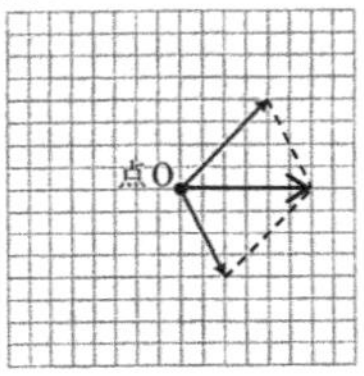

図 ii

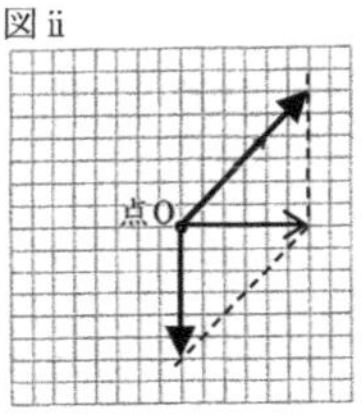

(4)ア　AとBが引く力の合力は，AとBが引く力を表す矢印を２辺とする平行四辺形の対角線で表せるから，図 i のように表せる。よって，合力の大きさは矢印６目盛り分，つまり３Nである。　**イ**　AとBが引く力の合力が等しいとき，AとBの間の角の大きさが大きくなるほど，AとBにかかる力はどちらも大きくなる。なお，このときAとBが引く力を作図すると，図 ii のようになる。

3　**(1)ア**　〔顕微鏡の倍率(倍)＝接眼レンズの倍率(倍)×対物レンズの倍率(倍)〕だから，15×40＝600(倍)である。　**イ**　葉の緑色を脱色することで，ヨウ素液による色の変化が観察しやすくなる。　**ウ**　光合成では，水と二酸化炭素を材料にして，光のエネルギーを使い，デンプンと酸素をつくり出す。

(2)ア　二酸化炭素の濃度が減少したAと，調べたい条件のみが異なる実験の結果を比べればよい。ⅠはAと植物の有無が異なるBを比べればよく，ⅡはAと日光の有無が異なるCを比べればよい。このように調べたい条件以外の条件を同じにして別に行う実験を対照実験という。

4　**(1)ア**　BTB溶液は，酸性で黄色，中性で緑色，アルカリ性で青色を示す。Cの水溶液は中性だったから，色は緑色になる。　**イ**　塩酸に溶けている塩化水素は水溶液中で水素イオンと塩化物イオンに電離していて〔$HCl\rightarrow H^{+}+Cl^{-}$〕，水酸化ナトリウムは水溶液中でナトリウムイオンと水酸化物イオンに電離している〔$NaOH\rightarrow Na^{+}+OH^{-}$〕。酸性の塩酸にアルカリ性の水酸化ナトリウム水溶液を加えると中和が起きる。このとき，H^{+}とOH^{-}が結びついて水〔H_2O〕ができ，Cl^{-}とNa^{+}は水溶液中ではイオンのまま存在する。Bの水溶液は酸性だから，うすい塩酸が余っていると考えることができる。つまり，Bの水溶液中に最も多くふくまれるイオンは，塩化水素が電離したH^{+}またはCl^{-}のどちらかである。これらのうち，うすい塩酸６㎤中のH^{+}の一部は，加えた水酸化ナトリウム水溶液中のOH^{-}と結びつくから，イオンの数はH^{+}よりCl^{-}の方が多い(Cl^{-}の数はうすい水酸化ナトリウム水溶液10㎤を加える前後で変化しない)。　**ウ**　Cの水溶液より，うすい塩酸６㎤にうすい水酸化ナトリウム水溶液15㎤を加えると，ちょうど反応する(中性になる)とわかる。したがって，Dではうすい水酸化ナトリウム水溶液が20－15＝５(㎤)余っていると考えることができ，これとちょうど反応するうすい塩酸は$6\times\frac{5}{15}=2$(㎤)である。

(2)ア　硫酸に水酸化バリウム水溶液を加えると，硫酸バリウムと水ができる〔$H_2SO_4+Ba(OH)_2\rightarrow BaSO_4+2H_2O$〕。

イ　図より，うすい硫酸10㎤とうすい水酸化バリウム水溶液20㎤がちょうど中和して，白い沈殿(硫酸バリウム)が0.24gできるとわかる。これより，うすい硫酸35㎤とうすい水酸化バリウム水溶液$20\times\frac{35}{10}=70$(㎤)が中和して，白い沈殿が$0.24\times\frac{35}{10}=0.84$(g)できると考えられる。

5　**(1)ア**　測りたい部分に対して，電流計は直列に，電圧計は並列につなぐから，Xが電圧計，Yが電流計である。また，電圧計も電流計も＋端子は電源の＋極側につなぎ，－端子は電源の－極側につなぐ。　**ウ**　〔電力(W)＝電圧(V)×電流(A)〕である。また，イのグラフからもわかるように，電流は電圧に比例するから，電圧を２倍にすると電流も２倍になり，電力は２×２＝４(倍)になる。

(2)ア　図２のような直列つなぎの抵抗器の合成抵抗は各抵抗の和になり，図３のような並列つなぎの抵抗器の合成抵抗はそれぞれの抵抗の大きさより小さくなる。図４で電流が流れにくい(抵抗が大きい)グラフは，6.0Vのとき100mA→0.1Aの電流が流れるグラフだから，〔$\text{抵抗}(\Omega)=\frac{\text{電圧}(V)}{\text{電流}(A)}$〕より，図２の合成抵抗は$\frac{6.0}{0.1}=60(\Omega)$とわかる。したがって，20＋40＝60(Ω)より，CとBの抵抗の大きさの組み合わせは20Ωと40Ωとわかり，Dの抵抗の大きさは30Ωとわかる。図３のような並列回路で，各抵抗器に加わる電圧の大きさはａｂ間の電圧の大きさに等しいから，図３のａｂ間に6.0Vの電圧を加えると，〔$\text{電流}(A)=\frac{\text{電圧}(V)}{\text{抵抗}(\Omega)}$〕より，Dに流れる電流は$\frac{6.0}{30}=0.2$(A)となる。このときａｂ間に流れる電流は，図４より，500mA→0.5Aだから，Cに流れる電流は0.5－0.2＝0.3(A)となり，

Cの抵抗の大きさは$\frac{6.0}{0.3}$＝20(Ω)とわかる。よって，Cが20Ω，Bが40Ω，Dが30Ωである。　**イ**　〔電力(W)＝電圧(V)×電流(A)〕より，電圧の大きさが一定であるとき，電力は電流の大きさに比例する。また，電流の大きさは電圧の大きさに比例するから，ａｂ間の電圧を9.0Vにしたときの図２と図３の電力の大きさの比は，ａｂ間の電圧を6.0Vにしたときの図２と図３のａ点に流れる電流の大きさの比に等しく100：500＝１：５となる。また，〔電力量(Ｊ)＝電力(W)×時間(ｓ)〕より，電力量が等しいとき，電流を流す時間は電力に反比例するから，図２と図３に電流を流す時間の比は５：１となる。よって，図２に電流を１分間→60秒間流したときの電力量と，図３に電流を60×$\frac{1}{5}$＝12(秒間)流したときの電力量は等しくなる。なお，電力や電力量の値を求めると，以下のようになる。ａｂ間の電圧を9.0Vにしたときのａ点を流れる電流と電力量は，図２が0.1×$\frac{9.0}{6.0}$＝0.15(A)，9.0×0.15＝1.35(W)，図３が0.5×$\frac{9.0}{6.0}$＝0.75(A)，9.0×0.75＝6.75(W)となり，図２に電流を１分間流したときの電力量は1.35×60＝81(Ｊ)だから，図３の電力量が81Ｊとなるのは81÷6.75＝12(秒間)電流を流したときである。

[6] **(2)ア**　マグニチュードは地震そのものの規模を表し，値が１大きくなると地震のエネルギーは約32倍，２大きくなると1000倍になる。なお，ある地点での揺れの大きさを震度といい，日本では10段階(0，１，２，３，４，５弱，５強，６弱，６強，７)に分けられている。また，震度は，ふつう，震源から遠くなるにつれて値は小さくなる。　**イ**　ＸとＹの震源からの距離の差の105－63＝42(km)を，Ｐ波が進むのにかかる時間は33－27＝６(秒)だから，震源からの距離が63 kmのＸにＰ波が到達するのにかかった時間は６×$\frac{63}{42}$＝９(秒)である。よって，この地震の発生時刻は22時23分27秒の９秒前の22時23分18秒と考えられる。　**ウ**　Ｐ波とＳ波の進む速さがそれぞれ一定であるとき，初期微動継続時間(Ｐ波とＳ波の到達時刻の差)は震源からの距離に比例する。震源からの距離が63 kmのＸでの初期微動継続時間は39－27＝12(秒)だから，震源からの距離が147 kmのある地点での初期微動継続時間は12×$\frac{147}{63}$＝28(秒)と考えられる。

2023 解答例 令和５年度　青森県公立高等学校

《2023　国語　解答例》

1　(1)放送内容の改善について　(2)掲示板で確認できるものと同じだということ　(3)３　(4)県大会で優勝した時、どう思いましたか。

2　(1)ア．かっしょく　イ．じんそく　ウ．かもく　エ．ひか　オ．せば　カ．復旧　キ．極秘　ク．散策　ケ．粉　コ．垂　(2)４

3　(1)ア．こずえ　イ．２　ウ．この先の非常に長い道のりへの思いで胸がいっぱいになっている
(2)ア．啼鳥を聞く　イ．Ｃ

4　(1)１，４　(2)小さな音にまでこだわりを見せる　(3)豊かで温かな　(4)２　(5)Ａ．音楽観、美意識、正否の基準が違い、価値観が多様である　Ｂ．受け入れる

5　(1)３　(2)青ざめた顔で立ち尽くしていた　(3)呼びかけようとしたが声が出たのか口が動いたのか
(4)馴染んでいるかどうかが重要とされる　(5)Ａ．希望に満ちていて幸せだった
Ｂ．心配している／大事に思っている　などから１つ　(6)４

6　Ａは「～してもいいです。」という承諾の意味で、Ｂは「～しなくてもいいです。」という断りの意味で使われている。このように、「いいです」という言葉は二つの意味を表すため、状況によっては相手に自分の意図がうまく伝わらないことがあると気づいた。
　私は、自分の考えを間違いなく伝えるためには、首や手を横に振るなどの動作をつけたり、「はい」や「いいえ」をつけたりして答えればよいと思う。

《2023　英語　解答例》

1　(1)ア．２　イ．３　ウ．１　(2)ア．３　イ．４　ウ．２　(3)ア．４　イ．１
(4)(例文１)I will read many books written in English.　(例文２)I want to talk with an English teacher every day.

2　(1)ア．Can you tell me about it　イ．Do you know what it is　ウ．good example to remember a lot　(2)４
(3)１．I have learned Japanese since I came to Japan.　２．Japanese is more difficult than other languages.

3　(1)Ａ．２　Ｂ．７　Ｃ．４　(2)３，５

4　(1)ア．自分自身を変える　イ．自分の言葉　ウ．誰かの心を動かす　(2)１．She wants to continue improving herself through her life.　２．No, it isn't.　３．Because she was sure that talking with her favorite singer changed her.
(3)(例文１)I like playing *shogi*, so I want to talk with Fujii Sota.　I want to ask him how many hours he plays *shogi* every day.　(例文２)The person who I want to talk with is Murakami Munetaka.　I want to know how to hit a ball to be a great baseball player like him.

5　(1)ア．３　イ．４　ウ．２　エ．１　(2)私たちは，どんなものからでも，どこでも，いつでも，すばらしい考え(アイディア)を手に入れることができるということ。　(3)ア．５　イ．２　ウ．６

《2023　数学　解答例》

1　(1)ア．-6　イ．15　ウ．$4x^2-2x+1$　エ．$3x+2y$　オ．$-\sqrt{6}$　(2)周の長さ

(3)相対度数…0.30〔別解〕0.3　累積相対度数…0.55　(4)$3(x+3)(x-5)$

(5)a＝2　b＝－5　(6)47　(7)$4\sqrt{3}$　(8)ウ

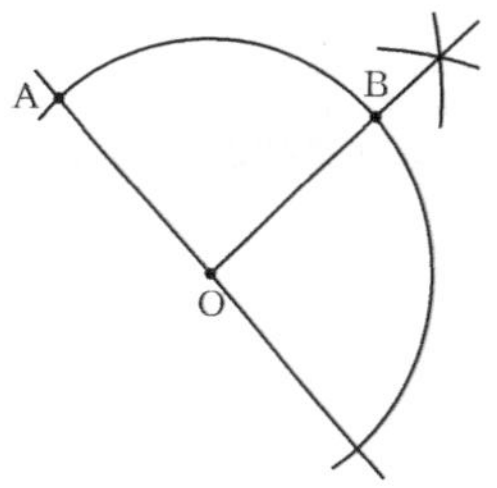

2 (1)右図　(2)ア．(あ)60　(い)3　(う)4　(え)5（(う)，(え)は順不同）　X．百　イ．$\frac{9}{20}$

3 (1)ア．$4\sqrt{5}$　イ．(ア)$\frac{64}{3}$　(イ)$\frac{8}{3}$

(2)ア．(あ)ＤＦ＝ＤＨ　(い)∠ＢＤＦ＝∠ＥＤＨ　(う)２組の辺とその間の角　イ．$\frac{9}{5}$

4 (1)ア．2　イ．$\frac{3}{2}$　(2)ア．$y=x-2$　イ．5

5 (1)(あ)50－a　(い)$\begin{cases} a+b=50 \\ 120a+150b+40=6700 \end{cases}$

(2)ア．$120(x+18)+150(y+18)+40$　イ．(え)(0，12)，(5，8)，(10，4)，(15，0)

(お)(15，0)　りんご…33　なし…18

《2023　社会　解答例》

1 (1)赤道　(2)アボリジニ　(3)1　(4)ア．イギリス　イ．3　(5)銅の輸出に頼っているため，国際価格の変動の影響を受けて，輸出によって得られる収入が安定しない。

2 (1)ア．広島　イ．筑紫平野　ウ．促成栽培　エ．A県…3　B県…1　C県…2　(2)ア．水がしみこみやすく，もろい　イ．中国・四国地方…3　九州地方…4

3 (1)ア．口分田　イ．4　(2)地頭　(3)ア．2　イ．石高　(4)中心人物が誰か分からないようにする

4 (1)伊藤博文　(2)2　(3)X．普通選挙法　Y．納税額による制限が廃止され，満25歳以上の男子

(4)3→2→1　(5)大政翼賛会　(6)4

5 (1)平和主義〔別解〕戦争の放棄　(2)3　(3)ア．司法権の独立〔別解〕裁判官の独立　イ．2　ウ．C．検察　D．被告　(4)一票の価値に差が生じている

6 (1)2　(2)労働基準法　(3)1　(4)A．12　B．20000　番号…2　(5)利潤が目的ではなく，民間企業だけが担うのは困難なため。　(6)a．スウェーデン　b．日本　c．ドイツ　d．アメリカ

7 (1)1　(2)3　(3)2→1→3　(4)ハリケーン　(5)ＯＤＡ

《2023　理科　解答例》

1 (1)ア．節足動物　イ．1，3　(2)ア．2　イ．器官A…じん臓　血管…動脈　(3)ア．風化　イ．2

(4)ア．3　イ．4，6

2 (1)20　(2)ア．ダニエル電池　イ．①4　②A　(3)ア．誘導電流　イ．1

(4)ア．仕事の原理　イ．60

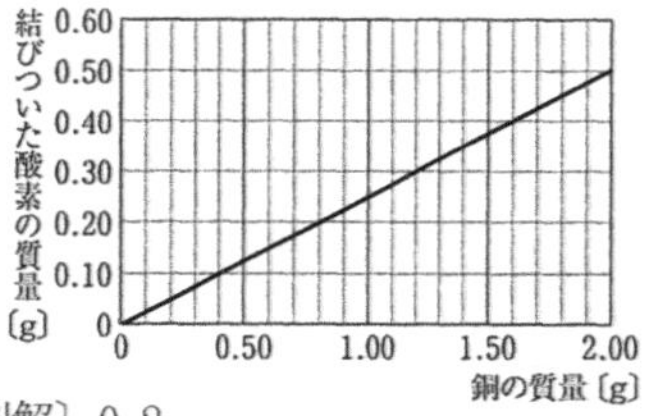

3 (1)ア．生産者　イ．B，C，D，E　ウ．食物網　(2)ア．①デンプンを分解した　②死んでしまい，デンプンが分解されなかった　イ．3

4 (1)ア．$2Mg/O_2$　イ．0.54　(2)ア．3　イ．右グラフ　(3)4　(4)0.80〔別解〕0.8

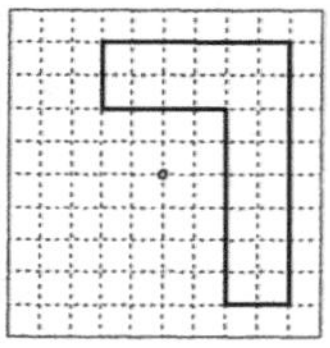

5 (1)ア．虚像　イ．4　(2)ア．2　イ．45　ウ．右図

6 (1)ア．1　イ．停滞前線〔別解〕梅雨前線　ウ．①小笠原気団　②オホーツク海気団　③北

(2)ア．Z→X→図2→Y　イ．水蒸気が供給される

《2023 国語 解説》

1 (1) 初めに司会を務める加藤さんが、「今日の議題は、『放送内容の改善について』です」と言っている。

(2) 三浦さんが「生徒が放送に興味をもてない理由は、内容が掲示板で確認できるものと同じだということです」と発言している。

(3) 三浦さんは「多くの生徒が放送に参加できる企画を考え、皆さんで楽しめる内容を盛り込むのはどうでしょうか」と提案しているが、田村さんは「一人の生徒に注目して紹介する」企画を提案している。よって3が適する。

(4) 田村さんが提案したように、「活動の状況や出場した大会について～集めた情報を利用して質問を考え」る。「集めた情報」は、資料2を参照する。「井上さんの思いや考えをきく質問」であること。

2 (2) 「一歩ずつ堅実に勉強する」より、4が適する。

3 (1)ア 古文の「わゐうゑを」は、「わいうえお」に直す。 イ 1行目に「明《あけ》ぼのの空朧々《ろうろう》として」とある。「明ぼの」とは、夜が明け始めるころで、空が少しずつ明るくなっていく時間帯である。よって2が適する。

ウ 最後の1～2行に「舟をあがれば、前途《せんど》三千里のおもひ胸にふさがりて」とある。【古文の内容】を参照。

(2)ア 一・二点は二字以上うえに戻って読む。 イ この漢詩は五言絶句（五文字一句で全部で四句になる形式の詩）である。五言絶句は「起句・承句・転句・結句」という構成を持つ。「起句」でうたい起こし、「承句」で発展させ、「転句」で場面を転換し、「結句」で全体をしめくくる。よってCが適する。

【古文の内容】

陰暦三月も下旬の二十七日、明け方の空はぼんやりとして、月は有明の月で光が薄くなっているものの、富士の峰はかすかに見えて、上野・谷中《やなか》の桜の梢《こずえ》は、またいつの日に見られるのかと心細い気持ちである。親しい人々は皆前の晩から集まって、舟に乗って（私を）見送ってくれる。千住というところで舟から上がると、この先の三千里もあろうかという非常に長い道のりへの思いで胸がいっぱいになって、はかないこの世の分かれ道で（皆との別れに）涙を流したのだった。

【漢詩の内容】

春の眠りは心地よく、夜が明けることにも気づかない
あちらこちらから、鳥の鳴く声が聞こえる
そういえば、昨晩は風雨の音がしていた
花はどれほど散ってしまっただろうか

4 (1) 目的語を必要とするのが他動詞。目的語がなくても、それだけで動詞として成り立つのが自動詞。1と4は、それぞれ「品を」「人数を」という目的語を伴っている。2と3には目的語はない。よって1と4が適する。

(2) 2～3行前に「どんなに耳を澄ましても聞こえようもない小さな音にまで、オーケストラの奏者がこだわりを見せるのも、その調和を願えばこそ、だ」とある。

(3) 2～4行後に「じつはひとを包み込むような豊かで温かなオーケストラのサウンドは、それぞれの奏者の奏でる音の一致しなさから生まれてくるのではないかということだ」と述べられている。

(4) 直前の「そんな」は、その前の部分を指している。「そこにいるのが特定の誰かである必然性はない」「だれがどのポジションにいようとも、いつでも替えがきく」社会である。よって、2が適する。

(5)A [A] を含む松田さんの発言は、最後の段落の「ひとびとを魅了してやまないオーケストラの響きは、音

楽観が違い、美意識が違い、正否の基準が違う奏者たちの多様な価値観から生み出されるものであったようだ。個性ある音楽家ならではのずれが一つずつ重なることによって、オーケストラは初めて魅力ある音を奏でることができる」から読み取った内容である。　B　本文の最後から３段落目に「手触りのやさしい社会は、個々人の価値観が多少ずれていても、正否の基準が人によって違っていても、それを鷹揚《おうよう》に受け入れる共同体ではないか」と述べられている。話し合いの中の、最後の高橋さんの発言(＝「オーケストラには社会のあるべき姿が反映されている」)と、中村さんの発言(＝「それは『ずれ』を［ B ］社会の姿なのではないかな」)は、この部分から読み取ったものである。

5　(1)「扉を開ける」は、修飾・被修飾の関係。　１．主語・述語の関係　２．接続の関係　３．修飾・被修飾の関係　４．主語・述語の関係　よって３が適する。

(2)「青ざめる」とは、(血の気《け》を失って) 顔色が青白くなること。「立ち尽くす」は、呆然《ぼうぜん》として、そのままその場に身動きしないでいること。

(3)「金縛りが解けたように身体が動く」ようになる前の表現(＝「(お母さん)そう呼びかけようとしたが声が出たのか出ていないのかよく分からなかった。口が動いたのかどうかも」)からまとめる。

(4)「カケは弓よりも身体に密着するものだから、それが馴染《なじ》んでいるかどうかは弓よりも重要とされる」(傍線部㋒を含む段落の３段落後)から、凜《りん》は自分だけの新しいカケが欲しくて仕方なかったのだ。

(5)A　新しいカケを買ってもらったばかりの凜の気持ち(＝「新しい鹿革の匂いを嗅ぎながら眠りに落ちる日々は、希望に満ちていて、それまでの人生で一番幸せだったかもしれない」)に着目する。　B　傍線部㋔の直前に「少し安心した様子の母」とあることから、それまで母が凜を心配していたことが分かる。

(6)　１.「比喩を用いて体の様子を描写」は適さない。　２.「『凜』が『母』に対して言い返せずに悩んでいる」は本文に書かれていない。　３.「弓道の難しさについて認識していることを表現」するために「弓道に関する単語を多用している」とは言えない。　４.「中二の春〜それまでの人生で一番幸せだったかもしれない」までが回想する場面で、凜が弓道に打ち込んできた様子が描かれている。　よって４が適する。

《2023　英語　解説》

1　(1)ア　「寒いです。あなたは何か温かくなるものが欲しいです。何を買いますか？」…２「手袋」が適切。

イ　「エミの学校では今月体育祭があります。生徒たちは，一番好きなスポーツについて質問に答えました。最も人気のあるスポーツはドッジボールでした。バレーボールは 13 人の生徒に選ばれ，バスケットボールは 40 人の生徒に選ばれました。エミの学校はどれですか？」…３が適切。　ウ　「来週の土曜日にミドリ公園に行かなければなりません。あなたは午前 10 時 30 分にそこに到着しなければなりません。あなたの家から公園まで 20 分です。あなたは何時に家を出ますか？」…１「10 時 10 分」が適切。

(2)　【放送文の要約】参照。ア　「ケイトは何について話しましたか？」…３「彼女の夢について」が適切。

イ　「ケイトはいつアメリカに行きましたか？」…４「彼女は去年の冬にそこに行きました」が適切。

ウ　「なぜケイトはアメリカの多くのすばらしいスノーボーダーを尊敬しましたか？」…２「彼らはケイトよりも一生懸命練習したからです」が適切。

【放送文の要約】

ア3今日は私の夢についてお話ししたいと思います。私は子どもの頃から世界一のスノーボード選手になりたいと思っていました。イ4去年の冬，私はスノーボードの技術を向上させるためにアメリカに行きました。私はそこですばらしいスノーボーダーをたくさん見ました。ウ2私より一生懸命にスノーボードを練習していたので，とても驚きました。

私は彼らを尊敬しました。ですから私は毎日練習しています。私はいつかスノーボードでオリンピックに出場し，金メダルを取りたいです。

(3)ア　質問「去年の夏，ルーシーは何をしましたか？」…ルーシー「私の家族はキャンプに行くのが好きです。去年の夏は山に行きました」→サトウ先生「どうでしたか，ルーシー？楽しかったんじゃないですか？」→ルーシー「もちろん，楽しかったです。私は夜空にたくさんの美しい星を見ました」より，4「彼女は家族と山へ行きました」が適切。　イ　質問「ルーシーは次に何と言うでしょうか？」…サトウ先生「ルーシー，具合が悪そうですね。どうしましたか？」→ルーシー「頭が痛くて寒気がします」→サトウ先生「それは大変です。風邪をひいているかもしれません。家に帰って寝た方がいいですね」より，1「わかりました。そうします」が適切。

(4)　【放送文の要約】参照。ウィリアム先生の話の最後の質問「みなさんは高校で英語を上達させるために何をしますか？」に対する自分自身の答えを英文で書く。（例文１）「私は英語で書かれた本をたくさん読みます」
（例文２）「私は毎日英語の先生と話をしたいです」

【放送文の要約】

みなさん，こんにちは。卒業まであと数週間ですね。私はみなさんと過ごしたこの学校での日々をすべて覚えています。 私の一番の思い出はみなさんと一緒に英語の授業を楽しんだことです。みなさんの英語は上達しています。そこでみなさんに質問をしたいです。みなさんは高校で英語を上達させるために何をしますか？

2　【本文の要約】参照。

(1)ア　「～してくれませんか？」＝Can you ～？「(人)に～について言う／教える」＝tell＋人＋about＋～

イ　文の途中に疑問詞を含む間接疑問文だから，疑問詞 what の後ろは it is のように肯定文の語順にする。

ウ　〈to＋動詞の原形〉の形容詞的用法「～するための」の文。good example to remember「覚えるためのいい例」とつながる。

(2)　直後の１文「それは私にとって新しい情報よ」より，エマは it「日本人の数の数え方『ひ，ふ，み，よ，いつ，むう…』」を聞いたことがないと考えられる。never を使った現在完了“経験”の否定文「一度も～したことがない」〈主語＋have/has＋never＋過去分詞 ～.〉の形にする。

(3)　【エマがショウタに送ったメールの要約】参照。１　現在完了〈have/has＋過去分詞〉の“継続”「ずっと～している」の文。接続詞の since は文と文をつなぐことができる。　２　〈A is＋比較級＋than B〉「AはBよりも～である」の文にする。difficult の比較級は more difficult である。

【本文の要約】

ショウタ：アメリカではこれをどうやって暗記するの？教えてくれない？

エマ　　：例えば，２×２＝４を覚えるときは「two times two is four」と言い，２×３＝６を覚えるときは「two times three is six」と言うよ。これはあなたの国と違う？

ショウタ：いや，違わないよ。同じように聞こえるけど，日本には面白い言い方があるよ。それが何か知っている？

エマ　　：わからないわ。いつもは数字をイチ，ニ，サン，シ，ゴ，ロク…と数えているよね。

ショウタ：その通り。歌を歌うように数字を言う時に使うよ。２×２＝４を覚えるときは「ににんがし」と言うよ。２×３＝６は「にさんがろく」と言うんだ。歌みたいだよね？

エマ　　：ええ，すごいね！

ショウタ：そうすることで，日本人は簡単に覚えることができるそうだよ。日本人の数の数え方「ひ，ふ，み，よ，いつ，むう…」も聞いたことがある？複数の数を簡単に覚えたいときに使うんだ。

エマ　　：2(4)聞いたことないよ(＝I've never heard of it !)それは私にとって新しい情報よ。

ショウタ：これにより，数字を覚えるのがより速く，簡単になるんだ。君は$\sqrt{2}$をどうやって覚える？1.41421356…だよね。僕らは「ヒトヨヒトヨニヒトミゴロ」というフレーズで覚えるよ。言うだけで楽しいから，日本の学生にはとても有名で人気があるよ。

エマ　　：まあ，「ヒトヨヒトヨニヒトミゴロ？」面白いね！

ショウタ：僕はこれらの２つの方法で言い回しを作るのが好きなんだ。例えば先週，雑誌で 8724164 という長い数字を見たんだ。その数字は僕にとって重要ではなかったけど，「ハナニヨイムシ」という言い回しを作ったよ。この例では，花にとまっているかわいいミツバチが描かれている絵を想像することができたよ。時々，言い回しで絵を作ることができるんだ。

エマ　　：数字についてそんな風に考えたら，きっと簡単には忘れないと思うよ！これはたくさんの数字を覚えるためのいい例ね。教えてくれてありがとう。

【エマがショウタに送ったメールの要約】

こんにちは，ショウタ。今日はお話しできてうれしかったよ。私は日本に来てからずっと日本語を勉強しているよ。日本には平仮名，片仮名，漢字があるよね。私は漢字を読むのが苦手なの。日本語は他の言語よりも難しいよ。

3　【本文の要約】参照。

(2)　1×「ヒロコはピザに使う野菜作りを楽しみました」…本文にない内容。　2「×ジェフは牛乳アレルギーです」　3○「ピザの特別なものとはライスチーズでした」　4「ジェフの弟はミルクチーズピザを×食べたことがあります」　5○「ヒロコはおいしいピザを作りました」　6「ピザのライスチーズは×お米の味がしました」

【本文の要約】

ジェフ：(2)5あなたが作ったピザはとてもおいしいです。とても気に入りました。A2あなたは料理が上手ですね。

ヒロコ：ありがとう，ジェフ。今日はこのピザに特別なものを使ったの。わかった？

ジェフ：特別なものですか？ピーマン，タマネギ，トマト，ソーセージ，チーズ…。野菜が特別ですか？ピザのために野菜を育てたのですか？

ヒロコ：いいえ，野菜は作っていないよ。

ジェフ：じゃあソーセージを作ったのですか？

ヒロコ：いいえ。ソーセージは作れないよ。スーパーで買ったわ。

ジェフ：なるほど。じゃあ，チーズですね？

ヒロコ：そう！あなたは驚くかもしれないけど，(2)3このチーズはお米で作るの！お米の味がした？

ジェフ：全くしませんでした！B7このチーズは牛乳から作られたと思っていました。だから，チーズがお米から作られるなんて信じられません。とてもびっくりしました。

ヒロコ：このチーズがお米でできていることを知って，私も驚いたよ。スーパーで見つけた時，ピザに使おうって思ったの。ライスチーズは私たちにとって素晴らしい食べ物だと思うよ。

ジェフ：どうしてそう思うのですか？

ヒロコ：まず，私たちが普段食べるお米のほとんどは日本で作られているから，日本人にとってお米を手に入れるのは簡単よ。国産のライスチーズが作れるということよ。次に牛乳アレルギーの人もチーズピザを食べて楽しむことができるよ。

ジェフ：おお，それは僕の弟にとっていいことです。弟は牛乳アレルギーなので，ミルクチーズピザを食べたことがないです。弟はいつかライスチーズピザを食べるべきですね。

ヒロコ：C4そんな日がすぐにくると思うよ。

4 【本文の要約】参照。

(1)ア　第１段落１行目より，change myself「自分自身を変える」が入る。　イ　第３段落４行目より，your own words「自分の言葉」が入る。　ウ　第３段落４行目より，move someone's heart「誰かの心を動かす」が入る。

(2)1　「アユミが人生を通してやりたいことは何ですか？」…第１段落２行目より，自分自身を向上させたいことがわかる。I を She に，want を wants に，myself を herself に，my を her に変えて答える。　2　「言語はコミュニケーションの唯一の手段ですか？」…第２段落２行目より，言語が唯一の手段ではないことがわかる。language を it に置き換えて答える。　3　「なぜアユミはその日幸せだったのですか？」…第３段落５行目より，彼女の好きな歌手と話すことで自分自身が変わったと確信したからである。I を she に，him を her favorite singer に，me を her に変えて答える。

(3)　無理に難しい文にしなくてもいいので，ミスの無い文を書こう。20語以上で答えること。（例文１）「私は将棋が好きなので藤井聡太さんと話したいです。私は彼に毎日何時間将棋をしているのか聞きたいです」　（例文２）「私が話したい人は村上宗隆です。彼のような素晴らしい野球選手になるためにボールを打つ方法を知りたいです」

【本文の要約】

あなたにとって言語とは何ですか？私の答えは，言語は(1)ア自分自身を変えるために必要なものだということです。(2)1私はこれからも人生を通じて自分自身を向上させたいです。そんなに簡単ではないことはわかっていますし，自分ひとりではできません。「人と会って話すこと」が役に立つと思います。人と会って話をするとき，彼らの考え方がいつも私の心に響きます。私はいつも幸せを感じています。時には悲しくなったり，驚いたりもしますが，すべての感情が私に何かを与えてくれます。私は人から何かを学ぶことができます。

しかし，コミュニケーションの手段がなければ，私は人と話すことも，人のことを理解することもできません。(2)2コミュニケーションの手段はたくさんあります。でも，言葉は会話を通じて人を変える力があるので，お互いを理解するのに一番役に立つと思います。

私はある日，本屋で好きな歌手によって書かれた本を買いました。彼はそこにいて，私は彼と話すことができました。私は彼に「どうすればあなたのように，歌詞の中にわくわくするような言葉を使うことができますか？」と尋ねました。彼は私に「ノートを持って，町を歩き回ってください。自分にとって素敵なものを見つけたときに，自分の気持ちを(1)イ自分の言葉で書き留めてください。そうすれば，(1)ウ誰かの心を動かす言葉を自分のものにすることができます」と言いました。私にとって幸せな日でした。(2)3なぜなら，彼と話すことで自分が変わったのを確信したからです。もちろん，私は今，ポケットの中に小さなノートを持ち歩いています。

世の中にはたくさんの人がいます。そこで，自分を変えるために，誰と会って話をしたいですか？

5 【本文の要約】参照。

(1)ア　「コウスケが妹と二次元コードについて話したとき」…第１段落２～３行目より，3「妹はそれらのいくつかを以前に見たことがありました」が適切。　イ　「二次元コードは」…第２段落８行目より，4「使い方を見つけたいという人がいたから人気になりました」が適切。　ウ　「コウスケが学んだことは」…第３段落３～４行目より，2「不便なことに対する答えは，非常に簡単なことがあります」が適切。　エ　「コウスケは考えています」…第４段落６行目より，1「自分の周りにある『もし』に焦点を当てることで，より良い社会を作ることができる」が適切。

(2) 直後の１文に an important thing の具体的な内容が書かれている。

(3) 「日本人男性は，仕事において多くの情報を保持することに[ア５問題（＝trouble）]があったとき，日常生活の中で囲碁板から答えを見つけました。コウスケは自分の周りの社会をより良くするために[イ２同様の（＝similar）]考え方を使うことができるということがわかりました。私たちは周囲を見回し，古い考え方だけを持ち続けるのではなく，何を改善できるか[ウ６見つける（＝find）]べきです。私たちひとりひとりが，将来すばらしい変化を起こす人になるでしょう」

【本文の要約】

私は５歳の妹の誕生日におもちゃをあげました。すると妹は二次元コードが付いたおもちゃの箱を持ってきて，「(1)ア３これは何？私の周りでいつも見かけるよ」と私に尋ねました。私は答える前に，スマートフォンのカメラをその上にかざしました。すると，おもちゃの情報が画面に出てきました。妹は二次元コードの背後にあるこの新しい世界にとても驚いていました。私は妹に「この二次元コードがあれば，僕たちは情報を簡単に得ることができるよ」と言いました。

革新は，時にはシンプルで簡単な答えから生まれて，私たちの生活を改善します。二次元コードは日本人男性によって発明されました。彼の会社はバーコードの付いた箱をたくさん保管していましたが問題がありました。すべての箱の情報を問題なく管理することは容易ではありませんでした。ある日，従業員たちは昔ながらのゲーム，囲碁をしていました。二次元コードに似ていると思いませんか？彼は黒と白の模様に焦点を当てました。囲碁から，彼は多くの情報を保持する方法についての素晴らしいアイデアを得ました。そして，彼はこれが彼の日常生活にどういった良い変化をもたらすのか考えました。二次元コードはバーコードよりも多くの情報を保持できるので，現在は教科書，テレビゲーム，Web サイトでも目にします。(1)イ４これは，日常生活でそれらのより良い使い方を見つけようとした人がいたということです。この話を通じて，私はこの日本人男性と彼が二次元コードを発明した方法を尊敬しています。そして，それを良くしたいと思っている人も尊敬しています。

二次元コードは革新の良い例であり，私が大切なことを理解するのに役立ちました。(2)私たちはどんなものからでも，どこでも，いつでも，すばらしい考えを手に入れることができます。ですから，イノベーションは何か大きくて特別なものから生まれる必要はありません。(1)ウ２私たちの周りには不便なことや単純な問題があります。時には，それらに対する答えはとても簡単なことかもしれません。それが革新の鍵になるかもしれません。私たちに必要なのは，周りを見渡して，「何を改善できるだろうか？」と自分自身に問いかけることだけです。私たちは新しいアイデアを求めているのでしょうか，それとも古いアイデアだけに留まるのでしょうか？

このことをさらに考えてみると，周囲で「もし…があったら」という言葉をよく耳にします。私はこの「もし」の文章は何も生み出さないと思っていましたが，今ではそれが革新への第一歩になると信じています。私たちは何もせずに「もし」を聞いたり言ったりし続けている必要はありません。何を改善できるかを見つけるために周りを見渡してみましょう。あなたの周りではどれだけの革新の扉が開かれるのを待っているでしょうか？あなたはより良いものを発見し，創造している最中かもしれません。(1)エ１ドアを開けて私たちが想像もしなかった方法で社会をより良くするために，人々の「もし」を使ってください。

《2023　数学　解説》

[1] (1)イ　与式＝４×３＋３＝12＋３＝**15**

ウ　右の筆算のように，下の段の式の符号をすべて逆にして足せばよい。

$$\begin{array}{r} 6x^2-x-5 \\ +)\ -2x^2-x+6 \\ \hline \end{array}$$

よって，$\boldsymbol{4x^2-2x+1}$ となる。

エ　与式$=\frac{6x^2y}{2xy}+\frac{4xy^2}{2xy}=\mathbf{3x+2y}$

オ　与式$=\frac{\sqrt{3}}{\sqrt{2}}-\frac{3\sqrt{6}}{2}=\frac{\sqrt{3}\times\sqrt{2}}{2}-\frac{3\sqrt{6}}{2}=\frac{\sqrt{6}}{2}-\frac{3\sqrt{6}}{2}=-\frac{2\sqrt{6}}{2}=\mathbf{-\sqrt{6}}$

(2)　$2(x+y)=2x+2y$だから，縦の長さ２つ分と横の長さ２つ分の合計，つまり，長方形の**周の長さ**を表している。

(3)　(相対度数)$=\frac{(その階級の度数)}{(度数の合計)}$だから，20m以上24m未満の階級の相対度数は，$\frac{6}{20}=\mathbf{0.30}$

28m未満の累積度数は，最も小さい階級から24m以上28m未満の階級までの度数の合計で，$4+6+1=11$(人)である。よって，28m未満の累積相対度数は，$\frac{(28m未満の累積度数)}{(度数の合計)}=\frac{11}{20}=\mathbf{0.55}$

(4)　与式$=3(x^2-2-15)=\mathbf{3(x+3)(x-5)}$

(5)　**【解き方】aの値を求めてから，$x=1$，$y=-3$を代入する。**

aは直線$y=ax+b$の傾きだから，$a=\frac{(yの増加量)}{(xの増加量)}=\frac{4}{2}=\mathbf{2}$

$y=2x+b$に$x=1$，$y=-3$を代入すると，$-3=2+b$より，$b=\mathbf{-5}$

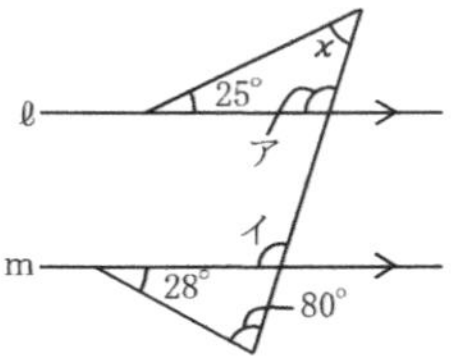

(6)　右図のように記号をおく。三角形の１つの外角は，これととなり合わない２つの内角の和に等しいから，∠イ$=28°+80°=108°$

平行線の同位角は等しいから，∠ア＝∠イ$=108°$

三角形の内角の和は180°だから，∠$x=180°-108°-25°=\mathbf{47°}$

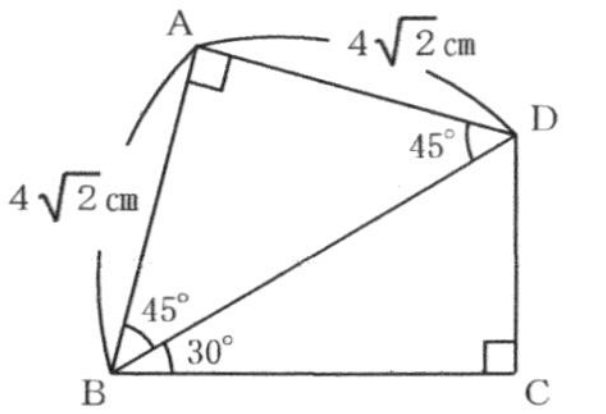

(7)　**【解き方】△ABDは直角二等辺三角形だから，右のように作図できる。**

$BD=\sqrt{2}AB=\sqrt{2}\times4\sqrt{2}=8$ (cm)

△BCDは３つの内角が30°，60°，90°の直角三角形だから，３辺の比が$1:2:\sqrt{3}$である。よって，$BC=\frac{\sqrt{3}}{2}BD=\frac{\sqrt{3}}{2}\times8=\mathbf{4\sqrt{3}}$ (cm)

(8)　箱ひげ図はデータ全体を４等分して区切ったものであり，右図のようなことがわかる。

ア．第２四分位数と中央値は同じ値のことだから，正しい。

イ．(四分位範囲)＝(第３四分位数)－(第１四分位数)で求められ，極端にかけ離れた値は第１四分位数や第３四分位数の外側にあるから，四分位範囲はその影響を受けにくい。よって，正しい。

ウ．箱の長さは四分位範囲を表している。(範囲)＝(最大値)－(最小値)だから，箱ひげ図全体の長さにあたる。よって，正しくない。

エ．第１四分位数から第２四分位数までに全体のおよそ$\frac{1}{4}$，第２四分位数から第３四分位数までに全体のおよそ$\frac{1}{4}$のデータが含まれているから，箱で示された区間には全体のおよそ$\frac{1}{4}+\frac{1}{4}=\frac{1}{2}=50$%が含まれているので，正しい。

以上より，適切でないものは**ウ**である。

2　**(1)**　Oを中心に回転移動するので，Oを中心とする半径がOAの円の円周上にBはある。∠AOB＝90°となるので，Oを通る直線AOの垂線を引くと，その垂線とOを中心とする半径がOAの円との交点がBである。

(2)ア　カードの引き方は，１回目が５枚から引くので５通り，２回目が残り４枚から引くので４通り，３回目が残り３枚から引くので３通りだから，３回の引き方は全部で，$5\times4\times3=60$(通り)ある。60通りの引き方それぞれで異なる３けたの整数ができるので，３けたの整数は全部で**60**通りできる。

百の位に注目すると，百の位が３のとき，十の位が５ならば３けたの整数は350以上になる。そのような整数は，351，352，354の**3**通りある。他に，百の位が**4**のときと**5**のときも考えなければならない。

イ　百の位が4のときは必ず350以上の整数ができる。1回目に4を引いたとき，2回目の引き方は4通り，3回目の引き方は3通りだから，百の位が4の整数は，$4\times3=12$(通り)できる。同様に，百の位が5の整数も12通りできる。したがって，350以上の整数は，$3+12+12=27$(通り)できるから，3けたの整数が350以上になる確率は，$\frac{27}{60}=\mathbf{\frac{9}{20}}$

3 **(1)ア**　$\mathrm{BE}=\frac{1}{2}\mathrm{BC}=\frac{1}{2}\times8=4$ (cm)だから，三平方の定理より，
$\mathrm{AE}=\sqrt{\mathrm{AB}^2+\mathrm{BE}^2}=\sqrt{8^2+4^2}=\sqrt{80}=\mathbf{4\sqrt{5}}$ (cm)

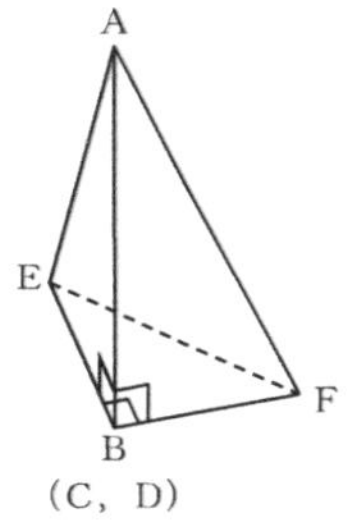

イ(ア)　**【解き方】組み立てるとB，C，Dが重なり，右図のようになる。**
底面を△BEF(△CEF)とすると，高さはABである。
$\triangle\mathrm{CEF}=\frac{1}{2}\times4\times4=8$ (cm²)，AB＝8cmだから，体積は，$\frac{1}{3}\times8\times8=\mathbf{\frac{64}{3}}$(cm³)

(イ)　**【解き方】求める高さをhcmとすると，三角すいの体積について，**
$\frac{1}{3}\times\triangle\mathrm{AEF}\times h=\frac{64}{3}$となるから，△AEFの面積がわかればhの方程式となる。
△AEF＝(正方形ABCDの面積)－△ABE－△ADF－△CEF＝
$8\times8-\frac{1}{2}\times8\times4-\frac{1}{2}\times8\times4-8=24$(cm²)だから，$\frac{1}{3}\times24\times h=\frac{64}{3}$より，$h=\frac{8}{3}$
よって，求める高さは$\mathbf{\frac{8}{3}}$cmである。

(2)ア　証明の穴埋め問題では，すでに書かれていることがヒントになるのでそれをよく読んで，論理的な説明になるように空欄を埋めていこう。答えがすぐにわからない場合は，仮定を図にかきこみ，問題の内容に応じて，図形の性質，平行線の同位角・錯角，円周角の定理などからわかることも図にかきこんで，答えを考えよう。

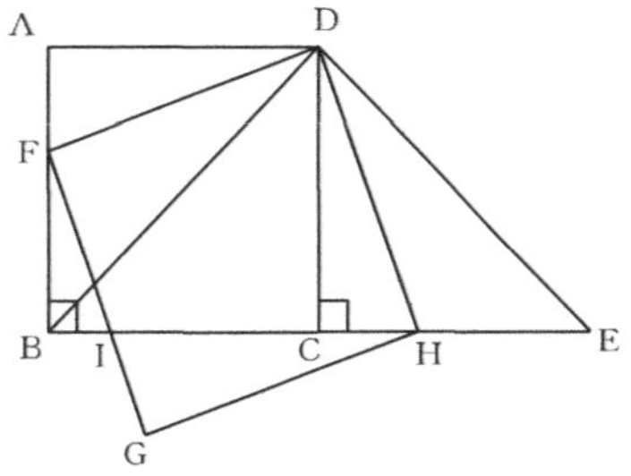

イ　**【解き方】平行線の同位角は等しいから，FG//DHより，**
∠FIB＝∠DHCとなる。したがって，△FBI∽△DCH
である。
△DAF≡△DCHより，AF＝CH＝2cmだから，
FB＝5－2＝3(cm)
△FBI∽△DCHより，BI：CH＝FB：DC
BI：2＝3：5　　$\mathrm{BI}=\frac{2\times3}{5}=\frac{6}{5}$(cm)
よって，$\triangle\mathrm{FBI}=\frac{1}{2}\times\mathrm{BI}\times\mathrm{FB}=\frac{1}{2}\times\frac{6}{5}\times3=\mathbf{\frac{9}{5}}$(cm²)

4 **(1)ア**　$y=\frac{1}{2}x^2$にAのx座標の$x=2$を代入すると，$y=\frac{1}{2}\times2^2=2$となるから，A(2，**2**)である。

イ　**【解き方】AとBはx座標が等しいから，AB＝(Aのy座標)－(Bのy座標)で求められる。**
$y=ax^2$にAのx座標の$x=2$を代入すると，$y=a\times2^2=4a$となるから，A(2，4a)と表せる。
Bのy座標は0だから，ABの長さについて，$4a-0=6$　　$4a=6$　　$a=\mathbf{\frac{3}{2}}$

(2)ア　**【解き方】BC＝CDより△BCDが直角二等辺三角形であることから，直線BDの傾きを求められる。**
直線BDの傾きは，$\frac{(y\text{の増加量})}{(x\text{の増加量})}=\frac{\mathrm{CD}}{\mathrm{BC}}=1$だから，直線BDの式を$y=x+b$とする。
この式にB(2，0)の座標を代入すると，$0=2+b$より$b=-2$となるから，直線BDの式は$\mathbf{y=x-2}$である。

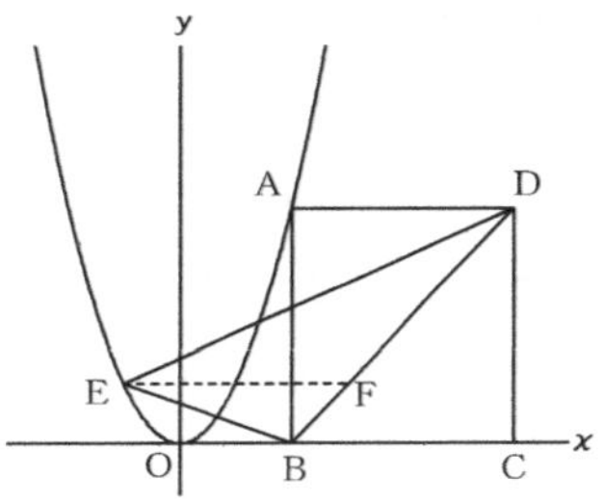

イ　**【解き方】Eを通りx軸に平行な直線と直線BDとの交点をFとし，**
△BDEを△BEFと△DEFに分けて考える。△BDEの面積をaの
式で表し，△BDEの面積についてaの方程式を立てる。
$y=ax^2$にEのx座標の$x=-1$を代入すると，$y=a\times(-1)^2=a$となるから，E(－1，a)と表せる。したがって，Fのy座標もaである。

直線ＢＤの式$y=x-2$にＦのy座標の$y=a$を代入すると，

$a=x-2$より$x=a+2$となるから，Ｆ$(a+2,\ a)$である。

よって，ＥＦ＝（Ｆのx座標）－（Ｅのx座標）＝$(a+2)-(-1)=a+3$（cm）

Ａ$(2,\ 4a)$であり，Ｄのy座標はＡのy座標と等しいので，Ｄのy座標は$4a$と表せる。

△ＢＤＥ＝△ＢＥＦ＋△ＤＥＦ＝$\frac{1}{2}$×ＥＦ×（ＢとＦのy座標の差）＋$\frac{1}{2}$×ＥＦ×（ＦとＤのy座標の差）＝$\frac{1}{2}$×ＥＦ×{（ＢとＦのy座標の差）＋（ＦとＤのy座標の差）}＝$\frac{1}{2}$×ＥＦ×（ＢとＤのy座標の差）＝$\frac{1}{2}\times(a+3)\times(4a-0)=2a(a+3)$（cm²）となるから，△ＢＤＥの面積について，$2a(a+3)=80$

これを解くと，$a=-8,\ 5$となり，$a>0$より，$a=$**5**

5 (1) りんごとなしは合計50個だから，りんごをa個とすると，なしは(**50－a**)個と表せる。

りんごをa個，なしをb個としてaとbの連立方程式をつくるとき，個数の合計について，**a＋b＝50**となる。

もう１つの式については，マユさんが立てた式のあの部分をbに置きかえるだけでよい。

(2)**ア** (1)でマユさんが立てた式で，aを$(x+18)$に，あの部分を$(y+18)$に置きかえるだけでよい。

イ $4x+5y=60$をyについて解くと，$y=-\frac{4}{5}x+12$となる。このグラフは点$(0,\ 12)$を通り，xが５増えるとyが４減る直線だから，右図のようになり，yが０以上の整数となるのはxが０，５，10，15のときである。それぞれのときのyの値を読み取ると，〔条件Ａ〕を満たすx，yの組は，

$(x,\ y)=(0,\ 12)$，$(5,\ 8)$，$(10,\ 4)$，$(15,\ 0)$とわかる。

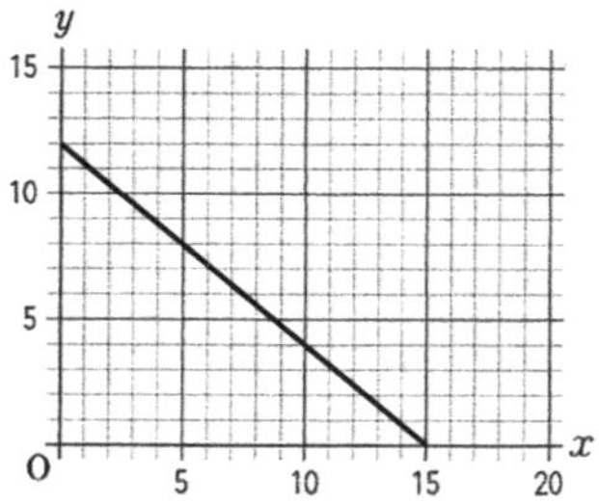

〔条件Ｂ〕より，$(x+18)+(y+18)=x+y+36$が50より大きいので，

$x+y$は$50-36=14$より大きい。先ほどの４組のうちこの条件を満たすのは，

$(x,\ y)=(15,\ 0)$だけである。よって，りんごは$15+18=$**33**(個)，なしは$0+18=$**18**(個)である。

《2023　社会　解説》

1 (1) 赤道　　０度の緯線が赤道，０度の経線が本初子午線である。

(2) アボリジニ　　オーストラリアのアボリジニとニュージーランドのマオリを区別して覚えておこう。

(3) １　　ウェリントンは，南半球の西岸海洋性気候だから，１年を通して気温や降水量の変化が少ない１を選ぶ。２はラバト，３はカルグーリー，４はカイロの雨温図である。

(4)**ア** イギリス　　オーストラリアとニュージーランドの国旗に，イギリスのユニオンジャックがデザインされていることから考える。　**イ**　３　　南アフリカ共和国は，ブラジル・ロシア・インド・中国とともに，2000年以降，急激に経済発展した国であるＢＲＩＣＳの１つとされる。よって，工業製品である自動車が輸出されている３を選ぶ。１はナイジェリア，２はオーストラリア，４はニュージーランド。

(5) 特定の農作物や鉱産資源に依存したモノカルチャー経済の問題点をしっかりと書こう。

2 (1)**ア** 広島市　　各地方の中心的な都市であり，政府の出先機関や企業の支社，支店などが置かれる都市を地方中枢都市という。人口が70万人を超え，区が設けられている都市を政令指定都市という。　**イ**　筑紫平野　　筑紫平野では稲と麦の二毛作が営まれている。　**ウ**　促成栽培　　暖流の黒潮（日本海流）の影響による温暖な気候とビニールハウスを利用して，野菜などの成長を早め，他地域が出荷しない時期に出荷する栽培方法を促成栽培という。

エ　Ａ県＝３　Ｂ県＝１　Ｃ県＝２　　Ａ県は岡山県，Ｂ県は長崎県，Ｃ県は沖縄県である。この３県のうち，外国人宿泊者（旅行者）が多いのは沖縄県，漁業産出額が多いのは長崎県だから，１が長崎県，２が沖縄県と判断する。

また，沖縄県は，唯一人口が自然増(出生数＞死亡数)になっている県である。

(2)イ　中国・四国地方…３　九州地方…４　　表は，北海道地方，東北地方，関東地方，中部地方，近畿地方，中国・四国地方，九州地方の７地方に分けてある。特長のある地方からしぼりこんでいく。工業生産額が最も多い１は，中京工業地帯のある中部地方である。人口と年間商品販売額が多く，農業生産額が少ない２は近畿地方である。人口が最も多く年間商品販売額も最も多い５は，首都東京のある関東地方である。人口が少ないわりに農業生産額が多い６は北海道地方である。残った３と４が九州地方と中国・四国地方である。九州地方は畜産がさかんだから，農業生産額が高くなるので４を九州地方，３を中国・四国地方と判断する。

3　**(1)ア**　口分田　　班田収授法によって，６年ごとに作成される戸籍をもとに，６歳以上の男女に口分田が貸し与えられた。口分田は，良民男子は２段(＝24 アール)，良民女子は良民男子の３分の２，奴婢は良民男子女子のそれぞれ３分の１とされた。　**イ**　４　　国＞郡＞里に分けられ，国には中央から国司が派遣され，郡や里には地方の豪族が郡司や里長に任命された。

(2)　地頭　　幕府から任命された役職には，御家人の統率や軍事・警察を担当する守護，土地の管理や年貢の取り立てを担当する地頭があった。

(3)ア　２　　井原西鶴は，江戸時代に活躍した小説家である。　**イ**　石高　　１石＝10 斗＝100 升は，約 150 kgで，畑や屋敷地も米がとれるものとして石高で表され，年貢が課された。

(4)　一揆をおこした場合，幕府や藩は，一揆の指導者を処刑して厳しく対処していた。そのため，指導者をだれかわからなくする必要があった。

4　**(1)**　伊藤博文　　伊藤博文は，君主権の強い憲法を学ぶためにドイツに渡り，帰国後内閣制度を創設して，初代内閣総理大臣に就任し，その後も３度内閣総理大臣に就いた。日露戦争後に韓国に置かれた統監府の初代統監に就き，統監を辞した後に，ハルビンで安重根に暗殺された。

(2)　２　　原敬は，外務・陸軍・海軍の３大臣以外の閣僚のすべてを立憲政友会の党員が占める政党内閣を組織した。「本格的」と言われたのは，軍人でも華族でもなく，また藩閥出身者でもなかったためであった。原敬は，選挙権の納税条件を 10 円以上から３円以上に引き下げたことでも知られる。

(3)　X＝普通選挙法　Y＝納税額による制限が廃止され，満 25 歳以上の男子　　選挙権の要件の変化は右表を参照。

選挙法改正年	納税条件	性別による制限	年齢による制限	全人口に占める有権者の割合
1889 年	15 円以上	男子のみ	満 25 歳以上	1.1%
1900 年	10 円以上	男子のみ	満 25 歳以上	2.2%
1919 年	３円以上	男子のみ	満 25 歳以上	5.5%
1925 年	なし	男子のみ	満 25 歳以上	19.8%
1945 年	なし	なし	満 20 歳以上	48.7%
2015 年	なし	なし	満 18 歳以上	83.3%

(4)　３→２→１　　３(世界恐慌　1929 年)→２(1933 年)→１(1936 年)

(6)　４　　冷戦の緊張の高まりを背景に，ＧＨＱは，日本の民主化政策を転換させ，中華人民共和国などのアジアの共産主義に対抗する勢力に日本を育てるために，経済の復興を優先させることにした。１．誤り。戦後に財閥は解体された。２．誤り。沖縄と奄美群島，小笠原諸島ではアメリカによる直接統治が行われた。３．誤り。朝鮮戦争による特需で，日本の経済は活気を取り戻し，復興が早まった。

5　**(2)**　３　　日本国憲法第 13 条に，「すべて国民は，個人として尊重される。生命，自由及び幸福追求に対する国民の権利については，公共の福祉に反しない限り，立法その他の国政の上で，最大の尊重を必要とする」とある。
新しい人権には，プライバシーの権利・知る権利・環境権・自己決定権などがある。

(3)ア　司法権の独立〔別解〕裁判官の独立　　国会や内閣など他の権力の干渉を受けないことから司法権の独立と呼ばれるが，特に裁判官が，法と良心以外のなにものにも拘束されず，職権を行使することを裁判官の独立という。

イ　2　　1．誤り。裁判員裁判は，重大な刑事裁判の第一審だけで行われる。3．誤り。すべての裁判所に違憲審査権がある。4．誤り。日本の裁判所は，最高裁判所と下級裁判所(高等裁判所・地方裁判所・簡易裁判所・家庭裁判所)に分かれる。　ウ　C＝検察　D＝被告　　検察官が，被疑者を裁判所に訴えることを起訴という。逮捕や勾留などの強制捜査・強制処分に必要な令状は裁判官が発行するので，区別して覚えておきたい。

(4)　一票の価値に差が生じている　　議員一人あたりの有権者数に差があることを「一票の格差」という。資料2では，東京1区，北海道1区，東京3区の議員一人あたりの有権者数は，宮城5区の議員一人あたりの有権者数の2倍以上になっている。このような不平等を補うために，参議院議員の選挙区選挙では，鳥取県と島根県，徳島県と高知県を合区とすることになった。

6　(1)　2　　フェアトレード…発展途上国の農産物・鉱産資源・工業製品を適正な価格で持続的に購入することで，発展途上国の生産者や企業の自立を促す取り組み。バリアフリー…精神的・物理的な障害を取り除くことや考え方。ストライキ…労働者が労働条件の改善などを求めて，仕事を拒否すること。

(2)　労働基準法　　労働基準法では，1日に8時間以内，1週間に40時間以内の労働などが定められている。

(3)　1　　保護貿易…外国からの輸入商品に高い関税をかけるなどして，国内産業を守る貿易形態。マイクロクレジット…貧困層や失業者に対して，無担保で行う少額の融資。クラウドファンディング…資金を調達するために，少額の融資を多くの人から募ること。

(4)　A＝12　B＝20000　2　　1ドルと交換するのに必要な円の金額が多くなると円安，少なくなると円高という。つまり，1ドル＝100円から1ドル＝120円になれば円安，1ドル＝100円から1ドル＝80円になれば円高である。240万円の日本製自動車がアメリカに輸出された場合，1ドル＝120円であれば，2400000÷120＝20000(ドル)となる。1ドル＝100円であれば，2400000÷100＝24000(ドル)で売られるため，1ドル＝120円の方が販売価格は安くなり，円安は輸出企業にとって有利となる。また，同じ金額のドルでより多くの円に交換できるから，海外から日本への旅行者(インバウンド)にとっても有利となる。逆に，円高は輸入企業と日本人の海外旅行者にとって有利となる。

(6)　a＝スウェーデン　b＝日本　c＝ドイツ　d＝アメリカ　　最も国民負担率が高いaは，社会保障が充実したスウェーデンである。国民負担率が最も低いdはアメリカである。残ったbとcのうち，社会保障負担の比率と租税負担の比率は，日本よりドイツの方が高いから，bは日本，cはドイツに決まる。

7　(1)　1　　バスコ・ダ・ガマは，アフリカ大陸南端の喜望峰を通って，インドにわたる新航路を発見した。

(2)　3　　チグリス川・ユーフラテス川の流域に栄えたメソポタミア文明についての記述を選ぶ。1は古代ギリシャ文明，2はエジプト文明，4は中国文明の記述である。

(3)　2→1→3　　2(1895年)→1(1902年)→3(1911年)

(4)　ハリケーン　　北西太平洋では台風・タイフーン，インド洋や南太平洋ではサイクロンと呼ばれる。

(5)　ODA　　ODAは政府開発援助の略称である。

《2023　理科　解説》

1　(1)ア　クモやエビのような生物は，からだやあしに節があることから，節足動物とよばれる。　　イ　2×…カニのからだは頭胸部と腹部に分かれている。　4×…アサリやサザエはえらで呼吸している。

(2)ア　タンパク質を分解するときに発生するからだに有害なアンモニアは，肝臓で無害な尿素に変えられる。

イ　尿素は腎臓でこし取られるので，心臓から腎臓へ送られる血液が流れる動脈の方が腎臓から心臓へ戻る血液が流れる静脈よりも，尿素をより多くふくむ血液が流れている。

(3)　れき(直径２mm以上)，砂(直径 0.06 mm～２mm)，泥(直径 0.06 mm以下)は粒の大きさで区別する。粒が小さいほど沖合の深い海まで運ばれて堆積するので，地層をつくる岩石の粒が小さいときほど，海水面が高かったと考えられる。地層はふつう下から順に堆積するので，れき《低い》，砂《→》，泥《高い》，砂《→》，れき《低い》の順に堆積する間に海水面が変化したと考えられる。よって，２が正答である。

(4)ア　太陽の１日の動きは地球の自転によって起こる見かけの動きである。地球が一定の速さで自転しているので，太陽は一定の速さで動いているように見える。　イ　１時間ごとの曲線の長さは 2.0 cmだから，この日の昼の長さは$1\times\frac{30.2}{2.0}=15.1$(時間)→15 時間６分である。日の入りの時刻は 19 時 12 分だから，日の出の時刻はその 15 時間６分前の４時６分である。

2　(1)　$\frac{28.0}{1.4}=20$(cm³)

(2)　亜鉛と銅では亜鉛の方がイオンになりやすいので，亜鉛がイオンとなって水溶液中に溶け出すときに電子を放出する〔$Zn\rightarrow Zn^{2+}+2e^{-}$〕。放出された電子は，導線を通ってAの向きに銅板に移動し，銅板上では，水溶液中の銅イオンが電子を受け取って銅原子となり〔$Cu^{2+}+2e^{-}\rightarrow Cu$〕，銅板に付着する。

(3)ア　コイルのまわりの磁界を変化させることで，コイルに電流が流れる現象を電磁誘導，そのとき流れる電流を誘導電流という。　イ　図ｉより，図１のAでは上がN極の磁界ができるので，図１は棒磁石のS極がBの上から近づいたときと同じである。誘導電流の向きは，磁石の極，コイルのどちら側か，磁石の動きの３つの要素によって決まり，１つ(３つ)の要素が異なるとき，検流計の針は反対向きにふれ，２つの要素が異なるとき，検流計の針は同じ向きにふれる。図２では棒磁石のS極がBの上から近づき，その後，棒磁石のN極がBの下から遠ざかったので，＋にふれた後，－にふれて０に戻る。

図ｉ

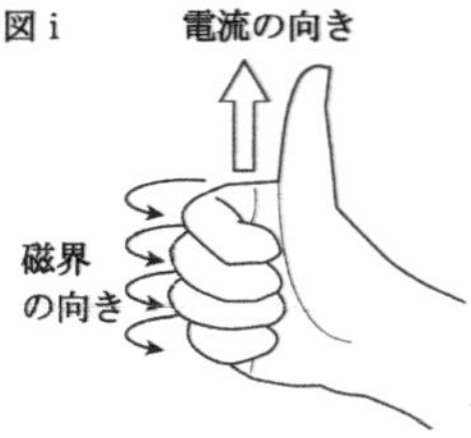

(4)イ　〔仕事(J)＝力(N)×物体を動かした距離(m)〕，300ｇ→３N，40 cm→0.4mより，手が物体にした仕事は$3\times0.4=1.2$(J)となる。よって，図２でも手が物体にした仕事は 1.2Jであり，図２で物体を引いたとき，ばねばかりは 2.0Nを示したことから，物体が斜面に沿って移動した距離は$\frac{1.2}{2.0}=0.6$(m)→60 cmとなる。

3　(1)イ　生物は呼吸によって二酸化炭素を放出するので，それぞれの生物から大気中の二酸化炭素に出ている矢印のB，C，D，Eが正答である。

(2)ア　①Qではヨウ素液が変化しなかった，つまりデンプンがなくなったので，微生物がデンプンを分解したと考えられる。　②上ずみ液を沸騰させることで微生物が死んでしまったため，デンプンが分解されなかったと考えられる。　イ　試験管にふたをしないと，空気中の微生物が試験管の中に入り，デンプンを分解する可能性がある。

4　(1)ア　化学反応式をかくときは，反応の前後で原子の種類と数が等しくなるように係数をつける。　イ　１回目の加熱で増加した$1.56-1.20=0.36$(ｇ)が酸素の質量である。表より，マグネシウムを加熱してできる酸化マグネシウムの質量は2.00ｇで一定になると考えられるので，マグネシウム1.20ｇと過不足なく反応する酸素は$2.00-1.20=0.80$(ｇ)である。よって，0.36ｇの酸素と反応するマグネシウムは$1.20\times\frac{0.36}{0.80}=0.54$(ｇ)となる。

(2)ア　酸化銅は黒色をしている。銅粉を加熱すると，おだやかに黒色に変化する。なお，酸化マグネシウムは白色をしていて，マグネシウムの粉末を加熱すると，激しく熱や光を出して白色の物質に変化する。　イ　図２より，結びついた酸素の質量は，銅の質量が1.20ｇのとき$1.50-1.20=0.30$(ｇ)，銅の質量が1.60ｇのとき$2.00-1.60=0.40$(ｇ)，銅の質量が2.00ｇのとき$2.50-2.00=0.50$(ｇ)となる。これらの点を直線で結ぶと，原点を通る比例のグラフになる。

(3)　マグネシウムと銅の質量がそれぞれ1.20 gのとき，結びつく酸素の質量はマグネシウムが0.80 g，銅が0.30 gだから，マグネシウムの方が多い。また，同じ質量のマグネシウムと銅にふくまれる原子の数もマグネシウムの方が多いことがわかるので，原子１個の質量は銅の方が大きいと考えられる。

(4)　銅粉の質量をx gとすると，マグネシウムの粉末の質量は$(1.10-x)$ gとなる。加熱すると銅粉は$x\times\frac{1.50}{1.20}=\frac{5}{4}x$(g)の酸化銅に，マグネシウムの粉末は$(1.10-x)\times\frac{2.00}{1.20}=\frac{5.5}{3}-\frac{5}{3}x$(g)となる。よって，$\frac{5}{4}x+\frac{5.5}{3}-\frac{5}{3}x=1.50$より，$x=0.80$(g)となる。

5　(1)ア　物体が凸レンズの焦点よりも内側にあるとき，凸レンズを通して物体を見ると，虚像が見える。

イ　凸レンズと物体の距離が近くなるほど，虚像は小さくなるが，実際の大きさよりも小さく見えることはない。

(2)ア　物体を焦点距離の２倍の位置に置くと，反対側の焦点距離の２倍の位置に，物体と同じ大きさの実像ができる。物体の文字の高さと比べた像の高さが1.00倍のとき，スクリーンに物体と同じ大きさの実像ができるので，このときの物体から凸レンズまでの距離が焦点距離の２倍であり，焦点距離は20cmとわかる。　イ　表の物体からスクリーンまでの距離が等しいときに着目する。例えば，物体からスクリーンまでの距離が98cmのときでは，物体から凸レンズまでの距離が28cmの場合と，70cmの場合があり，これらの和は98cmで，物体からスクリーンまでの距離と等しくなる。他の長さでも同様の関係が成り立つから，(　　)に入る数は，81－36＝45となる。

ウ　物体から凸レンズまでの距離が30cmのとき，物体の文字の高さと比べた像の高さは2.00倍である。実像は物体と上下左右が反対向きになるので，図３と上下左右が反対で大きさが２倍の文字の像ができる(図ⅱ)。

図ⅱ

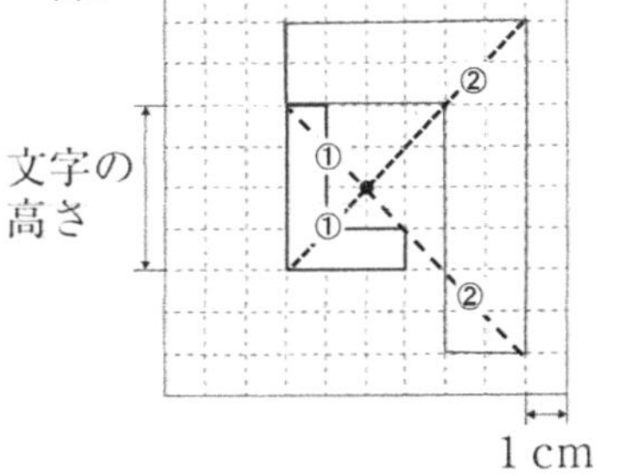

6　(1)ア　積乱雲は雷雲とも呼ばれる。　イ，ウ　オホーツク海気団と小笠原気団の勢力がほぼつり合っているときに，停滞前線ができる。南にある小笠原気団の勢力が大きくなると，停滞前線は北に移動させられたり消滅させられたりする。

(2)ア　前線をともなう低気圧の位置に着目する。偏西風の影響で低気圧は西から東(南西から北東)に移動するので，Z，X，図２，Yの順となる。　イ　冬の冷たく乾いた北西の季節風はシベリア気団(高気圧)からふき出す。日本海で水蒸気をふくむため，冬の日本海にはすじ状の雲が見られることが多い。

2022 解答例 令和４年度

青森県公立高等学校

《2022　国語　解答例》

[1] (1)音や動きがあること　(2)資料を効果的に提示すること。　(3)３　(4)(例文)学級旗は団結のしるし

[2] (1)ア．ふくつ　イ．げきれい　ウ．はくせい　エ．と　オ．かえり　カ．素質　キ．忠誠　ク．補修　ケ．招　コ．除　(2)ア．１　イ．４

[3] (1)右漢文　(2)２　(3)１

有リ㆑適クモノ㆑呉ニ

[4] (1)４　(2)内部から外に向かって開放される　(3)地面と並行する横方向　(4)２　(5)生の基盤を稲作に置く日本人にとって、身体の安定を保ち、同じ動作のリズムを共有することが必要であった

[5] (1)２　(2)３　(3)すべらない入れ物に移して　(4)ア．アゲハの羽が破れていること。　イ．自分のせい　(5)動かなくなったり傷ついたりしたことがあっても、外灯の下で光りながら舞い続ける　(6)２

[6] (例文)

資料によると、国語が「非常に乱れている」「ある程度乱れている」と思う人の割合が徐々に減っていることが分かる。しかし、私は、国語の乱れが改善したわけではないと思う。

なぜなら、言葉は時代とともに変わるのが自然だ、色々な言葉や表現があっていいなどと、国語に対する考え方が変化していて、実際には若者特有の言葉も、言葉の誤用も増えていると思うからだ。

《2022　数学　解答例》

[1] (1)ア．２　イ．$-\frac{3}{25}$　ウ．$-\frac{5}{3}x+\frac{3}{2}y$　エ．２b　オ．３　(2)$\frac{27}{2}\pi$　(3)－３

(4)連立方程式… $\begin{cases} 26x+8y=380 \\ 1.5x+4y=75 \end{cases}$　ドーナツ…10　クッキー…15　(5)$-\frac{2}{3}$　(6)28　(7)５　(8)ア

[2] (1)右図　(2)ア．㋐４　㋑20－４b　㋒６　㋓４　番号…③　イ．$\frac{1}{12}$

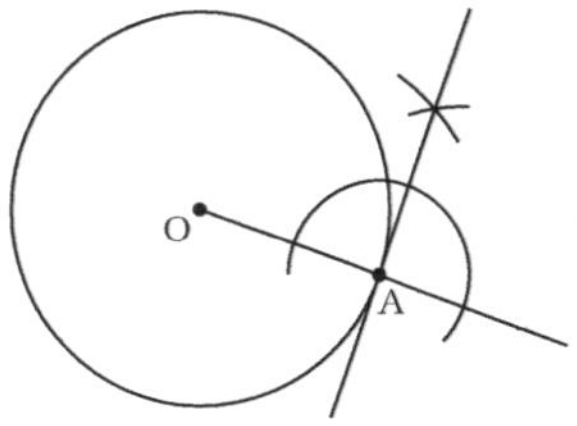

[3] (1)ア．$6\sqrt{2}$　イ．10

(2)ア．㋐∠ＢＨＦ＝∠ＤＧＥ　㋑ＢＨ＝ＤＧ　㋒１組の辺とその両端の角

イ．(ア)72　(イ)８

[4] (1)－４　(2)$y=\frac{1}{2}x+2$　(3)ア．$\frac{1}{4}t^2$　イ．－２，４

[5] (1)㋐８　㋑－３　(2)木曜日　(3)６　(4)ア．a－７　イ．９，15

《2022　英語　解答例》

[1] (1)ア．２　イ．１　ウ．３　(2)ア．３　イ．４　ウ．２　(3)ア．３　イ．１

(4)I listen to my friend(s).

[2] (1)ア．I will show you interesting　イ．Whose faces are designed on　ウ．I wish you could have　(2)kinds

(3)１．I want to know what the language is.　２．There are many buildings to visit in the world.

[3] (1)ア．Can I open it?／May I open it? などから１つ　イ．No, I haven't.　(2)A．３　B．６　C．１

4 (1)ア．新しいこと　イ．食べた　ウ．５月　(2)１．It was written in 1969.　２．They can enjoy reading by putting their fingers into them.／They can put their fingers into them. などから１つ　３．No, it wasn't.　(3)（例文１）My favorite thing is my watch because my grandfather gave it to me on my birthday last year.　It is small and cute.　（例文２）I like my bike.　I always use it when I go out with my friends, so I could visit many places in my town.

5 (1)ア．２　イ．３　ウ．４　エ．２　(2)世界には多くの文化があって，異なる文化の人たちは異なる感じ方を持っているということ。　(3)ア．４　イ．７　ウ．１

《2022　理科　解答例》

1 (1)ア．Ｂ　イ．①側根　②根毛　③表面の面積／面積／土に接する面積 などから１つ　(2)ア．生態系　イ．４
(3)ア．３　イ．マグマが地下深くで長い時間をかけてゆっくりと冷えるから。　(4)ア．４　イ．ｃ，ａ，ｂ

2 (1)2.4　(2)ア．Zn^{2+}　イ．１　(3)ア．２　イ．右図　(4)ア．交流　イ．9.0

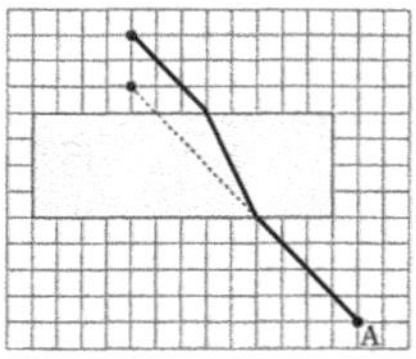

3 (1)ア．対照実験　イ．24℃の室温よりも手であたためた方が，だ液のはたらきがよくなること。　(2)ア．１　イ．Ｘ．２　Ｙ．５　(3)①アミラーゼ　②ブドウ糖　③肝臓

4 (1)２，３　(2)ア．CO_2　イ．１本目の試験管に集めた気体は，ほとんどが空気だから。
ウ．①石灰水　②白くにごる　(3)ア．右グラフ　イ．3.30

5 (1)ア．等速直線運動　イ．99　(2)番号…１　記号…Ｂ
(3)ア．４　イ．右グラフ

6 (1)ア．天球　イ．４　ウ．①地軸〔別解〕自転軸　②日周運動
(2)ア．３　イ．ふたご座

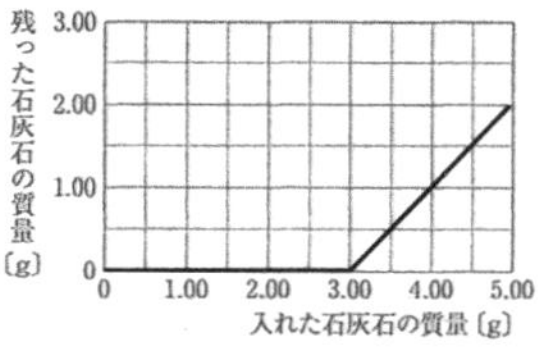

4(3)アのグラフ

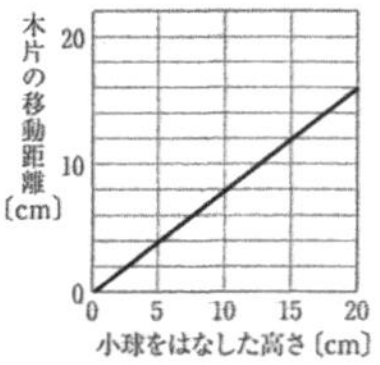

5(3)イのグラフ

《2022　社会　解答例》

1 (1)タイガ　(2)北緯45／東経105　(3)６　(4)記号…う　国名…オーストラリア
(5)ア．バイオエタノール〔別解〕バイオ燃料　イ．マナオスに比べて，キトの標高が高いから。

2 (1)京浜　(2)歴史的な景観や町並みを守るため。　(3)記号…Ｙ　大都市圏名…大阪圏〔別解〕大阪大都市圏
(4)ターミナル　(5)棚田　(6)丘陵地を切り開いてニュータウンを建設し，丘陵をけずって得られた土を沿岸のうめ立てに利用した開発が行われた。

3 (1)２　(2)荘園　(3)徳政令〔別解〕永仁の徳政令　(4)４　(5)物価の上昇をおさえる〔別解〕物価を引き下げる
(6)Ａ．６　Ｂ．３　Ｃ．５

4 (1)井伊直弼　(2)１　(3)富国強兵　(4)関東大震災　(5)３→２→１　(6)日ソ共同宣言が調印され，ソ連との国交が回復した

5 (1)ア．Ａ．選挙　Ｂ．助言と承認　イ．Ｘ．６　Ｙ．１　(2)学校　(3)４　(4)地方公共団体の間の財政の格差をおさえる

6 (1)財　(2)契約　(3)２　(4)エシカル　(5)１　(6)所得に関係なく，同じ金額の商品の購入に対して同じ金額を負担するから。

7 (1)十字軍　(2)４　(3)３　(4)正倉院　(5)先住

《2022　国語　解説》

1　⑴　本田さんが「動画の特徴は、音や動きがあることです」と言っていることから。

⑵　本田さんが「さまざまな人にわかりやすい動画にするために、話す速さや表情を工夫することと、資料を効果的に提示することが大切だと思います」と言っていることから。

⑶　本田さんが「私は、動画を利用するのがよいと思います」、中村さんが「新聞を作って、学校行事の様子を紹介するのはどうでしょうか」と話し始めていることに、３が適する。１の「本やインターネットの内容を引用することで」、２の「調査した結果の数値をあげて」、４の「他者の意見に対して共感する点をあげて」は適さない。

⑷　記事の要点は、学級旗に描かれているのが「クラスの目標」であること、大変な準備を通して「みんなで力を合わせて完成させたのでうれしい～クラスの団結を喜んだ」ということである。これらを押さえた表現を考えよう。

3　⑴　「有適呉」を「呉《ご》に適《ゆ》くもの有り」と読む。「呉」から「適」に一字返るのでレ点を付け、「適」から「有」に一字返るのでレ点を付ける。

⑵　【漢文(書き下し文)の内容】を参照。呉の国の人が出した料理を見て「これは何ですか」と聞いているので、２の「漢人《かんひと》」が主語である。

⑶　「漢人」は、食用でない竹を料理した自分の思い違いに気づかず、「呉の国の人は人を偽り、欺く」と言った。「宋人《そうひと》」は、たまたま切り株にぶつかって死んだ兎《うさぎ》を手に入れたことに味をしめ、また同じようにうまくいくだろうという思い違いをし、働くのをやめてしまった。よって、二つの話に共通するのは、１だと言える。

【漢文(書き下し文)の内容】

> 漢の国の人で、呉の国に行く者がいた。呉の国の人がたけのこ料理を用意したところ、(漢の国の人は)尋ねた、「これは何ですか」と。(呉の国の人が)答えて言うことには、「竹です」と。(漢の国の人は)帰ってから、竹で編んだ敷物を煮てみたが煮えなかったので、妻に言ったことには、「呉の国の人は人を偽り、欺く。私を欺いたのもこのようだ」と。

【資料の内容】

> 宋の国の人で畑を耕す者がいた。畑の中に木の切り株があり、兎が走って株に突き当たり、首を折って死んだ。そこで(宋の国の人は)自分のすきを放り出して切り株の番をし、再び兎を手に入れようと待ち望んだ。兎を二度とは手に入れることができず、彼自身は宋の国の笑い者となってしまった。

4　⑴　活用形は、接続している(直後の)語で判断するとよい。波線部は、「て」に接続しているので連用形である。１は仮定形、２は連体形、３は未然形、４は連用形である。

⑵　「ヨーロッパのリズムの方向」を問われている。それは、傍線部㋐を含む段落から読み取れる。それより前で「日本のリズムには断絶がある～一方、ヨーロッパのリズムは上向きである」と述べたことをふまえて「上向きか下向きか、というよりも、身体の内部から外に向かって開放されてゆく方向か、あるいは身体の中からさらにその芯へ、奥へ向かうか」と、よりこまかく説明し直している。

⑶　傍線部㋑は、日本人の歩き方の特徴を説明した語である。続けて読んでいくと、それが「身体を揺さぶらずに安定して歩く」方法であり、「生の基盤を稲作に置く日本人」に必須の歩き方であり、「稲作のためには、地面と並行する横方向に注意を払い～安定を確保しながら進むことを優先しなければならなかった」と説明されている。

⑷　１．「住居の違いによって動きが異なることを指摘」してはいない。　２．第１段落の最後で述べた「和楽器

はいずれも、動きを下にして止めることで、リズムの流れをいったん途切れさせている」ということを受けて、「つまり日本のリズムには断絶がある。切断がある」とまとめていることに合う。　３．第３段落で、「日本の舞踏にも～跳び上がるものは少なくない」が、そうであっても、日本のリズムの取り方の「基本を外すことはあまりない」と述べている。「少なくないこと」が「違いを示唆している」のではない。　４．「人間としてリズムの共有が大切である」というようなことは述べていない。

⑸　空欄の直後が「から。」なので、「日本人の身体の型が、下向きで内側に引く方向性である」理由が入るとわかる。「下向きで内側に引く」ようになったのは、日本人が「生の基盤を稲作に置」いていたからである。つまり、稲作をするのに必要な歩き方やリズム感覚がしみついているということ。その歩き方は「身体の安定を保とう」とするものであり、そのリズム感覚は「同じ動作のリズムの共有に役立つ」ところからきている。

5　⑴　「息をつめる」は、息をするのも抑えてじっとしていること。どうなるのか気がかりで、緊張して見守っているのである。

⑵　設問に「このあとの場面の表現について」とあることに注意する。「だれも、なにも言わなかった。十秒、二十秒……」は、過ぎていく時間を示すことで、その間子どもたちがじっと見続けていることを表していると言えるので、３が適する。１の「緊張が解けていっている」、２の「アゲハへの興味を失った」、４の「宿題の時間が近づいてきた」は適さない。

⑶　「どうしてサナギになったとき、もっと気をつけてやらなかったんだろう」は、後悔の気持ちである。アゲハは、飼育ケースの壁をすべって落下し、動かなくなってしまった。それを見ていた「ぼく」が、すべりにくい材質のものにしてやっていれば、と後悔しているのである。この後悔を表す具体的な心内語が、［　　］の２～３行前に「―しまった。ダンボールかなにか、すべらない入れ物に移してやればよかった」とある。

⑷**ア**　「ぼく」が「口にできなかった」のは、「ほんとうはぼくも気がついていた」こと。「ぼく」は何に気がついていたのか。それは、たくとが言った、羽化したアゲハの「羽がやぶけとる」ということである。　**イ**　直前にあるように、「ぼく」はアゲハの羽が破れた原因を「床にすべり落ちたときに傷ついたんだろう」と考えている。そして、⑶で読み取ったとおり、アゲハが床にすべり落ちたのは、自分が「すべらない入れ物に移して」やらなかったせいだと思っているのである。

⑸　何を見て「弱いけど強い」（本文最後の行）と感じたのか。それは、前行の「外灯の下で舞い続けるアゲハ」の様子である。舞う様子は、「黒い羽が外灯の明かりを受けて、キラキラ光る」と語られている。そのように美しく羽ばたくことができたことに「強い生命力」を感じたのである。では、「弱い」とはどういうことか。ここまでに語られたアゲハの様子をふり返ると、アゲハは、床に落ちて動かなくなったり、羽が破れてしまったりしたことが書かれている。そのような苦境に負けず、美しく舞う姿を見て、「ぼく」は感動したのである。

⑹　１．「ぼく」が「多くの生き物を飼っている」かどうかは、本文からはわからない。　２．「たくとが叫び」「大声をあげるたくと」のように、「たくと」の衝動的な行動が描かれている。一方で、「ぼく」に「よかったねえ、壮《そう》くん」といちばんに声をかけたのは「たくと」である。ここから、「たくと」の友だち思いの面がうかがえる。
３．「どんな状況でも～動揺することはない」ということは、本文に書かれていない。　４．「『ほれ、音読の続きやるぞ』と、たくとを引き連れ～もどっていった」というセンター長の言動が描かれているので、「子どもたちが宿題をやらなくても気にしない」は適さない。

《2022　数学　解説》

1 (1)イ　与式 $=-\frac{2}{5}\times\frac{3}{10}=-\frac{3}{25}$

ウ　与式 $=\frac{1}{3}x-\frac{6}{3}x+y+\frac{1}{2}y=-\frac{5}{3}x+\frac{3}{2}y$

エ　与式 $=\frac{24ab^2}{6a\times 2b}=2b$

オ　与式 $=(\sqrt{5}-\sqrt{2})(\sqrt{5}+\sqrt{2})=(\sqrt{5})^2-(\sqrt{2})^2=5-2=3$

(2)　$9^2\pi\times\frac{60°}{360°}=\frac{27}{2}\pi$ (cm²)

(3)　2.7，$\frac{7}{3}$，3，$\sqrt{6}$ の大小を比べる。$\frac{7}{3}=2.33\cdots$ だから，$\frac{7}{3}<2.7<3$

$\sqrt{4}<\sqrt{6}<\sqrt{9}$ より，$2<\sqrt{6}<3$　　よって，絶対値が最も大きい数は -3 である。

(4)　小麦粉の合計の使用量について，$26x+8y=380$…①

バターの合計の使用量について，$1.5x+4y=75$ より，$3x+8y=150$…②

①－②でyを消去すると，$26x-3x=380-150$　　$23x=230$　　$x=10$

②に $x=10$ を代入すると，$30+8y=150$　　$8y=120$　　$y=15$

よって，ドーナツは10個，クッキーは15個作った。

(5)　**【解き方】yの変域に負の数が含まれているので，$y=ax^2$ のグラフは下に開いた放物線であり，xの絶対値が大きいほどyの値は小さくなる。**

$-2\leqq x\leqq 3$ だと $x=3$ のときyが最小値の -6 になるから，$y=ax^2$ に $x=3$，$y=-6$ を代入すると，

$-6=a\times 3^2$　　$a=-\frac{6}{9}=-\frac{2}{3}$

(6)　**【解き方】円周角と中心角の関係と，二等辺三角形ＯＡＢに注目する。**

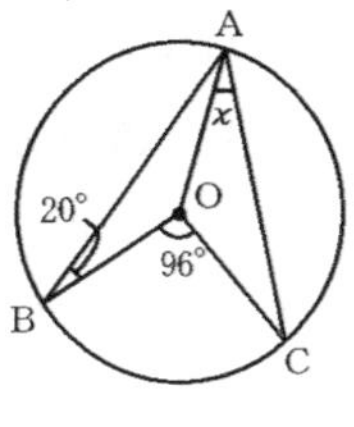

円周角は，同じ弧に対する中心角の半分の大きさだから，

$\angle BAC=\frac{1}{2}\angle BOC=\frac{1}{2}\times 96°=48°$

△ＯＡＢはＯＡ＝ＯＢの二等辺三角形だから，$\angle OAB=\angle OBA=20°$

よって，$\angle x=48°-20°=28°$

(7)　**【解き方】全体を半分にしたデータ(記録)のうち，小さい方のデータの中央値が第1四分位数で，大きい方のデータの中央値が第3四分位数となる(データ数が奇数の場合，中央値を除いて半分にする)。**

(四分位範囲)＝(第3四分位数)－(第1四分位数)である。

データを小さい順に並べると，2，3，4，5，5，6，7，8，9，9，10となり，6が中央値(第2四分位数)である。中央値より下位の5つのデータの中央値である4が第1四分位数，上位の5つのデータの中央値である9が第3四分位数だから，四分位範囲は，$9-4=5$ (回)

(8)　**【解き方】a，bに具体的な正の整数をあてはめて考えるとよい。以下では，a＝2，b＝3とする。**

ア．$\sqrt{2}<\sqrt{3}$ だから，正しい。　　イ．$\sqrt{2}+\sqrt{3}$ はこれ以上計算できないから，正しくない。

ウ．$\sqrt{(-2)^2}=\sqrt{4}=2$ だから，正しくない。　　エ．2の平方根は $\pm\sqrt{2}$ だから，正しくない。

2 (1)　円の接線は接点を通る半径に垂直だから，Ａを通る直線ＯＡの垂線を作図すればよい。

(2)ア　$ax+4b=20$ に $a=2$，$b=3$ を代入すると，$2x+4\times 3=20$　　$2x=8$　　$x=4$　　(あ)＝4

$ax+4b=20$ をxについて解くと，$ax=20-4b$　　$x=\frac{20-4b}{a}$　　(い)＝20－4b

$1\leqq a\leqq 6$ だから，$\frac{20-4b}{a}$ が負の数になるのは $20-4b<0$ のときであり，それは $b=6$ のとき，つまり，小さいさいころの出た目の数が6のときだけである。　　X＝小さい　　(う)＝6

$b=6$ のとき，$\frac{20-4b}{a}=\frac{20-4\times 6}{a}=-\frac{4}{a}$ が整数になるのは，aの値，つまり大きいさいころの出た目の数が

4の約数のときである。　Y＝大きい　㋤＝4

イ　b＝6でaが4の約数となる出方は，(a，b)＝(1，6)(2，6)(4，6)の3通りだから，求める確率は，$\frac{3}{36}=\frac{1}{12}$

3　(1)ア　**【解き方】面ＡＢＣＤで右のように作図できるから，△ＥＢＦは直角二等辺三角形である。**

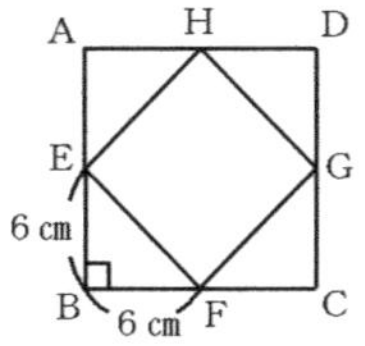

ＥＢ：ＥＦ＝1：$\sqrt{2}$だから，ＥＦ＝$\sqrt{2}$ＥＢ＝6$\sqrt{2}$(cm)

イ　**【解き方】立方体の容積から正四角すいの体積を引くと，残った水の体積が求められる。**

立方体の容積は，12×12×12＝1728(cm³)

四角形ＥＦＧＨは正方形だから，面積は6$\sqrt{2}$×6$\sqrt{2}$＝72(cm²)である。

したがって，正四角すいの体積は，$\frac{1}{3}$×72×12＝288(cm³)　残った水の体積は，1728－288＝1440(cm³)

立方体の底面積は12×12＝144(cm²)だから，残った水の底面から水面までの高さは，1440÷144＝10(cm)

(2)ア　証明の穴埋め問題では，すでに書かれていることがヒントになるのでそれをよく読んで，論理的な説明になるように空欄を埋めていこう。答えがすぐにわからない場合は，仮定を図にかきこみ，問題の内容に応じて，図形の性質，平行線の同位角・錯角，円周角の定理などからわかることも図にかきこんで，答えを考えよう。

イ(ア)　**【解き方】平行四辺形(ひし形は平行四辺形に含まれる)のとなりあう内角の和は180°になることを利用する。**

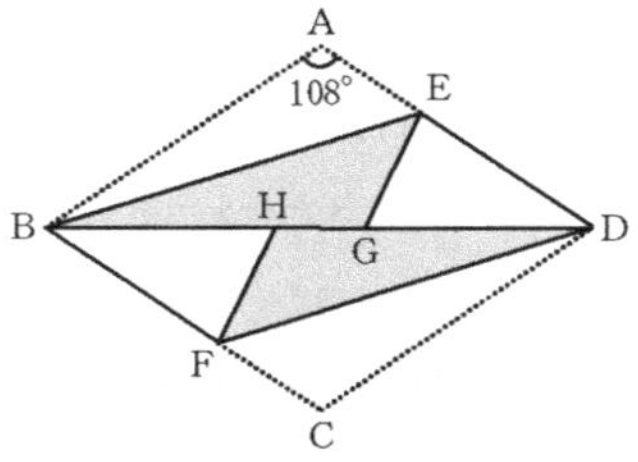

∠ＡＤＣ＝180°－108°＝72°だから，∠ＥＤＧ＝72°×$\frac{1}{2}$＝36°

アの証明より，∠ＤＧＥ＝180°－∠x＝180°－108°＝72°

△ＤＥＧの内角の和より，∠ＧＥＤ＝180°－36°－72°＝72°

(イ)　**【解き方】(ア)より∠ＤＧＥ＝∠ＤＥＧだから，△ＤＥＧはＤＥ＝ＤＧ＝4cmの二等辺三角形である。**

ひし形の1辺の長さをｔcmとすると，ひし形ＡＢＣＤの周の長さは4ｔcmである。

ＡＥ＝ＡＤ－ＤＥ＝ｔ－4(cm)　折ったとき重なるから，ＧＥ＝ＡＥ＝(ｔ－4)cm

したがって，四角形ＡＢＧＥの周の長さは，2ｔ＋2(ｔ－4)＝4ｔ－8(cm)

よって，求める周の長さの差は，4ｔ－(4ｔ－8)＝8(cm)

4　(1)　Ａは①上の点だから，$y=\frac{16}{x}$にx＝－4を代入すると，$y=\frac{16}{-4}$＝－4より，Ａ(－4，－4)

(2)　**【解き方】平行な直線は傾きが等しい。また，Ｐのy座標が求める直線の切片である。**

$y=\frac{16}{x}$にＢのx座標のx＝8を代入すると，$y=\frac{16}{8}$＝2となるから，Ｂ(8，2)　これより，Ｐ(0，2)

直線ＡＢの式をy＝ax＋bとする。Ａの座標から－4＝－4a＋b，Ｂの座標から2＝8a＋bが成り立つ。

これらを連立方程式として解くと，a＝$\frac{1}{2}$，b＝－2となるから，直線ＡＢの式は，$y=\frac{1}{2}x-2$

よって，式を求める直線の傾きも$\frac{1}{2}$だから，求める式は，$y=\frac{1}{2}x+2$

(3)ア　$y=\frac{1}{4}x^2$にＳのx座標のx＝ｔを代入すると，$y=\frac{1}{4}t^2$となるから，Ｓ(ｔ，$\frac{1}{4}t^2$)

イ　**【解き方】y軸と直線④が平行だから，四角形ＰＱＲＳが平行四辺形となるのはＰＱ＝ＳＲのときである。ＳＲの長さをｔの式で表して，方程式を立てる。**

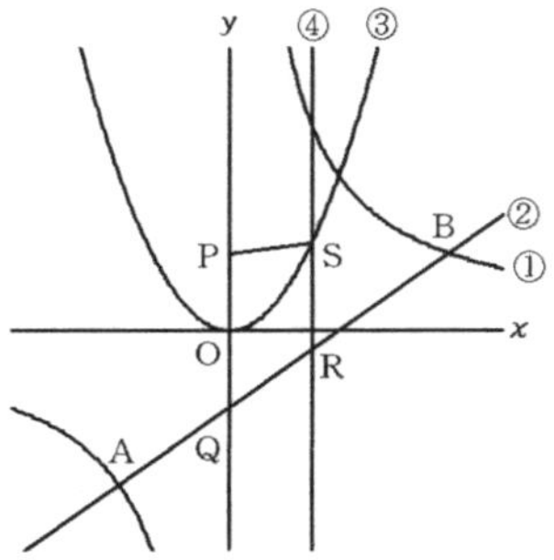

(2)より，Ｐ(0，2)，Ｑ(0，－2)だから，

ＰＱ＝(Ｐのy座標)－(Ｑのy座標)＝2－(－2)＝4

②の式$y=\frac{1}{2}x-2$にＲのx座標のx＝ｔを代入すると，$y=\frac{1}{2}t-2$となるから，

Ｒ(ｔ，$\frac{1}{2}t-2$)

図より，直線④の位置がどこであっても常にSがRより上にあるから，

$\mathrm{SR}=(\mathrm{S}のy座標)-(\mathrm{R}のy座標)=\frac{1}{4}t^2-\left(\frac{1}{2}t-2\right)=\frac{1}{4}t^2-\frac{1}{2}t+2$

PQ＝SRより，$4=\frac{1}{4}t^2-\frac{1}{2}t+2$　　これを解くと $t=-2$，4となり，これが求めるtの値である。

5 (1)　4月のAの値が2，Bの値が6だから，5月のBの値は，2＋6＝8　　(あ)＝8

6月のBの値が11であり，11日後は2週間後（7日後×2）の3日前だから，11＝7×2－3より，6月のCの値は－3である。　(い)＝－3

(2)　5月のCの値は＋1だから，5月1日は水曜日の1日後ろの木曜日である。

(3)　7月のCの値は－1だから，7月1日は水曜日の1日前の火曜日である。

最初の日曜日はこの5日後だから，7月1日＋5日＝7月6日

(4)**ア**　カレンダーですぐ真上の日は1週間前の日だから，7日前なので，a－7

イ　**【解き方】先生の示したカレンダーは一日《ついたち》が月曜日で30日までの月だから，マユさんのノートから何月かを調べる。誕生日の日数については2次方程式を立てる。**

マユさんのノートの表を完成させると右のようになる。

一日《ついたち》が月曜日となるのはCの値が－2の月だから9月か12月だが，30日までなので9月とわかる。

月／日数／項目	1月	2月	3月	4月	5月	6月	7月	8月	9月	10月	11月	12月
	31	28	31	30	31	30	31	31	30	31	30	31
A	3	0	3	2	3	2	3	3	2	3	2	3
B		3	3	6	(あ)	11	13	16	19	21	24	26
C	0	+3	+3	−1	+1	(い)	−1	+2	−2	0	+3	−2

誕生日の日数について方程式を立てると，$a^2+(a-7)^2=(a+2)^2$ となり，これを解くと，$a=3$，15となる。

aの上にも日があり，2日後にも日があることから，$8\leqq a\leqq 28$ なので，$a=15$

よって，先生の誕生日は9月15日である。

《2022　英語　解説》

1 (1)**ア**　「あなたは単語がどういう意味か知りたいです。あなたは何を使いますか？」…2「辞書」が適切。

イ　「トムは市役所に行くためにレッドストリートを歩いています。グリーンストリートで左に曲がります。すると右手に市役所があります。どの絵がこれを示していますか？」…1が適切。　**ウ**　「オーストラリアから来た先生と英語で話していますが，聞き取れません。あなたは先生に何と言いますか？」…3「もう一度言っていただけませんか？」が適切。

(2)　【放送文の要約】参照。**ア**　「メアリーは家族と一緒にどこへ行きましたか？」…3「和食レストランへ」が適切。　**イ**　「メアリーは父から何を聞きましたか？」…4「母が和食の作り方を習いたがっていた」が適切。

ウ　「誰がメアリーと一緒に買い物に行きますか？」…2「彼女の兄(弟)」が適切。

【放送文の要約】

私は母の誕生日プレゼントに何か探しています。母は和食が好きです。ア3それで，家族と一緒に出かけるときは，よく和食レストランに行きました。彼女はそこで和食を食べて楽しみました。イ4父は，母が家で一度和食を作ってみたら，上手くできなくて，和食の作り方を習いたがっていると，私に言いました。そして，父は和食についての本が母にとっていいプレゼントになるだろうと言いました。ウ2だから今週末，それを買いに兄(弟)と本屋に行くつもりです。母が気に入ってくれとうれしいです。

(3)**ア**　質問「ジェーンは次に何と言うでしょうか？」…ジェーン「友達が今月，音楽祭に私を招待してくれたから，行くつもりよ」→ユウタ「いいね，ジェーン。僕も一緒に行きたいな。いつ行くの？」より，3「次の土曜日よ」が適切。　**イ**　質問「ユウタは次に何と言うでしょうか？」…ジェーン「こんにちは，ユウタ。あなたはこ

の新しい映画をもう見たそうね」→ユウタ「そうだよ。２週間前に見たけど，もう一度見たいな」→ジェーン「今度の日曜日に一緒に見ない？」より，１「それはいい考えだね」が適切。

⑷　【放送文の要約】参照。ホワイト先生の話の最後の質問「友達が何かをしようとしてうまくいかないとき，あなたはどうしますか?」に対する自分自身の答えを英文で書く。(例文)「私は友達の話を聞きます」

【放送文の要約】

私は中学校でたくさんのことに挑戦しました。うまくいかないこともありましたが，友達がたくさん助けてくれました。その後，私はうまくできるようになりました。友達が何かをしようとしてうまくいかないとき，あなたはどうしますか？

2　【本文の要約】参照。

⑴ア　・show＋人＋こと／もの「(人)に(こと／もの)を見せる」　イ　〈be 動詞＋過去分詞〉で「～される」という意味の受け身の疑問文。　ウ　wish を使った仮定法〈I wish＋主語＋could＋動詞の原形〉「～できたらなあ」の文。

⑵　日本には現在，500円，100円，50円，10円，５円，１円の６種類(＝kinds)の硬貨がある。

⑶　【ケンタがビルに送ったメールの要約】参照。１　文中に疑問詞を含む間接疑問の文では，疑問詞の後ろはwhat the language is のように肯定文の語順になる。　２　「訪れるべき建物」は〈to＋動詞の原形〉の形容詞的用法「～するための」を使って，buildings to visit とする。　・there is/are＋○○「○○がある」

【本文の要約】

ケンタ：やあ，ビル。

ビル　：やあ，ケンタ。君におもしろいものを見せるね。これらの硬貨を見て。自分の国から持ってきたんだ。

ケンタ：この２枚の硬貨には人の顔が描かれているね。

ビル　：その通り。

ケンタ：その硬貨には誰の顔が描かれているの？

ビル　：例えば，１セント硬貨にはエイブラハム・リンカンの顔が描かれているよ。

ケンタ：ああ，エイブラハム・リンカンね。その名前を知っているよ。

ビル　：その硬貨はペニーって呼ばれているよ。ペニーは１セント硬貨の別名なんだ。

ケンタ：なるほど。他の硬貨にも別名があるの？

ビル　：うん，あるよ。これは５セント硬貨だよ。ニッケルと呼ばれているんだ。

ケンタ：面白いね！別名がある硬貨があるんだね。僕は知らなかったよ。

ビル　：日本の硬貨にも別名があるの?

ケンタ：いや，ないけど，日本の硬貨には面白い特徴があるよ。現在，硬貨は６⑵種類(＝kinds)あるんだ。そのうちの２枚には穴があるよ。知ってた？

ビル　：うん，知っていたよ。初めて見たときは驚いたよ。穴があることで簡単にコインを見分けることができるね。とても役に立つよ。

ケンタ：そう思う？君の国の硬貨にも役に立つ穴があったらなあ。今，僕は君の国の硬貨に興味があるよ。それらについてのウェブサイトを見てみるよ。質問があったらメールするね。

ビル　：うん，お願い。

【ケンタがビルに送ったメールの要約】

やあ，ビル。今日は話をしてくれてありがとう。２つの硬貨にいくつかの単語を見つけたんだ。それらの中には英語じゃないものもあると思うんだ。僕はその言語が何かを知りたいよ。君は知ってる？僕は５セント硬貨に素敵な建物も見つけたよ。それについてウェブサイトを見て，それが世界遺産の一部だってことに驚いたよ。世界には訪れるべき建物がたくさんあるね。この建物はその１つだと思うよ。

3 【本文の要約】参照。

【本文の要約】

メイリン：これは私への誕生日プレゼント？ありがとう。ヒロミ。なんてかわいい紙袋なの！とてもうれしいわ。この袋の中に何が入っているのか見たいわ。ア開けてもいい？（＝Can I open it?/May I open it?)

ヒロミ　：もちろんよ。何が入っているか見てほしいわ。何を渡そうか１週間ずっと悩んでいたの。気に入ってくれるとうれしいわ。

メイリン：わぁ，これは素敵だわ。きれいな包装紙に包まれた箱で，メッセージカードが貼ってあるわね。きれいなリボンやシールも貼ってあるわ。私のために飾ってくれたの？

ヒロミ　：ええ。私があなたのために飾ったわ。A３あなたが何が好きで，どう思うかを考えながらやったの。

メイリン：それを聞いてうれしいわ。まだプレゼントは見てないけど，もうあなたのプレゼントを楽しんでいるもの。プレゼントを開けるのは驚きと興奮を感じるわね。何が入っているのか考えるのも楽しいわ。

ヒロミ　：それはうれしいわ。私はよく，特別な日に特別なプレゼント用の包装紙を使うの。リボンやシールで飾ったり，紙袋を使ったりするわ。人々が私のようにプレゼントの包装を楽しむ理由を考えたことはある？

メイリン：イいいえ，ないわ。（＝No, I haven't.）時間をかけて楽しんで包装するのはどうしてなの？

ヒロミ　：プレゼントを包装するときは，プレゼントをもらう人のことを考えているの。プレゼントをあげたりもらったりすることで，お互いのことを考えるすばらしい時間が生まれるわ。これをどうやって包装するか考えるのは，あなたのことを考える有意義な時間になったわ。

メイリン：私はあなたの考えが気に入ったわ。プレゼント自体も大切だけど，B６渡し方について考えることも大切ね。あなたの考えも今日の私にとって特別なプレゼントよ。母の誕生日が来月だからプレゼントを贈るわ。たくさん助けてくれていることに対して本当に感謝しているの。あなたからプレゼントの包装についていい考えを教わったから，母のことを考えながら飾りつけや包装を楽しむわね。彼女の笑顔を見るのが楽しみだわ。

ヒロミ　：きっとお母さんはそれを気に入ると思うわ！あなたが私の包装を気に入ってくれてうれしいわ。あら，C１あなたはまだ私のプレゼントを開けてなかったわね。気に入ってくれるかしら。開けてみて。

メイリン：わかったわ，何かしら？わくわくするわ！

4 【本文の要約】参照。

(1)ア　第１段落４行目より，something new「新しいこと」が入る。　イ　第２段落３行目より，has already eaten「(すでに)食べた」が入る。　ウ　第３段落１行目より，May「５月」が入る。

(2)1　「原作はいつアメリカで描かれましたか？」…第１段落４～５行目より，1969年に描かれたことがわかる。

2　「本の中で子どもたちは穴を使ってどのように楽しむことができますか？」…第２段落４行目より，指を穴の中に入れて楽しむことがわかる。　3　「アメリカでは，ページに穴を開けるのは簡単でしたか？」…第２段落４～５行目より，難しかったことがわかる。

(3)　無理に難しい表現は使わなくてもいいので，文法・単語のミスがないこと，そして内容が一貫していることに注意しながら文を書こう。書き終わった後に見直しをすれば，ミスは少なくなる。（例文１）「私のお気に入りの物は腕時計です。祖父が昨年の誕生日にくれたからです。小さくてかわいいです」　（例文２）「私は自転車が気に入っています。私は友達と外出するときにいつもそれを使います。それで町のたくさんの場所に行くことができました」

【本文の要約】

子ども向けの絵本『エリック・カール作，はらぺこあおむし』をご存知ですか？小さな緑色のイモムシが卵からふ化し，月曜日にリンゴを１つ，水曜日にスモモを３つ，金曜日にオレンジを５つ食べ，…そしてついに大きくて美しいチョウに成長しました！それを読むと，何か(1)ア新しいことに挑戦して，自分自身を高めていきたいと感じるかもしれません。(2)1原作は1969年にアメリカで描かれました。その本は70カ国語以上に翻訳されました。世界中の多くの人がその本を買っています。持っている人もいるかもしれませんが，この本は日本の技術を使って作ったものだということを知っていましたか？

初版の最後のページに「Printed in Japan(日本で印刷)」とあります。なぜ日本で印刷されたのでしょう？その本には色がたくさんあり，ページの大きさもさまざまで，いくつかの穴まで開いています。本の中で，果物に穴が開いているのが見えます。それは，イモムシがすでに(1)イ食べてしまったことを示しています。これはエリックの興味深いアイデアのひとつです。(2)2子どもたちはこれらの穴に指を入れて，本を読むのを楽しむことができます。(2)3アメリカでは作るのが難しかったのです。そのとき，ある日本人男性がエリックに言いました。「私たちが力になります。わが社の技術ならそれが可能です」だからこの本は日本で印刷されたのです。

エリックの斬新なアイデアと日本の技術がこの本を有名にしました。彼は昨年の(1)ウ5月に亡くなりましたが，彼の本は世界中の多くの人々に影響を与え，これからも私たちのそばにあり続けることでしょう。

5　(1)ア　「ナオミが虹の色の数を尋ねたとき，」…第２段落２～３行目より，２「ケイタの答えは７色でしたが，それらのすべてを見ることはできませんでした」が適切。　イ　「ナオミとケイタが話したあと，ケイタは」…第３段落２～５行目より，３「自分で考えることが何かを学ぶのに役立つことがわかりました」が適切。

ウ　「この経験から」…第４段落最後の文より，４「ケイタは経験から学んだすべてのものは関連しているということを教わりました」が適切。　エ　「ナオミがケイタに教えたことは」…第２段落３～５行目より，２「虹の色の数は他の文化では違っているかもしれない」が適切。

(2)　代名詞などの指示語の指す内容は直前にあることが多い。ここでは直前の１文を指している。

(3)　「公園に向かって ア４歩いていた（＝walked） とき，ナオミはケイタにいくつか質問をしました。ナオミの質問によって，ケイタは新たな学び方を理解しました。ナオミは，弟が自分と一緒に話したり学んだりすることをより楽しんでいることに気づきました。このことによって，ナオミはケイタに新しいことを イ７教えること（＝teaching） を誇りに思いました。ナオミは，ケイタが彼の学習経験から，質問に対して自分で ウ１答え（＝answers） を見つけることができると思い始めました」

【本文の要約】

ある日曜日の午後，ナオミとケイタは，午前中の雨が止んでから，公園に行ってテニスをすることにしました。ケイタは中学生で，ナオミより３歳年下です。彼らはいつも周囲の多くのことに興味を持っています。

ナオミとケイタは公園まで歩いている間に，空にきれいな虹を見つけました。ナオミは尋ねました。「なんで空に虹が出るんだろう？」ケイタは答えました。「(1)ア2雨が太陽の光を７色に分けるからだよ。僕は理科の授業でそれを学んだよ」ナオミは言いました。「(1)エ2すばらしいわ。でも本当に７色あるの？私たちは日本人には７色でも，アメリカ人には６色，アジアの国々の人には３色よ」ケイタは驚いて大きな声で言いました。「え？なんでそんなに色の数が違うの？」ナオミは続けました。「もう一度虹を見てごらん。本当に虹の中に７色が見える？」ケイタは数分間虹を見て答えました。「(1)ア２赤，黄，緑，青の４色は見えるよ…。それらの間に他の３色を見ようとすると，更に多くの色が見える気がするんだけど…」ナオミは言いました。「わかる？光の色が少しずつ変わるから，７色とは言えないでしょ」「知らなかった！興味深いね」とケイタは言いました。ナオミはもう一度尋ねました。「どうして虹には７色があると思うの？」「たぶん，小さい頃に習ったからだね」とケイタは答えました。ナオミは笑顔で言いました。「そうだね。虹の色の数については，人によって考え方が異なるわ。７色だと信じるなら，あなたにとっては７色が正解よ」ケイタはもう一度同じ虹を見て，それには７色はないと考え始めました。

ナオミは言いました。「(2)世界にはたくさんの文化があり，それぞれの文化の人たちは異なる感じ方を持っているわ」「それがわかってうれしいよ」とケイタは微笑みました。ナオミは続けました。「(1)イ３何かを知りたいときは，自分の目で見て，自分の耳で聞いて，自分の頭で考えることが大切よ。学んだ考え方と違うこともあるわ。自分で考えて感じてみて！」ケイタは興奮した様子で言いました。「学校で，すべての色が合わさると色が消えるということも学んだよ」ナオミは弟を誇りに思い，自分自身も誇りに思いました。ケイタは姉と話すことで新しい学び方を見つけました。

この経験はケイタにとってすばらしい教訓になりました。彼は以前よりもっと学びたいと思いました。彼にとって最も刺激的だったのは，科学によって世界のさまざまな文化をよりよく理解できたことでした。この経験をする前，彼は科学を学ぶことと文化について考えることは別のことだと信じていました。(1)ウ４今では，彼はすべての学習経験が互いに関係していることがわかっています。

《2022　理科　解説》

1 (1)ア　Aはめしべ，Cは花弁，Dはがくである。　イ　タンポポなどの双子葉類の根は主根と側根からなる。

(3)ア　1と4は無色鉱物，2は緑褐色の有色鉱物で不規則な形をしている。　イ　花こう岩のつくりのように大きく成長した鉱物が組み合わさったつくりを等粒状組織といい，このようなつくりをもつ火成岩を深成岩という。

(4)ア　寒冷前線が通過すると，短い時間に強い雨が降る。その後，北よりの風に変わり，気温が急に下がる。したがって，雨(●)が降り，気温が急に下がっている15日の12時から15時の間に寒冷前線が通過したと考えられる。

イ　〔湿度(%)$=\dfrac{\text{空気中にふくまれる水蒸気量}(\mathrm{g/m^3})}{\text{その気温での飽和水蒸気量}(\mathrm{g/m^3})}\times100$〕で，飽和水蒸気量は気温が低いほど小さくなるから，湿度が同じとき，気温が低いほど空気1 $\mathrm{m^3}$中にふくまれる水蒸気量は小さくなる。気温が低い順にC＜A＜Bだから，空気1 $\mathrm{m^3}$中にふくまれる水蒸気量はc＜a＜bとなる。

2 (1)　塩化ナトリウムは加熱しても質量が変わらないから，混合物で質量が減ったのは炭酸水素ナトリウムによるものである(炭酸水素ナトリウムは加熱すると，炭酸ナトリウムと二酸化炭素と水に分解する)。炭酸水素ナトリウム3.2gを加熱すると，質量が3.2－2.0＝1.2(g)減る。混合物で加熱前と後で質量が，3.2－2.3＝0.9(g)減っているから，混合物に炭酸水素ナトリウムは$3.2\times\dfrac{0.9}{1.2}=2.4$(g)ふくまれていたとわかる。

(2)ア　結果より，硫酸銅水溶液中の銅イオン〔Cu^{2+}〕が電子を受け取り，銅原子〔Cu〕となって亜鉛板に付着し，亜鉛板の亜鉛原子〔Zn〕が電子を放出して，亜鉛イオン〔Zn^{2+}〕になったとわかる。　イ　硫酸マグネシウム水溶液に亜鉛板と銅板のどちらを入れても変化しなかったから，マグネシウムは亜鉛や銅よりイオンになりやすい。また，硫酸銅水溶液にマグネシウムリボンと亜鉛板のどちらを入れても銅が付着したから，銅はマグネシウムや亜鉛よりイオンになりにくい。したがって，イオンになりやすい順に，マグネシウム＞亜鉛＞銅となる。

(3)ア　1と3と4は，光の反射による現象である。　イ　鉛筆からガラスまでの道すじと，ガラスからAまでの道すじは平行になる。

(4)ア　乾電池からの電流のように，向きが変わらない電流を直流という。　**イ**　1Wの電力を1時間使ったときの電力量が1Whである。324kWh→324000Whより，30日間での使用時間は324000÷1200＝270(時間)となり，1日あたりの平均使用時間は270÷30＝9.0(時間)である。

3　**(1)イ**　だ液にふくまれる消化酵素は体温に近い温度でよくはたらく。

(2)ア　麦芽糖やブドウ糖をふくむ液体にベネジクト液を加えて加熱すると，赤褐色の沈殿を生じる。　**イ**　X．DとFはだ液の有無のみが異なり，手順1の後にヨウ素液でデンプンの有無を確認している。　Y．EとGはだ液の有無のみが異なり，手順1の後にベネジクト液で麦芽糖やブドウ糖の有無を確認している。

4　**(1)**　1では硫酸バリウムと塩化ナトリウムができる。2では水素が発生する。3ではアンモニアが発生する。4では酸化銅ができる。

(2)イ　1本目の試験管に集めた気体には，うすい塩酸が入っている試験管に入っていた空気が多くふくまれる。

ウ　石灰水に二酸化炭素を通すと，白くにごる。

(3)ア　図3より，うすい塩酸40.0㎤と石灰石3.00gがちょうど反応したとわかる。したがって，入れた石灰石の質量が3.00gになるまでは，すべての石灰石が反応し(残った石灰石の質量は0g)，3.00gをこえると3.00gをこえた分の石灰石が残る(入れた石灰石の質量が4.00gであれば，4.00−3.00＝1.00(g)残る)。　**イ**　ア解説より，うすい塩酸100.0㎤は，石灰石3.00×$\frac{100.0}{40.0}$＝7.50(g)と反応する。石灰石1.00gがすべて反応すると0.44gの二酸化炭素が発生するから，うすい塩酸100.0㎤と石灰石7.50gが反応すると，発生する二酸化炭素は，0.44×$\frac{7.50}{1.00}$＝3.30(g)である。

5　**(1)ア**　水平面上で小球にはたらく力は重力と垂直抗力であり，この2つの力はつり合っている。物体に力がはたらいていないときや，はたらいている力がつり合っているとき，静止している物体は静止し続け，動いている物体は等速直線運動を続ける。これを慣性の法則という。　**イ**　表1より，高さ5cmのとき，小球をはなしてからの時間が0.3秒をこえると，0.1秒ごとに，はなした位置からの移動距離が9.9cmずつ増える(このとき小球は水平面を等速直線運動している)。したがって，速さは9.9÷0.1＝99(cm/s)である。

(2)　①②木片の移動距離が衝突前の小球がもつ運動エネルギーの大きさと考えられるから，表2より，運動エネルギーは速さが大きいほど大きいとわかる。なお，位置エネルギーは，基準面からの高さが高いほど大きくなる。

③表2より，小球の速さが99cm/sから2倍の198cm/sになると，木片の移動距離は4.0cmの2^2＝4(倍)の16.0cmになるので，グラフはBのような放物線の一部となる。

(3)ア　1×…小球の質量が変わらないので，小球にはたらく重力も変化しない。2 3×，4○…位置エネルギーと運動エネルギーの和を力学的エネルギーといい，摩擦や空気の抵抗がないとき，力学的エネルギーは一定となる。小球が斜面を運動するとき，高さが低くなるにつれて位置エネルギーは小さくなり，速さが速くになるにつれて運動エネルギーは大きくなる。　**イ**　(1)イより，小球をはなした高さが5cmのとき，水平面上での速さは99cm/sだから，表2より，木片の移動距離は4.0cmである。(1)イと同様に小球をはなした高さが10cmのときと，20cmのときの水平面上での速さを求めると，それぞれ140cm/s，198cm/sだから，表2より，木片の移動距離は，それぞれ8.0cm，16.0cmである。

6　**(1)イ**　星は北極星を中心に回転しているように見えるから，星の動きがえがく弧の中心が北の空にあるように見える。

(2)ア　図2において，地軸が太陽側に傾いている左の地球が夏至，地軸が太陽と反対側に傾いている右の地球が冬至の位置を表している。したがって，Aは夏至から冬至の間の秋分である。　**イ**　24時にさそり座が南中して見えた日，地球は太陽とさそり座の間にあるから，図２の左の地球(日本の夏至)と同じ位置にある。この日から９か月後は，図２の上の地球(日本の春分)と同じ位置にあり，24時にしし座が南中する。24時にさそり座が南中して見えた日，22時(２時間前)に，さそり座から時計回りに12星座を１つ進んだ位置にあるてんびん座が南中して見えた。したがって，24時にしし座が南中する日の20時(４時間前)には，しし座から時計回りに２つ進んだ位置にあるふたご座が南中して見える。

《2022 社会 解説》

1 (2) 緯線と経線は 15 度間隔で引かれている。緯度０度の赤道から北に３本だから 15×３＝(北緯)45(度)，経度０度の本初子午線から東に７本だから 15×７＝(東経)105(度)になる。

(3) ６．アジア州の割合が高いＢを13億人以上の中国とインドを含む人口と判断する。残ったうち，北アメリカ州の割合が高くアフリカ州の割合が低いＣをＧＤＰと判断できるので，Ａは面積となる。

(4) 「う」のオーストラリアが正しい。オーストラリアでは，露天掘りによる鉄鉱石の採掘が盛んである。「あ」はイギリス，「い」はエジプト，「え」はアメリカ。

(5)ア バイオエタノールを燃やしたときに排出される二酸化炭素は，原料である植物の生長途中に吸収されたものであるため，全体としては二酸化炭素の排出量は増えないとみなされる。　**イ** キトはアンデス山脈に位置するため，低緯度にも関わらず１年を通して気温が低くなる。一方，マナオスは１年を通して高温で気温の変化がほとんどない。

2 (1) 東京の「京」，横浜の「浜」から，京浜工業地帯と呼ばれる。

(2) 京都には世界遺産に登録されている寺院などが多いので，古くからの町並みが多く残っている。

(3) 三大都市圏は東京・名古屋・大阪であり，京都府は大阪圏に位置する。日本の総人口の３分の１が集中している東京圏(Ｘ)に次いで，大阪圏の人口が多いことからＹと判断する。

(4) ターミナル駅は終着駅と訳される。東急などの鉄道会社が，郊外に住宅地，ターミナル駅付近に百貨店を建設し，人の移動を鉄道で行うことを計画した。東急百貨店ができた渋谷は，駅を中心とした繁華街となり発展していった。

(5) 棚田には，水をたくわえるダム機能，土しゃの流出や地すべり防止機能，水や空気をきれいにするろ過機能がある。

(6) ニュータウンが丘陵地に開発されたことを読み取り，海上に神戸空港，人工島のポートアイランドや六甲アイランドがつくられたことと関連付ける。

3 (1) ２が正しい。飛鳥時代に中大兄皇子や中臣鎌足らが蘇我氏を滅ぼした後，人民や土地を国家が直接支配する公地公民の方針を示し，大化の改新に着手した。１は７世紀初めに蘇我馬子と協力して行った。３は奈良時代，４は平安時代。

(2) 奈良時代の墾田永年私財法では，新たに開墾した土地の永久私有が認められた。これによって，貴族や寺社は農民らを使って初期荘園を増やしていった。

(3) 元寇で十分な恩賞を与えられなかったことから，生活に困窮する御家人が増え，領地を手放す者も少なからずいた。そこで鎌倉幕府は永仁の徳政令を出し，御家人がただで領地を取り戻せるとした。

(4) ４のバスティーユ牢獄襲撃を選ぶ。１はイギリスの産業革命，２はドイツ帝国の成立，３はインド大反乱。

(5) 株仲間は，幕府や藩に税を納めて商品の値段の決定や引き上げを行っていたため，老中水野忠邦の天保の改革で解散が命じられた。

(6) A ６．唐は７～10 世紀初めの約 300 年に渡って続いた。　B ３．コロンブスは 1492 年に西インド諸島に到達した。　C ５．アヘン戦争は 1840 年にイギリスが清を攻撃して始めた。１は紀元前１世紀，２は６世紀，４は 20 世紀。

4 ⑴ 大老井伊直弼は，1858 年に朝廷の許可を得ないまま日米修好通商条約を結び，江戸幕府に反対する吉田松陰や橋本左内らを安政の大獄で処刑した。このできごとは多くの武士の反感を買い，1860 年，井伊直弼は水戸藩の浪士らによって桜田門外で暗殺された。

⑵ 1が誤り。教育基本法の制定は昭和時代の出来事である。

⑶ 明治政府は近代国家建設のスローガンとして「富国強兵」を掲げ，徴兵令を制定して近代的な軍隊をつくった。徴兵令では，満 20 歳以上の男子に兵役の義務が負わされた。

⑸ 3．盧溝橋事件(1937 年)→2．日独伊三国同盟の締結(1940 年)→1．真珠湾攻撃(1941 年)

⑹ 日本が国際連合への加盟を認められなかったのは，ソ連が安全保障理事会で拒否権を発動していたためである。1956 年に日ソ共同宣言に調印してソ連と国交を回復したことで，日本の国際連合加盟にソ連の反対がなくなり，日本は国際連合への加盟を果たすことができた。

5 ⑴ア(A) 主権者である国民が代表者を選挙で選び，その代表者がさまざまな物事を話し合って決める議会制民主主義(間接民主制)が採用されている。 イ 公共の福祉とは，一人ひとりの利益ではなく，社会全体の人々の利益のことである。 X 6．ストライキなどの団体行動権は，労働組合法で公務員を除くすべての労働者に保障されている。 Y 1．他人の名誉を傷つける場合では，プライバシーの権利などによって表現の自由が制限される。2と4は職業選択の自由，3と5は財産権が制限される。 ⑵ 地域の住民が住んでいる地域の政治を自らの手で行うことを「地方自治」と呼ぶ。地方自治を通して民主政治のあり方を学ぶことができることから，地方自治は「民主主義の学校」と言われる。

⑶ 4が誤り。首長は，その地域の住民によって直接選挙で選ばれる。

⑷ 地方財政の格差を是正するために国から交付される依存財源には，使いみちが限定されている「国庫支出金」と使いみちが限定されてない「地方交付税交付金」がある。

6 ⑵ 売買契約は口頭による合意でも成立する。

⑶ 2が誤り。公開市場操作は日本銀行が行う。不況時は国債を買い，好況時は国債を売ることで市場に介入する。

⑷ エシカル消費(倫理的消費)は，ごみ問題や途上国の貧困問題の解決などにつながる。また，生産に関わるすべての人と地球環境に配慮した「エシカル・ファッション」も注目されている。

⑸ 価格が 800 円のとき供給量(売りたい量)は 60 個，需要量(買いたい量)は 20 個だから，60－20＝40(個)売れ残る。価格が 200 円のときは，需要量＞供給量となるので品不足が生じて価格が上昇する。

⑹ すべての消費者が平等に負担する消費税に対し，所得税は所得が高い人ほど納税率が高くなる累進課税制度が採用されている。

7 ⑴ 十字軍の遠征は 1096～1270 年に行われた。

⑵ イランはイスラム教徒が多いので，豚の頭数がない4と判断する。イスラム教徒(ムスリム)は，豚を不浄なものとして食べない。また，飲酒も禁じられている。1はベトナム，2はアメリカ，3はフランス。

⑶ 豪雪地帯の上越市は，冬の降水量が多い3と判断する。冬の北西季節風が日本海をわたるときに，暖流の対馬海流上空で蒸発した水分を大量に含み，その後越後山脈にぶつかって日本海側に大量の雪や雨を降らせる。1は秋田市，2は鳥取市，4は旭川市。1・2・3の違いは，高緯度ほど平均気温が低くなると判断する。

⑷ 正倉院は聖武天皇が建てた東大寺の宝庫であり，聖武天皇の遺品が納められている。

⑸ アイヌ民族は北海道の先住民族であり，北海道旧土人保護法による同化政策でアイヌ語やアイヌ文化が消滅の危機にあった。

■ ご使用にあたってのお願い・ご注意

（1）問題文等の非掲載

著作権上の都合により，問題文や図表などの一部を掲載できない場合があります。

誠に申し訳ございませんが，ご了承くださいますようお願いいたします。

（2）過去問における時事性

過去問題集は，学習指導要領の改訂や社会状況の変化，新たな発見などにより，現在とは異なる表記や解説になっている場合があります。過去問の特性上，出題当時のままで出版していますので，あらかじめご了承ください。

（3）配点

学校等から配点が公表されている場合は，記載しています。公表されていない場合は，記載していません。

独自の予想配点は，出題者の意図と異なる場合があり，お客様が学習するうえで誤った判断をしてしまう恐れがあるため記載していません。

（4）無断複製等の禁止

購入された個人のお客様が，ご家庭でご自身またはご家族の学習のためにコピーをすることは可能ですが，それ以外の目的でコピー，スキャン，転載（ブログ，ＳＮＳなどでの公開を含みます）などをすることは法律により禁止されています。学校や学習塾などで，児童生徒のためにコピーをして使用することも法律により禁止されています。

ご不明な点や，違法な疑いのある行為を確認された場合は，弊社までご連絡ください。

（5）けがに注意

この問題集は針を外して使用します。針を外すときは，けがをしないように注意してください。また，表紙カバーや問題用紙の端で手指を傷つけないように十分注意してください。

（6）正誤

制作には万全を期しておりますが，万が一誤りなどがございましたら，弊社までご連絡ください。

なお，誤りが判明した場合は，弊社ウェブサイトの「ご購入者様のページ」に掲載しておりますので，そちらもご確認ください。

■ お問い合わせ

解答例，解説，印刷，製本など，問題集発行におけるすべての責任は弊社にあります。

ご不明な点がございましたら，弊社ウェブサイトの「お問い合わせ」フォームよりご連絡ください。迅速に対応いたしますが，営業日の都合で回答に数日を要する場合があります。

ご入力いただいたメールアドレス宛に自動返信メールをお送りしています。自動返信メールが届かない場合は，「よくある質問」の「メールの問い合わせに対し返信がありません。」の項目をご確認ください。

また弊社営業日（平日）は，午前９時から午後５時まで，電話でのお問い合わせも受け付けています。

2025 春

株式会社教英出版

〒422-8054　静岡県静岡市駿河区南安倍３丁目 12-28

TEL　054-288-2131　　FAX　054-288-2133

URL　https://kyoei-syuppan.net/

MAIL siteform@kyoei-syuppan.net

教英出版の高校受験対策

高校入試 きそもんシリーズ

何から始めたらいいかわからない受験生へ

基礎問題集

- 出題頻度の高い問題を厳選
- 教科別に弱点克服・得意を強化
- 短期間でやりきれる

6月発売

[国・社・数・理・英]

各教科 定価：**638**円（本体580円＋税）

ミスで得点が伸び悩んでいる受験生へ

入試の基礎ドリル

- 反復練習で得点力アップ
- おかわりシステムがスゴイ!!
- 入試によく出た問題がひと目でわかる

9月発売

[国・社・数・理・英]

各教科 定価：**682**円（本体620円＋税）

高校入試によくでる中１・中２の総復習

高校合格へのパスポート

- １課30分で毎日の学習に最適
- 選べる３つのスケジュール表で計画的に学習
- 中２までの学習内容で解ける入試問題を特集

5教科収録

5月発売

定価：**1,672**円（本体1,520円＋税）

受験で活かせる力が身につく

高校入試 ここがポイント！

- 学習の要点をわかりやすく整理
- 基本問題から応用問題まで，幅広く収録
- デジタル学習で効率よく成績アップ

国語・社会・英語　数学・理科

6月発売

定価：**1,672**円（本体1,520円＋税）

「苦手」から「得意」に変わる

英語リスニング練習問題

- 全７章で，よく出る問題をパターン別に練習
- 解き方のコツや重要表現・単語がわかる
- 各都道府県の公立高校入試に対応

CD付

10月発売

定価：**1,980**円（本体1,800円＋税）

合格を確実にするために

公立高校の出題傾向が見えてくる

多くの過去問にふれよう

過去8年分入試問題集

- 2024～2017年度を収録
- 過去問演習が最高・最善の受験勉強

[国・社・数・理・英]　8月より順次発売

出版道県一覧

- 北海道公立高校　定価：各教科 715円（本体650円＋税）
- 宮城県公立高校　定価：各教科 660円（本体600円＋税）
- 山形県公立高校　定価：各教科 660円（本体600円＋税）
- 新潟県公立高校　定価：各教科 616円（本体560円＋税）
- 富山県公立高校　定価：各教科 660円（本体600円＋税）
- 長野県公立高校　定価：各教科 616円（本体560円＋税）
- 岐阜県公立高校　定価：各教科 660円（本体600円＋税）
- 静岡県公立高校　定価：各教科 616円（本体560円＋税）
- 愛知県公立高校　定価：各教科 660円（本体600円＋税）
- 兵庫県公立高校　定価：各教科 660円（本体600円＋税）
- 岡山県公立高校　定価：各教科 616円（本体560円＋税）
- 広島県公立高校　定価：各教科 660円（本体600円＋税）
- 山口県公立高校　定価：各教科 715円（本体650円＋税）
- 福岡県公立高校　定価：各教科 660円（本体600円＋税）

※2022年度以前の問題は、AまたはBグループいずれかの問題を収録

高専入試はこれで合格

国立高専入試対策シリーズ

入試問題集 もっと10年分
（2019～2010年度）

- 出題の傾向が見える
- 苦手教科を集中的に学習

6月発売

[数・理・英]

定価：1,155円（本体1,050円＋税）

入試予想問題

高専受験生必携！

- 予想テストが5教科2回分
- 形式も傾向も入試そのもの

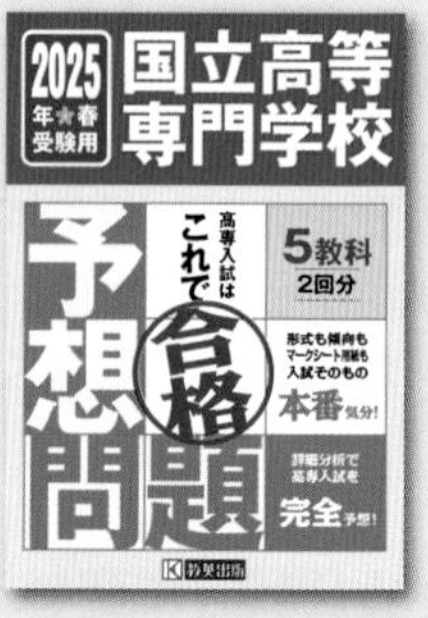

11月発売

定価：1,925円（本体1,750円＋税）

教英出版

詳しくは教英出版で検索

教英出版　検索

URL https://kyoei-syuppan.net/

教英出版　2025年春受験用　高校入試問題集

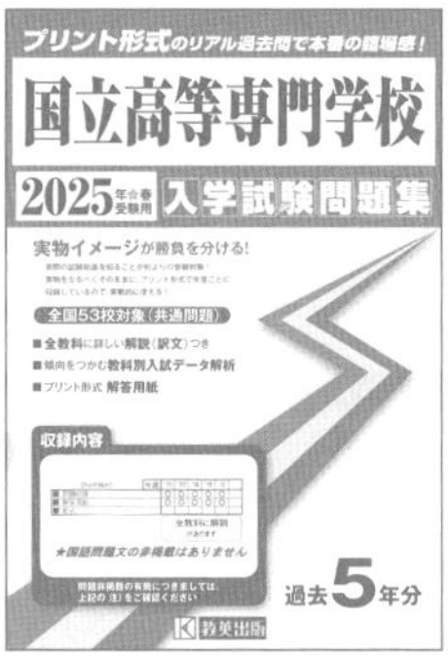

公立高等学校問題集

北海道公立高等学校
青森県公立高等学校
宮城県公立高等学校
秋田県公立高等学校
山形県公立高等学校
福島県公立高等学校
茨城県公立高等学校
埼玉県公立高等学校
千葉県公立高等学校
東京都立高等学校
神奈川県公立高等学校
新潟県公立高等学校
富山県公立高等学校
石川県公立高等学校
長野県公立高等学校
岐阜県公立高等学校
静岡県公立高等学校
愛知県公立高等学校
三重県公立高等学校(前期選抜)
三重県公立高等学校(後期選抜)
京都府公立高等学校(前期選抜)
京都府公立高等学校(中期選抜)
大阪府公立高等学校
兵庫県公立高等学校
島根県公立高等学校
岡山県公立高等学校
広島県公立高等学校
山口県公立高等学校
香川県公立高等学校
愛媛県公立高等学校
福岡県公立高等学校
佐賀県公立高等学校
長崎県公立高等学校
熊本県公立高等学校
大分県公立高等学校
宮崎県公立高等学校
鹿児島県公立高等学校
沖縄県公立高等学校

公立高 教科別8年分問題集

(2024年～2017年)

北海道(国・社・数・理・英)
宮城県(国・社・数・理・英)
山形県(国・社・数・理・英)
新潟県(国・社・数・理・英)
富山県(国・社・数・理・英)
長野県(国・社・数・理・英)
岐阜県(国・社・数・理・英)
静岡県(国・社・数・理・英)
愛知県(国・社・数・理・英)
兵庫県(国・社・数・理・英)
岡山県(国・社・数・理・英)
広島県(国・社・数・理・英)
山口県(国・社・数・理・英)
福岡県(国・社・数・理・英)

国立高等専門学校 最新5年分問題集

(2024年～2020年・全国共通)

対象の高等専門学校

釧路工業・旭川工業・
苫小牧工業・函館工業・
八戸工業・一関工業・仙台・
秋田工業・鶴岡工業・福島工業・
茨城工業・小山工業・群馬工業・
木更津工業・東京工業・
長岡工業・富山・石川工業・
福井工業・長野工業・岐阜工業・
沼津工業・豊田工業・鈴鹿工業・
鳥羽商船・舞鶴工業・
大阪府立大学工業・明石工業・
神戸市立工業・奈良工業・
和歌山工業・米子工業・
松江工業・津山工業・呉工業・
広島商船・徳山工業・宇部工業・
大島商船・阿南工業・香川・
新居浜工業・弓削商船・
高知工業・北九州工業・
久留米工業・有明工業・
佐世保工業・熊本・大分工業・
都城工業・鹿児島工業・
沖縄工業

高専 教科別10年分問題集

もっと過去問シリーズ
教科別
数学・理科・英語
(2019年～2010年)

学校別問題集

北海道

①札幌北斗高等学校
②北星学園大学附属高等学校
③東海大学付属札幌高等学校
④立命館慶祥高等学校
⑤北海高等学校
⑥北見藤高等学校
⑦札幌光星高等学校
⑧函館ラ・サール高等学校
⑨札幌大谷高等学校
⑩北海道科学大学高等学校
⑪遺愛女子高等学校
⑫札幌龍谷学園高等学校
⑬札幌日本大学高等学校
⑭札幌第一高等学校
⑮旭川実業高等学校
⑯北海学園札幌高等学校

青森県

①八戸工業大学第二高等学校

宮城県

①聖和学園高等学校(A日程)
②聖和学園高等学校(B日程)
③東北学院高等学校(A日程)
④東北学院高等学校(B日程)
⑤仙台大学附属明成高等学校
⑥仙台城南高等学校
⑦東北学院榴ケ岡高等学校
⑧古川学園高等学校
⑨仙台育英学園高等学校(A日程)
⑩仙台育英学園高等学校(B日程)
⑪聖ウルスラ学院英智高等学校
⑫宮城学院高等学校
⑬東北生活文化大学高等学校
⑭東北高等学校
⑮常盤木学園高等学校
⑯仙台白百合学園高等学校
⑰尚絅学院高等学校(A日程)
⑱尚絅学院高等学校(B日程)

山形県

①日本大学山形高等学校
②惺山高等学校
③東北文教大学山形城北高等学校
④東海大学山形高等学校
⑤山形学院高等学校

福島県

①日本大学東北高等学校

新潟県

①中越高等学校
②新潟第一高等学校
③東京学館新潟高等学校
④日本文理高等学校
⑤新潟青陵高等学校
⑥帝京長岡高等学校
⑦北越高等学校
⑧新潟明訓高等学校

富山県

①高岡第一高等学校
②富山第一高等学校

石川県

①金沢高等学校
②金沢学院大学附属高等学校
③遊学館高等学校
④星稜高等学校
⑤鵬学園高等学校

山梨県

①駿台甲府高等学校
②山梨学院高等学校(特進)
③山梨学院高等学校(進学)
④山梨英和高等学校

岐阜県

①鶯谷高等学校
②富田高等学校
③岐阜東高等学校
④岐阜聖徳学園高等学校
⑤大垣日本大学高等学校
⑥美濃加茂高等学校
⑦済美高等学校

静岡県

①御殿場西高等学校
②知徳高等学校
③日本大学三島高等学校
④沼津中央高等学校
⑤飛龍高等学校
⑥桐陽高等学校
⑦加藤学園高等学校
⑧加藤学園暁秀高等学校
⑨誠恵高等学校
⑩星陵高等学校
⑪静岡県富士見高等学校
⑫清水国際高等学校
⑬静岡サレジオ高等学校
⑭東海大学付属静岡翔洋高等学校
⑮静岡大成高等学校
⑯静岡英和女学院高等学校
⑰城南静岡高等学校
⑱静岡女子高等学校
⑲常葉大学附属常葉高等学校
常葉大学附属橘高等学校
常葉大学附属菊川高等学校
⑳静岡北高等学校
㉑静岡学園高等学校
㉒焼津高等学校
㉓藤枝明誠高等学校
㉔静清高等学校
㉕磐田東高等学校
㉖浜松学院高等学校
㉗浜松修学舎高等学校
㉘浜松開誠館高等学校
㉙浜松学芸高等学校
㉚浜松聖星高等学校
㉛浜松日体高等学校
㉜聖隷クリストファー高等学校
㉝浜松啓陽高等学校
㉞オイスカ浜松国際高等学校

愛知県

①[国立]愛知教育大学附属高等学校
②愛知高等学校
③名古屋経済大学市邨高等学校
④名古屋経済大学高蔵高等学校
⑤名古屋大谷高等学校
⑥享栄高等学校
⑦椙山女学園高等学校
⑧大同大学大同高等学校
⑨日本福祉大学付属高等学校
⑩中京大学附属中京高等学校
⑪至学館高等学校
⑫東海高等学校
⑬名古屋たちばな高等学校
⑭東邦高等学校
⑮名古屋高等学校
⑯名古屋工業高等学校
⑰名古屋葵大学高等学校
(名古屋女子大学高等学校)
⑱中部大学第一高等学校
⑲桜花学園高等学校
⑳愛知工業大学名電高等学校
㉑愛知みずほ大学瑞穂高等学校
㉒名城大学附属高等学校
㉓修文学院高等学校
㉔愛知啓成高等学校
㉕聖カピタニオ女子高等学校
㉖滝高等学校
㉗中部大学春日丘高等学校
㉘清林館高等学校
㉙愛知黎明高等学校
㉚岡崎城西高等学校
㉛人間環境大学附属岡崎高等学校
㉜桜丘高等学校

㉝光ヶ丘女子高等学校
㉞藤ノ花女子高等学校
㉟栄徳高等学校
㊱同朋高等学校
㊲星城高等学校
㊳安城学園高等学校
㊴愛知産業大学三河高等学校
㊵大成高等学校
㊶豊田大谷高等学校
㊷東海学園高等学校
㊸名古屋国際高等学校
㊹啓明学館高等学校
㊺聖霊高等学校
㊻誠信高等学校
㊼誉高等学校
㊽杜若高等学校
㊾菊華高等学校
㊿豊川高等学校

三重県

①暁高等学校(3年制)
②暁高等学校(6年制)
③海星高等学校
④四日市メリノール学院高等学校
⑤鈴鹿高等学校
⑥高田高等学校
⑦三重高等学校
⑧皇學館高等学校
⑨伊勢学園高等学校
⑩津田学園高等学校

滋賀県

①近江高等学校

大阪府

①上宮高等学校
②大阪高等学校
③興國高等学校
④清風高等学校
⑤早稲田大阪高等学校
(早稲田摂陵高等学校)
⑥大商学園高等学校
⑦浪速高等学校
⑧大阪夕陽丘学園高等学校
⑨大阪成蹊女子高等学校
⑩四天王寺高等学校
⑪梅花高等学校
⑫追手門学院高等学校
⑬大阪学院大学高等学校
⑭大阪学芸高等学校
⑮常翔学園高等学校
⑯大阪桐蔭高等学校
⑰関西大倉高等学校
⑱近畿大学附属高等学校
⑲金光大阪高等学校
⑳星翔高等学校
㉑阪南大学高等学校
㉒箕面自由学園高等学校
㉓桃山学院高等学校
㉔関西大学北陽高等学校

兵庫県

①雲雀丘学園高等学校
②園田学園高等学校
③関西学院高等部
④灘高等学校
⑤神戸龍谷高等学校
⑥神戸第一高等学校
⑦神港学園高等学校
⑧神戸学院大学附属高等学校
⑨神戸弘陵学園高等学校
⑩彩星工科高等学校
⑪神戸野田高等学校
⑫滝川高等学校
⑬須磨学園高等学校
⑭神戸星城高等学校
⑮啓明学院高等学校
⑯神戸国際大学附属高等学校
⑰滝川第二高等学校
⑱三田松聖高等学校
⑲姫路女学院高等学校
⑳東洋大学附属姫路高等学校
㉑日ノ本学園高等学校
㉒市川高等学校
㉓近畿大学附属豊岡高等学校
㉔夙川高等学校
㉕仁川学院高等学校
㉖育英高等学校

奈良県

①西大和学園高等学校

岡山県

①[県立]岡山朝日高等学校
②清心女子高等学校
③就実高等学校
(特別進学コース〈ハイグレード・アドバンス〉)
④就実高等学校
(特別進学チャレンジコース・総合進学コース)
⑤岡山白陵高等学校
⑥山陽学園高等学校
⑦関西高等学校
⑧おかやま山陽高等学校
⑨岡山商科大学附属高等学校
⑩倉敷高等学校
⑪岡山学芸館高等学校(1期1日目)
⑫岡山学芸館高等学校(1期2日目)
⑬倉敷翠松高等学校
⑭岡山理科大学附属高等学校
⑮創志学園高等学校
⑯明誠学院高等学校
⑰岡山龍谷高等学校

広島県

①[国立]広島大学附属高等学校
②[国立]広島大学附属福山高等学校
③修道高等学校
④崇徳高等学校
⑤広島修道大学ひろしま協創高等学校
⑥比治山女子高等学校
⑦呉港高等学校
⑧清水ヶ丘高等学校
⑨盈進高等学校
⑩尾道高等学校
⑪如水館高等学校
⑫広島新庄高等学校
⑬広島文教大学附属高等学校
⑭銀河学院高等学校
⑮安田女子高等学校
⑯山陽高等学校
⑰広島工業大学高等学校
⑱広陵高等学校
⑲近畿大学附属広島高等学校福山校
⑳武田高等学校
㉑広島県瀬戸内高等学校(特別進学)
㉒広島県瀬戸内高等学校(一般)
㉓広島国際学院高等学校
㉔近畿大学附属広島高等学校東広島校
㉕広島桜が丘高等学校

山口県

①高水高等学校
②野田学園高等学校
③宇部フロンティア大学付属香川高等学校
(普通科〈特進・進学コース〉)
④宇部フロンティア大学付属香川高等学校
(生活デザイン・食物調理・保育科)
⑤宇部鴻城高等学校

徳島県

①徳島文理高等学校

香川県

①香川誠陵高等学校
②大手前高松高等学校

愛媛県

①愛光高等学校
②済美高等学校
③FC今治高等学校
④新田高等学校
⑤聖カタリナ学園高等学校

福岡県

①福岡大学附属若葉高等学校
②精華女子高等学校(専願試験)
③精華女子高等学校(前期試験)
④西南学院高等学校
⑤筑紫女学園高等学校
⑥中村学園女子高等学校(専願入試)
⑦中村学園女子高等学校(前期入試)
⑧博多女子高等学校
⑨博多高等学校
⑩東福岡高等学校
⑪福岡大学附属大濠高等学校
⑫自由ケ丘高等学校
⑬常磐高等学校
⑭東筑紫学園高等学校
⑮敬愛高等学校
⑯久留米大学附設高等学校
⑰久留米信愛高等学校
⑱福岡海星女子学院高等学校
⑲誠修高等学校
⑳筑陽学園高等学校(専願入試)
㉑筑陽学園高等学校(前期入試)
㉒真颯館高等学校
㉓筑紫台高等学校
㉔純真高等学校
㉕福岡舞鶴高等学校
㉖折尾愛真高等学校
㉗九州国際大学付属高等学校
㉘祐誠高等学校
㉙西日本短期大学附属高等学校
㉚東海大学付属福岡高等学校
㉛慶成高等学校
㉜高稜高等学校
㉝中村学園三陽高等学校
㉞柳川高等学校
㉟沖学園高等学校
㊱福岡常葉高等学校
㊲九州産業大学付属九州高等学校
㊳近畿大学附属福岡高等学校
㊴大牟田高等学校
㊵久留米学園高等学校
㊶福岡工業大学附属城東高等学校
(専願入試)
㊷福岡工業大学附属城東高等学校
(前期入試)
㊸八女学院高等学校
㊹星琳高等学校
㊺九州産業大学付属九州産業高等学校
㊻福岡雙葉高等学校

佐賀県

①龍谷高等学校
②佐賀学園高等学校
③佐賀女子短期大学付属佐賀女子高等学校
④弘学館高等学校
⑤東明館高等学校
⑥佐賀清和高等学校
⑦早稲田佐賀高等学校

長崎県

①海星高等学校(奨学生試験)
②海星高等学校(一般入試)
③活水高等学校
④純心女子高等学校
⑤長崎南山高等学校
⑥長崎日本大学高等学校(特別入試)
⑦長崎日本大学高等学校(一次入試)
⑧青雲高等学校
⑨向陽高等学校
⑩創成館高等学校
⑪鎮西学院高等学校

熊本県

①真和高等学校
②九州学院高等学校
(奨学生・専願生)
③九州学院高等学校
(一般生)
④ルーテル学院高等学校
(専願入試・奨学入試)
⑤ルーテル学院高等学校
(一般入試)
⑥熊本信愛女学院高等学校
⑦熊本学園大学付属高等学校
(奨学生試験・専願生試験)
⑧熊本学園大学付属高等学校
(一般生試験)
⑨熊本中央高等学校
⑩尚絅高等学校
⑪文徳高等学校
⑫熊本マリスト学園高等学校
⑬慶誠高等学校

大分県

①大分高等学校

宮崎県

①鵬翔高等学校
②宮崎日本大学高等学校
③宮崎学園高等学校
④日向学院高等学校
⑤宮崎第一高等学校
(文理科)
⑥宮崎第一高等学校
(普通科・国際マルチメディア科・電気科)

鹿児島県

①鹿児島高等学校
②鹿児島実業高等学校
③樟南高等学校
④れいめい高等学校
⑤ラ・サール高等学校

新刊
もっと過去問シリーズ

愛知県

愛知高等学校
7年分(数学・英語)
中京大学附属中京高等学校
7年分(数学・英語)
東海高等学校
7年分(数学・英語)
名古屋高等学校
7年分(数学・英語)
愛知工業大学名電高等学校
7年分(数学・英語)
名城大学附属高等学校
7年分(数学・英語)
滝高等学校
7年分(数学・英語)

※もっと過去問シリーズは入学試験の実施教科に関わらず、数学と英語のみの収録となります。

教英出版
〒422-8054
静岡県静岡市駿河区南安倍3丁目12−28
TEL 054-288-2131
FAX 054-288-2133
詳しくは教英出版で検索
教英出版　検索
URL https://kyoei-syuppan.net/

令和六年度県立高等学校入学者選抜学力検査

青森県公立高等学校

国　語

時間50分
（8時45分〜9時35分）

注　意

1 **問題の1は放送による検査です。**問題用紙は放送による指示があるまで開いてはいけません。
2 問題用紙は表紙を入れて八ページあり、これとは別に解答用紙が一枚あります。
3 受検番号は、検査開始後、解答用紙の決められた欄に記入しなさい。
4 机の上に置けるものは、受検票・鉛筆（シャープペンシルも可）・消しゴム・鉛筆削りです。
5 筆記用具の貸し借りはいけません。
6 問題を読むとき、声を出してはいけません。
7 印刷がはっきりしなくて読めないときや、筆記用具を落としたときなどは、だまって手をあげなさい。
8 「やめなさい」という合図ですぐに書くのをやめ、筆記用具を置きなさい。

答えの書き方

1 答えは、問題の指示に従って、すべて解答用紙に記入しなさい。
2 答えはていねいに書きなさい。答えを書き直すときは、きれいに消してから書きなさい。
3 答えを漢字で書く場合は、楷書《かいしょ》で書きなさい。

2024(R6) 青森県公立高
教英出版

1 放送による検査（16点）

【資料】

第一中学校
山田さん
（司会）

第一中学校
吉井さん

東中学校
高橋さん

※教英出版注
音声は，解答集の書籍ＩＤ番号を教英出版ウェブサイトで入力して聴くことができます。

資料1　代表者会議資料

代表者会議資料

1　日　時
　4月25日（水）15:30〜16:10

2　目　的
　各学校で行っている環境保全の活動の内容と今後の見通しを知ることで，活動の［　　　　］ため。

3　各学校の活動について
　○第一中学校
　　・内容
　　・今後の見通し
　○東中学校
　　・内容
　　・今後の見通し

資料2　ポスター

---

2 次の⑴、⑵に答えなさい。（12点）

⑴ 次のア〜オの――の漢字の読みがなを書きなさい。また、カ〜コの――のカタカナの部分を楷書《かいしょ》で漢字に書き改めなさい。

ア　寸暇を惜しんで勉強する。

イ　美しい峡谷に感動する。

ウ　収入と支出の均衡を保つ。

エ　頂上から遠くを眺める。

オ　私は白い花が殊に好きだ。

カ　クラブに会員としてトウロクする。

キ　ハソンした部分を修理する。

ク　自転車で本州をジュウダンした。

ケ　スジミチを立てて説明する。

コ　午前中に用事をスます。

⑵ 次の行書で書いた漢字と同じ部首であるものを、あとの1〜4の中から一つ選び、その番号を書きなさい。

1　初　　2　祖　　3　狩　　4　核

3 次の(1)、(2)に答えなさい。(14点)

(1) 次の文章を読んで、あとのア～ウに答えなさい。

【漢文】

梁(注1)丘拠謂ヒテ晏(注2)子ニ曰ハク、「吾至レルマデ死ニ不レト及二バ夫(注3)子一ニ矣。」晏子曰ハク、「嬰(注4)聞レク之ヲ、為ス者ハ常ニ成リ、行ク者ハ常ニ至ルト。嬰非レザル有レルニ異二ナルコト於人一ニ也。常ニ為シテ而不レ置カ、常ニ行キテ而不レル休マ者ナリ。故ニ難レキ及ビ也ト。」

――『説苑《ぜいえん》』より――

【書き下し文】

梁丘拠《りょうきゅうきょ》晏子《あんし》に謂《い》ひて(言った)曰《い》はく、「吾《われ》死に至るまで夫子《ふうし》に及ばず。」と。

晏子曰はく、「嬰《えい》之《これ》を聞く、為《な》す者は常に成り、行く者は常に至ると。(このように聞いた、行動する人物は必ず成功し、進む人物は必ず到達する、と。)嬰人に異なること有るに非《あら》ざるなり。(あるのではない)常に為して置かず、(放置せず)常に行きて休まざる者なり。故《ゆゑ》に及び難《がた》きなり。(人は私にはなかなか及ぶことができないのだ)」と。

(注1) 梁丘拠……中国の春秋時代の人。
(注2) 晏子……中国の春秋時代の人。
(注3) 夫子……ここでは、晏子のことを敬って呼んでいる。
(注4) 嬰……晏子の名。ここでは、晏子が自分のことをさして言っている。

ア 謂ヒテ晏子ニ曰ハク に、【書き下し文】を参考にして、**返り点**をつけなさい。

イ 及ばず の主語として最も適切なものを、次の**1**～**4**の中から一つ選び、その番号を書きなさい。

1 梁丘拠　**2** 晏子　**3** 為す者　**4** 行く者

ウ ある生徒が、本文の内容について次のようにまとめました。□に入る適切な内容を、**十字以内**で書きなさい。

> 晏子は、自分は□人物であるから、人は自分にはなかなか及ぶことができない、と考えている。

(2) 次の文章を読んで、あとのア、イに答えなさい。

夏は夜。月のころはさらなり、闇もなほ、蛍の多く飛びちがひたる。また、ただ一つ二つなど、ほのかにうち光りて行くもをかし。雨など降るもをかし。

――『枕草子』より――

ア 飛びちがひたる とありますが、**すべてひらがなで現代かなづかい**に書き改めなさい。

イ 夜 とありますが、この語について述べたものとして最も適切なものを、次の**1**～**4**の中から一つ選び、その番号を書きなさい。

1 月がよく出る季節はよいが他の季節はよくない。
2 暗い闇夜に蛍が数多く飛んでいるのはよい。
3 空に星が一つ二つかすかに光っているのはよい。
4 蛍が飛び始める時期に雨などが降るのはよくない。

4 次の文章を読んで、あとの(1)～(5)に答えなさい。（22点）

（合唱クラブに所属している小学六年生の真子《まこ》は、同じ学校の柚原朔《ゆはらはじめ》と知り合う。朔は美しい声の持ち主だが学校の合唱クラブには所属せず、商店街の有志で活動している「半地下合唱団」で歌っていた。朔に誘われて真子も半地下合唱団に加わり、練習のあとで朔に話しかけた。）

「やっぱり、Aもったいないなって思っちゃう」

歌い終えた朔くんに、真っ先にそう伝えた。

「もったいない？」

「朔くんが合唱クラブにいてくれたらってことじゃなくて、朔くんがこんなにきれいなボーイ・ソプラノを持ってるのに、それを知らない人がいっぱいいるのが、もったいないって思って」

「でもさ、俺のソプラノ、もうすぐ消えるんだよ」

わたしの目を見すえたまま、朔くんはつぶやく。

「声変わりがきたら消えるの。小四の秋ぐらいからいきなり背がのび始めたし、いつ声変わりがきてもおかしくないんじゃないかな」

男子の声変わりが始まるのって、小学校高学年から中学生にかけてだっけ？朔くんは背が高いし、まわりの子より早く声変わりするかもしれない。

そうなったらきっと、このボーイ・ソプラノは出せなくなる。

「俺は自分の歌声が好きだ。だから、馬鹿にされたらムカつくから学校では歌わない。嫌な思いをしてまで歌いたくないから、合唱クラブにも入らない。真子ちゃんがどう思おうと、ここで楽しく歌えれば、それでいい」

——それに。

ぽつりとこぼした朔くんが、のどにそっと手をやる。どこまでも広がる、澄んだソプラノを響かせる自分ののどを、優しくなでた。

「声変わりがきたらなくなるのに、むなしいじゃん。大勢の前で自慢げに歌って『きみの声は素晴らしいね』っていろんな人にほめてもらっても、コンクールで金賞をもらっても、すぐに消えちゃうのにさ。そうなったらきっと、みんな『Bもったいない』って言うんだ」

「ちがうよ。わたし、そういうつもりで言ったんじゃ……」

「わかってるよ」

鍵盤をもう一度布でふいて、朔くんはピアノの蓋を閉める。

「自分が一番、声が消えるのを『もったいない』って思ってるんだって、わかってる」

朔くんのことは、はじめて会ったときから大人っぽい雰囲気の子だなと思っていた。わたしが「ラベンダー色の似合うお姉さん」に憧れたように、朔くんも大人っぽい自分になりたくてそうなったんだと、ぼんやり思いこんでいた。

でも、あそうじゃなくて。

大事なものがいつか消えてしまう未来をずっとずっと見つめていたから、ほかの子より一歩前を歩いているような大人びた雰囲気を、いつの間にか身にまとってしまったのかもしれない。

「魚住《うおずみ》のおっちゃんが『夏祭りで歌おう！』って言ったのに反対しなかったのも、消える前に誰かに聴いてほしいなって思ったのかも。どうせ声変わりがきたら消えるんだから～って軽く話してたくせに、いつの間にか、放したくなくなっちゃったんだよな」

「だから、牛乳飲むのやめたの？」

(注1)優里の家に行ったとき、朔くんは牛乳を飲まなかった。半年前に飲むのをやめたって。

「あんまり意味なかったけどね。(注2)朔ちゃん、カルシウムを摂《と》らなくても発育いいみたいだから。成長期には勝てなかったね」

あははっと笑った朔くんが時計を確認し、「もう帰らないと。父さんと母さんに怒られる」と立ち上がった。わたしも、テーブル席におきっぱなしだったランドセルと傘を取りに行く。

「それじゃあ、次の練習でね」

(注3)バーの明かりを消し、出入り口にカギをかけた朔くんが、わたしに手を振って、帰っていく。

外はすっかり夜だったけれど、雨は降ってなかった。雨上がり独特の蒸し暑さと、ねっとりとした水たまりの香りが、あたりにただよっている。

朔くんの家は、路地の先。わたしの家は、商店街のメインストリートを抜けた先。ここで別れるのは、ごく自然のことだ。

朔くんの背中が、小さくなっていく。外灯のオレンジ色に照らされたブルーのランドセルは、鮮やかな夕焼け空みたいだった。

「朔くん！」

叫ぶと、朔くんは足を止めて、わたしを見た。次に何を言えばいいのかわからなくて、い悪あがきをするように、わたしは朔くんのもとに走った。

水たまりに思い切り足をつっこんでしまって、ふくらはぎのあたりで冷たい水が弾《はじ》けた。

でも、その冷たさで、目が覚めた気がする。

「いっぱい聴いてもらおうよ、夏祭りで」

朔くんに向かって身を乗り出し、喉を大きく広げて言った。

「どうせ消えちゃう声だから大勢の人に聴かせたくないって気持ちと、消える前にみんなに聴いてほしいって気持ち、正反対だけど、裏と表でちゃんとつながってるんだと思うよ。だから、どっちも持ってていいんだよ」

今日、保健室で南先生（注4）に言われたこと。さっき亜矢（注5）さんに言われたこと。内容はちがうけれど、それぞれの話の欠片《かけら》が集まって、わたしの中で言葉になる。

ああ、そっか。自分の言葉って、こうやって増えていくんだ。友だちを増やすみたいに、出会った言葉の数だけ、わたしの言葉が増えていく。

「だから、夏祭りでいろんな人に朔くんの歌を聴いてもらおうよ。朔くんの寂しさを、いろんな人と共有すればいいんだよ。声変わりがきちゃっても、朔くんのソプラノがきれいだった事実は消えないんだから、みんなに覚えていてもらえばいい」

わたしだけじゃなくて、半地下合唱団のメンバーだけじゃなくて、夏祭りに来た大勢の人に。「もったいない」と思われるかもしれないけど、その裏には「柚原朔のボーイ・ソプラノは素晴らしかった」という事実が、まちがいなく、あるのだから。

「『もったいない』[C]って言葉は、残念って気持ちもあるけど、なくなっちゃったものを愛《いと》しいなって思う気持ちの方が、大きいと思うんだ」

——額賀澪《ぬかがみお》『ラベンダーとソプラノ』より——

（注1）優里……合唱クラブでの真子の後輩で、朔の幼なじみ。
（注2）朔ちゃん……ここでは、朔が自分のことをさして言っている。
（注3）バー……朔の父が経営する酒場。昼間は半地下合唱団の練習場となっている。
（注4）南先生に言われたこと……養護教諭の「南先生」に、人の考え方について「一つの考え方がどこでも正しいなんてこと、滅多にない」と言われた。
（注5）亜矢さんに言われたこと……「半地下合唱団」のメンバーの一人である「亜矢さん」に、「世の中、いろんな人がいるし、いていいんだ」と言われた。

(1) 言う　の尊敬語を書きなさい。

(2) ㋐そうじゃなくて　とありますが、ある生徒が、このときの「真子」の思いについて次のようにまとめました。□に入る最も適切な語句を、本文中から**十六字**で**そのまま**抜き出して書きなさい。

> 朔の大人っぽい雰囲気は、自分から望んだものではなく□ものかもしれないと真子は思った。

(3) ㋑悪あがきをするように　とありますが、ある生徒が、この表現について次のようにまとめました。□に入る適切な内容を、**三十字以内**で書きなさい。

> 「悪あがき」とは、「どうにもならない状況なのに、あせってむだな試みをすること」である。ここでは、真子が□ことについて表現している。

(4) 「朔」について述べたものとして最も適切なものを、次の1～4の中から一つ選び、その番号を書きなさい。

1 「朔」が自分ののどを優しくなでたのは、病弱な体の状態を自覚し大切にしようと思っているからである。
2 「朔」がピアノの鍵盤をもう一度布でふいたのは、うまく歌うために何度でもやり遂げようとするからである。
3 「朔」が「成長期には勝てなかったね」と笑ったのは、「真子」との会話が深刻になりすぎないようにしているからである。
4 「朔」が「朔くん!」と呼ばれて足を止めたのは、相手の正面に立って礼儀正しく対応しようとするからである。

(5) ある学級で、もったいない[A]、もったいない[B]、もったいない[C]について話し合いをしました。次は、川村さんのグループで話し合っている様子です。□に入る適切な内容を、**三十五字以内**で書きなさい。

> 川村　真子の「もったいない[A]」は「朔くんのソプラノを知らない人がいる」ということについての言葉だね。
> 沢井　それに対して「もったいない[B]」は「声が消えて残念だ」という気持ちだと言えるよ。真子もそれがわかっているね。
> 成田　真子は□と気づいたから、「もったいない[C]」について「残念って気持ち」と「愛しいと思う気持ち」の両方をあげているんだね。
> 川村　さらに、「朔くんのソプラノがきれいだった事実は消えないから覚えていてもらえばいい」と言っているね。
> 沢井　「愛しいと思う気持ち」の方が大きいと伝えることで、朔を励ましているんだね。

5

次の文章を読んで、あとの(1)〜(6)に答えなさい。（26点）

お詫び

著作権上の都合により、文章は掲載しておりません。
ご不便をおかけし、誠に申し訳ございません。

教英出版

お詫び

著作権上の都合により、文章は掲載しておりません。
ご不便をおかけし、誠に申し訳ございません。

教英出版

お詫び
著作権上の都合により、文章は掲載しておりません。
ご不便をおかけし、誠に申し訳ございません。
教英出版

――八木沢敬《やぎさわたかし》『ときは、ながれない』より――

（注1）SN2002bj……ウサギ座の方向にある天体の一つ。
（注2）コンパス……方位磁針。
（注3）太陽風プラズマ……太陽から吹き出された、電気を帯びた粒子。
（注4）暗黙裡に……口に出して言わないままに。
（注5）クラウディオス・プトレマイオス……二世紀中頃のギリシアの天文学者・地理学者。
（注6）ニコラウス・コペルニクス……十五世紀末から十六世紀初めのポーランドの天文学者。

(1) なく　と文法上**異なるもの**を、次の1～4の――の中から一つ選び、その番号を書きなさい。

1　本当かどうかわからない。　2　量が少なければ足す。
3　朝早く起きなくてもよい。　4　何も言えなかった。

(2) □に入る最も適切な語を、次の1～4の中から一つ選び、その番号を書きなさい。

1　上がる　2　高い　3　劣る　4　狭い

(3) (あ)「可視化」できる　とありますが、ある生徒が、この語句について次のようにまとめました。□に入る最も適切な内容を、本文中から**二十三字**で**そのまま**抜き出して書きなさい。

> 北極圏や南極圏におけるオーロラや□を見ることで、地球や磁石の磁場が「見える」と言える。

(4) (い)天動説対地動説のような壮大な例　とありますが、ある生徒が、この例について次のようにまとめました。□に入る適切な内容を、本文中から**十字**で**そのまま**抜き出して書きなさい。

> どの説が「最良の説明」として受けいれられるかは□ことが不思議ではないと示す例である。

(5) ある学級で、「最良の説明への推論」について話し合いをしました。次は、渡辺さんのグループで話し合っている様子です。[A]、[B]に入る適切な内容を、[A]は**二十字以内**で、[B]は**二十五字以内**で、それぞれ書きなさい。

渡辺　「最良の説明への推論」について、特定の仮説をたてればある現象についての説明ができる状況においては、その仮説を受けいれるべきだと筆者は言っているね。

上田　そうだね。「特定の仮説をたてる」とは、例えば、[A]ことだよね。

寺島　[A]と、周辺の宇宙空間内に起こる直接観測できる現象に最良の説明があたえられるとあるね。

渡辺　なるほど。だから私たちは、知覚できないものが存在することを受けいれられるんだね。

上田　つまり、「最良の説明への推論」によって、知覚だけがものの存在を信じる理由ではないと言えるんだね。

寺島　だから、私たちは、「時間」は[B]ことができるんだね。

(6) この文章の内容について述べたものとして最も適切なものを、次の1～4の中から一つ選び、その番号を書きなさい。

1　ウイルスは目に見えなくても存在しているが、個人が信じるかどうかは説明できない。

2　三種類の視覚モードに特定すると、顕微鏡で見えれば存在するという立場に反論できる。

3　よりよい説明を適切に選ぶと、ゆで卵についての情報の正しさを確認できる。

4　天文学といった科学分野だけではなく日常生活でも、最良の説明は受けいれられている。

6

ある中学校で、外国語指導助手と生徒が、日本語の会話について話し合いをしました。次のやりとりを読んで、あとの(1)～(3)に従って文章を書きなさい。（10点）

日本語の会話では、最後まで聞いてはじめて肯定の文か否定の文かがわかるのですね。

そうですね。「図書館に行きます」と「図書館に行きません」のように、最後まで聞かないと意味がはっきりしないことがありますね。

こういう場合はどうかな。「強い風が…」と「強い風は…」を比べると、「強い風が…」だと「吹きます」が続き、「強い風は…」だと「吹きません」が続くと、予測できるのではないかな。助詞が「が」であるか「は」であるかの違いから、あとに続く言葉を予測しながら聞くことができますよね。

なるほど。教えてくれてありがとうございます。日本語って面白いですね。

(1) 題名を書かないこと。

(2) 二段落構成とし、それぞれの段落に次の内容を書くこと。

・第一段落では、やりとりをもとに、日本語の会話について**気づいたこと**を書くこと。

・第二段落では、第一段落をふまえて、**自分の意見**を書くこと。

(3) **百五十字以上、二百字以内**で書くこと。

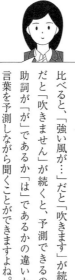

令和６年度県立高等学校入学者選抜学力検査

英　　　　語

時間 50 分

（ 9時55分～10時45分 ）

注　　　意

1　**問題の1は放送による検査です。**問題用紙は放送による指示があるまで開いてはいけません。

2　問題用紙は表紙を入れて７ページあり，これとは別に解答用紙が１枚あります。

3　受検番号は，検査開始後，解答用紙の決められた欄に記入しなさい。

4　机の上に置けるものは，受検票・鉛筆（シャープペンシルも可）・消しゴム・鉛筆削りです。

5　筆記用具の貸し借りはいけません。

6　問題を読むとき，声を出してはいけません。

7　印刷がはっきりしなくて読めないときや，筆記用具を落としたときなどは，だまって手をあげなさい。

8　「やめなさい」という合図ですぐに書くのをやめ，筆記用具を置きなさい。

答えの書き方

1　答えは，問題の指示に従って，すべて解答用紙に記入しなさい。

2　答えはていねいに書きなさい。答えを書き直すときは，きれいに消してから書きなさい。

1 放送による検査（27 点）

※教英出版注
音声は，解答集の書籍ＩＤ番号を教英出版ウェブサイトで入力して聴くことができます。

（1）

ア

1 

2 

3 

4 

イ　1　November 21.　　2　September 21.
　　3　December 21.　　4　October 21.

ウ　1　What did you eat?　　2　Why do you like it?
　　3　How are you?　　4　What food do you like?

（2）

ア　1　To the first floor.　　2　To the second floor.
　　3　To the third floor.　　4　To the front of the museum.

イ　1　They can see Japanese art.　　2　They can buy some postcards.
　　3　They can eat traditional dishes.　　4　They can find a special art shop.

ウ　1　The museum has the event only this week.
　　2　The special art shop is in the museum.
　　3　The restaurant is closed at seven p.m.
　　4　The museum is open until seven p.m.

（3）

ア　1　In the movie theater.　　2　In the park.
　　3　In the library.　　4　In the post office.

イ　1　It takes 20 minutes.　　2　You can take the No. 8 Bus.
　　3　It's 10 kilometers.　　4　It's 580 yen.

（4）（　　　　　　　　　　　　　　　　　　　　）

2 オンライン英会話の講師で南アフリカ共和国に住んでいるリンジー（Lindsay）からヒロヤ（Hiroya）にメールが届きました。ヒロヤはこのメールを読んだあとで，友人のケン（Ken）に相談をしています。次の英文を読んで，あとの（1）～（3）に答えなさい。(14点)

Lindsay

Hi, Hiroya!

Do you remember that we talked about traveling last class? I want you to visit my country someday, so I will *introduce my country to you. We have beautiful nature here. If you like animals, visit *the Kruger National Park. You can watch *wild lions and elephants there. We have a famous mountain called Table Mountain. The top of the mountain is *flat and it looks like a table. You like nature and climbing mountains, right? ア <u>You (be visit to these will happy) places.</u> I want to go to Japan, so please tell me about it.

Hiroya : Ken, look at this message. I received this from my English teacher, Lindsay. I want to tell her about popular places for foreign people, but I'm not good at English. イ <u>Can (send you help message me my) to her?</u>

Ken : Of course. What place are you going to introduce to her?

Hiroya : Well... I have no idea....

Ken : Then, what does she like?

Hiroya : Well... I don't know....

Ken : Hiroya, that's the problem. She knew your favorite things and introduced nice places to you. If you don't know about her well, how will you choose the place she likes?

Hiroya : You're right. But I'm not good at English. So, what should I do if she doesn't understand my English? I always worry about it.

Ken : Hiroya, do you think that perfect English is needed for good communication? That's wrong. [　　　　] English is enough. ウ <u>You (have English don't well speak to).</u> You should *care about the person who you are talking with. It's important for good communication.

Hiroya : I see. I should know her first.

Ken : Yes, to know each other is the *beginning of communication.

Hiroya : Thanks, Ken.

（注） introduce　～を紹介する　　the Kruger National Park　クルーガー国立公園
wild　野生の　　flat　平らな　　care　気にする　　beginning　始まり

（1） 下線部ア～ウについて，文の意味が通るように，（　　）内の語をすべて用いて，正しい順序に並べかえて書きなさい。

（2） [　　　　] に入る最も適切な語を，次の1～4の中から一つ選び，その番号を書きなさい。

1 Difficult　　2 Good　　3 Simple　　4 Great

（3） 次の文章は，ヒロヤがケンと話をした日の夜に，リンジーに送ったメールの内容の一部です。下線部1，2をそれぞれ一つの英文で書きなさい。

How are you, Lindsay? Thank you for telling me about good places in your country. In Japan, we have delicious foods, the beautiful sea and many famous festivals. 1 <u>もしあなたが冬に青森に来るなら，雪を見ることができます。</u> 2 <u>あなたは何に興味がありますか。</u>

3 次の英文は，中学２年生のサトミ（Satomi）とアキ（Aki）が，外国語指導助手のミラー先生（Ms. Miller）と職場体験（work experience）について話している場面です。これを読んで，あとの（１），（２）に答えなさい。（13点）

Ms. Miller : What are you doing?

Satomi : We are talking about our work experience. We went to different places to learn about the jobs two weeks ago.

Ms. Miller : Where did you go, Aki?

Aki : I went to a *kindergarten.

Ms. Miller : I see. How about you, Satomi?

Satomi : I chose to go to a hospital because I wanted to be a nurse. 〔　A　〕 Nurses in the hospital were very careful about the body and *mind of the *patients. When they took care of the patients, they always thought about the patients' feelings. I found that making patients *relieved was an important part of their job. I really want to be a nurse now. I will study hard to be a good nurse.

Ms. Miller : Satomi, your feeling about the job got stronger. How about you, Aki?

Aki : It was difficult for me to decide my future job. So, at first, 〔　B　〕 But my mother helped me. She is a kindergarten teacher. She said that she felt very happy when she was with children, and I chose to go to a kindergarten. In my work experience, one of the teachers told me that they needed to think about the children's health and keep the children safe *all the time. Kindergarten teachers had so much *responsibility. Their job was important and wonderful. Now I respect my mother more than before.

Ms. Miller : That's good. How did you feel when you were with children?

Aki : I was happy. 〔　C　〕 They wanted to draw pictures with me.

Satomi : I understand. I was also very happy when patients said "thank you" to me. I thought that I was needed by them.

Ms. Miller : Both of you learned a lot. It's important to feel like that. When I was a student, I felt the same thing through my work experience. If you have that feeling in your future job, it will be nice.

（注） kindergarten　幼稚園　　mind　心　　patient(s)　患者
relieved　安心した　　all the time　ずっと　　responsibility　責任

（１） 三人の対話が成立するように，〔　A　〕～〔　C　〕に入る最も適切なものを，次の１～７の中からそれぞれ一つ選び，その番号を書きなさい。

1 I want to be a nurse in the future, too.
2 I couldn't choose a place for my work experience.
3 I can't do this work in the future.
4 I wanted to visit a kindergarten.
5 I learned about working as a nurse.
6 I couldn't enjoy my work experience.
7 I felt that many children needed me.

（２） 三人の対話の内容と合うものを，次の１～６の中から**二つ**選び，その番号を書きなさい。

1 Satomi decided to be a kindergarten teacher.
2 Ms. Miller has never tried a work experience.
3 Aki's mother told Aki to go to a kindergarten, but Aki didn't.
4 After a work experience, Satomi wanted to be a nurse more than before.
5 Satomi and Aki tried a work experience last week.
6 Aki understood that her mother's job was wonderful.

4 次の英文は，高校1年生のマリ（Mari）が，調べ学習を通して考えたことについて発表した内容の一部です。これを読んで，あとの（1）～（3）に答えなさい。(21点)

In 2022, about 8 million *tons of plastic went into our world's *ocean as garbage in a year. It is as much as seven *Tokyo Domes. If we don't do anything, about 29 million tons of plastic will go into the ocean in 2040, and all of the plastic in the ocean will be larger than all of the fish living there in 2050! Do you want to eat fish from such an ocean?

There are some stories about sea animals. Plastic brought terrible changes in their lives. Let me show you three examples. First, turtles eat plastic bags, are caught in plastic *fishing nets, and are hurt by plastic *straws. Second, it is said that 90 percent of sea birds are eating plastic. Third, 80 plastic bags were found in a dead whale's stomach in 2018. So, the sea has been getting worse for these animals.

What would you do if this happened to you? You are having a good time in your room, but then garbage is thrown into your room by someone you don't know. It doesn't stop and continues to make your room full of garbage. You can't take it away from your room by yourself. Can you imagine that you live with the garbage? Thinking about something as our problem is needed for us.

<u>What do you think about this problem of the ocean?</u>

（注） ton(s)　トン（単位）　　ocean　海洋　　Tokyo Dome　東京ドーム
fishing net(s)　漁網　　straw(s)　ストロー

（1） 次の文章は，マリの発表の内容を，同級生がまとめたものの一部です。発表の内容と合うように，（ ア ）～（ ウ ）に入る最も適切な英語**1語**を，本文中の単語を用いて，それぞれ書きなさい。

・In the ocean in 2050, all of the plastic will be（　ア　）than all of the fish.
・Mari shows three（　イ　）of stories about sea animals.
・Mari wants us to imagine that we live with the（　ウ　）.

（2） マリの発表の内容と合うように，次の1～3の質問に対する答えをそれぞれ一つの英文で書きなさい。

1　What did plastic bring to sea animals?
2　Where were 80 plastic bags found in 2018?
3　Has the sea been getting better for the sea animals?

（3） 下線部について，あなたの考えを英語**20語以上**で書きなさい。文の数はいくつでもかまいません。

5 次の英文は，高校１年生のメイ（Mei）が，弁論大会で発表した内容です。これを読んで，あとの（１）～（３）に答えなさい。(25点)

We have many teachers at school, but do you have any teachers outside of school? I do. They don't speak, never teach subjects, and they are just waiting for me to come. They are... books! I can say that books are my life teachers.

When you are reading, you can talk with a writer or a person in the story. They will tell you their ideas and teach you some new ways of thinking. One of them may be a great person who already died. One of them may be a person who lived in a different time. You may not meet them in your life, but you can in books. Last year, I was not good at giving a speech in front of my friends. Then, I met *Steve Jobs in a book. When he tried something new, he practiced very hard. He taught me that practicing for 10,000 hours was needed for the best performance. I thought that I already had enough practice for my speech. But Steve Jobs told me that I would need to try harder than before. He helped me, and my speech became better. He died in 2011. However, I can still receive his message now. His messages have been living in the book, and they move my heart. Steve Jobs can be my teacher!

Reading books also gives you a wonderful experience which you can't have in your life. You can imagine a lot through reading. Do you know the book about *Harry Potter? It's an *adventure story. I remember that I got really excited when I read it. I knew that I was not a special person, but I felt that I was spending an amazing time with Harry and his friends. While I was reading, I could imagine myself wearing a black hat, flying in the air, and fighting with them. After reading, I received so much power from the pages. I really enjoyed a world of adventure. You can put yourself into someone's life and spend time in the same world, even if you haven't experienced it before in your life. If the story is *fantasy or adventure, you will enjoy it more. You can be a hero, too!

The books gave me a new way of thinking and a new experience. We can read books at home or on the bus. We can also do it while we are waiting in the hospital or before we go to bed. So, reading books is one easy way to keep learning through our lives. Reading books brings us something new that we can't learn even at school. I think that I can grow more after reading. If you find good books, please let me know. I'm looking forward to meeting my new teachers!

（注） Steve Jobs　スティーブ・ジョブズ（人名）
Harry Potter　ハリー・ポッター（小説の主人公の名前）　adventure　冒険
fantasy　空想

(1)　本文の内容と合うように英文を完成させるとき，次のア～エに続く最も適切なものを，1～4の中からそれぞれ一つ選び，その番号を書きなさい。

ア　Before Mei read a book about Steve Jobs,

1　she knew that more practice was needed for her best performance.

2　she was good at giving a speech in front of others, but she wanted to get better.

3　she thought that she practiced a lot to make a good speech.

4　she wanted to try something new and looked for it.

イ　When Mei was reading the adventure book,

1　she gave strong power to Harry and his friends.

2　she imagined the world of adventure and was very excited.

3　it was difficult for her to enjoy the world of adventure because it was not real.

4　it was written in easy English, so she could enjoy it.

ウ　About reading books, Mei does **not** say that

1　we can get new ways of thinking by reading books.

2　a story about fantasy or adventure is more fun to read.

3　we can meet people who are not living today through reading books.

4　reading books at school is better than reading outside of school.

エ　In Mei's speech,

1　books can carry someone's messages from the past to today.

2　we can't imagine a world in books if we haven't experienced it before in our lives.

3　books are teachers for her because they teach subjects.

4　she got a message from a person who lived in the past, but didn't like it.

(2)　下線部 reading books is one easy way to keep learning through our lives について，メイがそのように考える理由を，日本語で書きなさい。

(3)　本文の内容をふまえて，次の英文の（ ア ）～（ ウ ）に入る最も適切な語を，下の1～7の中からそれぞれ一つ選び，その番号を書きなさい。

Reading books is important for everyone. Mei showed this by talking about how she felt through her reading (ア). Powerful messages are written in books and an exciting world is waiting in books. She knows that books are wonderful teachers for her. So, she wants to (イ) more new books. They will also be good teachers for her. She hopes that she can (ウ) herself through reading.

1 put	2 ways	3 write	4 read
5 improve	6 performances	7 experiences	

令和６年度県立高等学校入学者選抜学力検査

数　　　学

時間 45 分

（ 11時05分～11時50分 ）

注　　　意

1　問題用紙は「始めなさい」という合図があるまで開いてはいけません。

2　問題用紙は表紙を入れて７ページあり，これとは別に解答用紙が１枚あります。

3　受検番号は，検査開始後，解答用紙の決められた欄に記入しなさい。

4　机の上に置けるものは，受検票・鉛筆（シャープペンシルも可）・消しゴム・鉛筆削り・分度器の付いていない定規（三角定規を含む）・コンパスです。

5　筆記用具の貸し借りはいけません。

6　問題を読むとき，声を出してはいけません。

7　印刷がはっきりしなくて読めないときや，筆記用具を落としたときなどは，だまって手をあげなさい。

8　「やめなさい」という合図ですぐに書くのをやめ，筆記用具を置きなさい。

答えの書き方

1　答えは，問題の指示に従って，すべて解答用紙に記入しなさい。

2　答えはていねいに書きなさい。答えを書き直すときは，きれいに消してから書きなさい。

3　計算などには，問題用紙の余白を利用しなさい。

1 次の（1）～（8）に答えなさい。(43点)

（1） 次の**ア**～**オ**を計算しなさい。

ア $4-(-1)$

イ $8\times(-3)\div 4$

ウ $(9x-6y)\div\left(-\dfrac{3}{2}\right)$

エ $\dfrac{2x+y-1}{3}-\dfrac{3x-2y+3}{5}$

オ $(\sqrt{6}+\sqrt{2})(\sqrt{24}-\sqrt{8})$

（2） 数直線上で，3からの距離が4である数を2つ書きなさい。

（3） 右の図のような同じ大きさのクリップが箱の中にたくさん入っている。24個取り出して印をつけた後，すべて箱に戻してよくかき混ぜた。その中から35個のクリップを無作為に取り出したところ，印のついたクリップは2個であった。この結果から，箱の中にはおよそ何個のクリップが入っていると考えられるか，求めなさい。

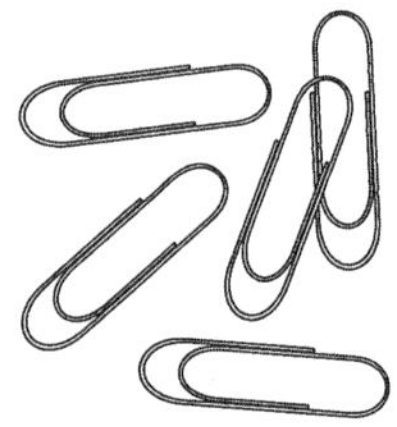

（4） 次の式を展開しなさい。

$$\left(\frac{1}{3}x+3\right)^2$$

（5） 関数 $y=x^2$ について，x の変域が $-3 \leqq x \leqq a$ のとき，y の変域は $b \leqq y \leqq 16$ である。このとき，a，b の値をそれぞれ求めなさい。

（6） 下の図で，△ABC ≡ △EBD である。このとき，∠x の大きさを求めなさい。

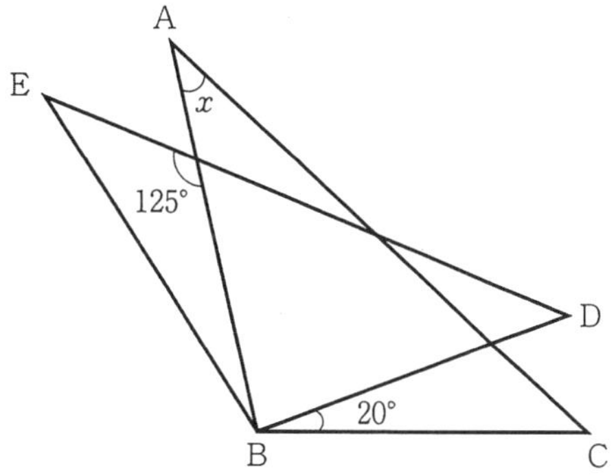

（7） 次のことがらは正しいが，その逆は正しくない。正しくないことを示すための反例を1つ書きなさい。

$x=3$，$y=1$ ならば，$x+y=4$ である。

（8） 方程式 $2x+y=3$ について述べた文として**適切でないもの**を，次の**ア**～**エ**の中から1つ選び，その記号を書きなさい。

ア この方程式では，x の値を1つ決めると，それに対応して y の値がただ1つに決まる。
イ この方程式を成り立たせる x，y の値の組は無数にある。
ウ この方程式のグラフは点(1，1)を通る。
エ この方程式のグラフは点(0，3)を通り，傾き2の直線と一致する。

2 次の（1），（2）に答えなさい。（14 点）

（1） 右の表は，X 中学校と Y 中学校の生徒の通学時間を度数分布表に整理したものである。次の**ア**，**イ**に答えなさい。

階級（分）	度数（人）	
	X 中学校	Y 中学校
0以上～ 5未満	1	2
5 ～ 10	3	5
10 ～ 15	5	10
15 ～ 20	7	8
20 ～ 25	4	7
25 ～ 30	0	3
合計	20	35

ア Y 中学校について，中央値がふくまれる階級を書きなさい。

イ この度数分布表から読み取れることとして適切なものを，次の**1**～**4**の中から 1 つ選び，その番号を書きなさい。

1 通学時間が 15 分未満の生徒が，X 中学校では 4 人いる。
2 通学時間の最大値は，X 中学校の方が Y 中学校より大きい。
3 通学時間が 20 分以上 25 分未満の階級の相対度数は，どちらの中学校も等しい。
4 通学時間が 20 分未満の生徒の全体に対する割合は，X 中学校の方が Y 中学校より小さい。

（2） 下の［**問題**］とそれについて考えているレンさんとメイさんの会話を読んで，次の**ア**，**イ**に答えなさい。

［**問題**］A さんは，峠《とうげ》を越えて 8.7 km 離れた祖父の家に行くのに，A さんの家から峠までは時速 3 km，峠から祖父の家までは時速 5 km で歩いたら，合計 2 時間 18 分かかった。A さんの家から峠までの道のりと，峠から祖父の家までの道のりはそれぞれ何 km か，求めなさい。

レン ： ［**問題**］にある数量の関係を**図**に表してみたよ。ただ，求めたい道のりの他に，歩いたそれぞれの時間もわからないね。

メイ ： それなら，**表**にして整理してみよう。求めたい道のりは 2 つだから，それぞれ x，y と文字にしたらどうかな。

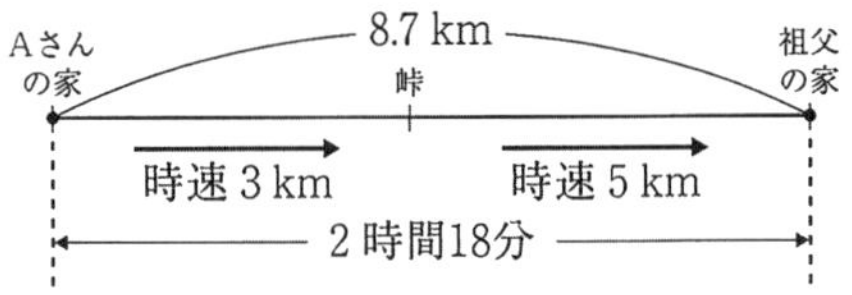

図

	A さんの家から峠まで	峠から祖父の家まで	合計
道のり	x km	y km	8.7 km
速さ	時速 3 km	時速 5 km	
時間	[あ] 時間	[い] 時間	[う] 時間

表

レン ： 道のりについて，x，y を用いた方程式がつくれるね。

メイ ： そうだね。その他に，もう 1 つ方程式をつくれるよ。

ア [あ]，[い] にあてはまる式をそれぞれ書きなさい。また，[う] にあてはまる数を書きなさい。

イ ［**問題**］を解きなさい。

2024(R6) 青森県公立高
教英出版

3 次の（1），（2）に答えなさい。(17 点)

（1）　右の図は，底面の半径が 1 cm，高さが $2\sqrt{2}$ cm の円錐《すい》である。母線 AB の中点を M とし，点 B から点 M まで，円錐の側面にそって母線 AC を通り，最も短くなるように糸をかける。次の**ア**～**ウ**に答えなさい。

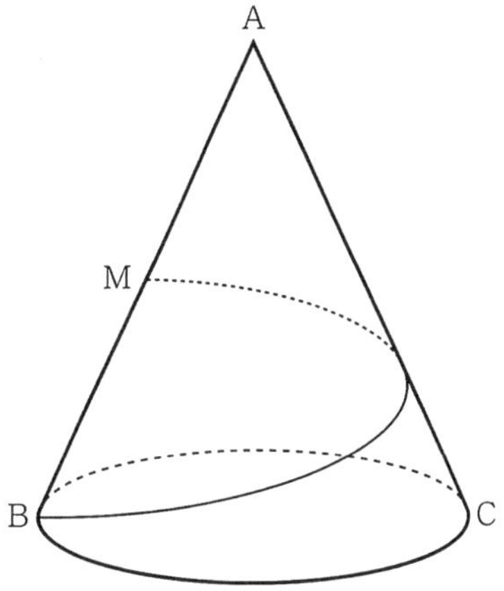

ア　母線 AB の長さを求めなさい。

イ　この円錐の展開図をかいたとき，側面になるおうぎ形の中心角の大きさを求めなさい。

ウ　糸の長さを求めなさい。

（2）　下の図のように，3 点 A，B，C を通る円があり，△ABC は AB = AC = 5 cm の二等辺三角形である。点 P は点 B をふくまない $\overset{\frown}{AC}$ 上を動く点であり，直線 AP と直線 BC の交点を Q とする。このとき，次の**ア**，**イ**に答えなさい。

ア　△ABP と △AQB が相似になることを次のように証明した。[あ]～[う] にあてはまる角をそれぞれ書きなさい。

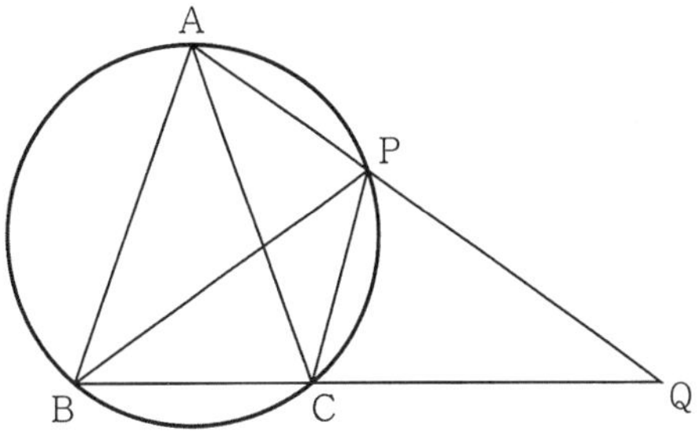

［証明］
△ABP と △AQB において
共通な角だから
　∠BAP = ∠QAB　……①
△ABC は二等辺三角形だから
　∠ABC = [あ]　……②
円周角の定理より
　[あ] = [い]　……③
②，③から
　[い] = [う]　……④
①，④から
　2 組の角がそれぞれ等しいので
　△ABP ∽ △AQB

イ　点 P が線分 AQ の中点になるとき，線分 AP の長さを求めなさい。

4 図**1**で，①は関数 $y=2x^2$ のグラフであり，2点A，Bは①上の点で x 座標がそれぞれ -1，2である。また，②は2点A，Bを通る直線である。次の（**1**）～（**3**）に答えなさい。ただし，座標軸の単位の長さを1cmとする。(12点)

（**1**）　点Aの y 座標を求めなさい。

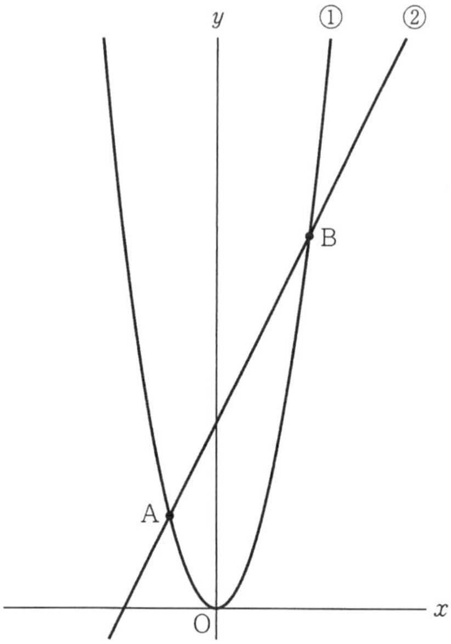

図**1**

（**2**）　線分ABの長さを求めなさい。

（**3**）　図**2**は，図**1**に面積の等しい△AOBと△AOCをかき加えたものである。点Cは y 軸上の点で，y 座標が正であるとき，次の**ア**，**イ**に答えなさい。

ア　点Cの座標を求めなさい。

イ　点Aと2点B, Cを通る直線との距離を求めなさい。

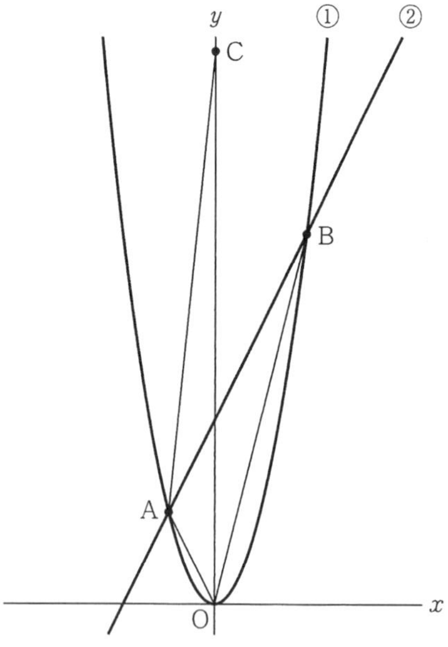

図**2**

2024(R6) 青森県公立高
教英出版

5 下の【自由研究】は，マユさんが冬休みの課題として提出したものの一部である。次の（1），（2）に答えなさい。(14点)

【自由研究】

対角線の本数の求め方を応用して

1 研究の動機

私は、生徒会でスポーツ大会を担当しています。試合の組み合わせを考えていたとき、数学で学習した「正多角形の対角線の本数を調べる」の考え方を、スポーツ大会の試合数の計算に生かせるのではないかと思い、研究することにしました。

2 研究の方法

① 「正多角形の対角線の本数」の求め方を復習し、正n角形では何本の対角線をひけるのかを考え、これをnを用いた文字式で表します。

② ①の考え方や文字式を活用して、バドミントンの個人戦で、n人の選手が他の選手全員と1回ずつ試合をするときの試合数を計算します。

3 結果

① 正n角形の対角線の本数

正多角形とその対角線の本数の関係

正多角形	正方形 	正五角形 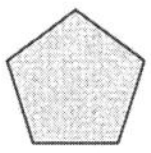	正六角形 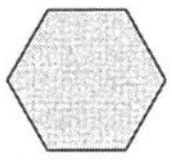	……	正n角形 
対角線の本数（本）	2	㋐	9	……	$\frac{(n-3)\times n}{2}$

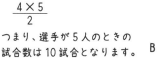

〔正n角形のときの考え方〕

1つの頂点からは、その頂点と隣り合う頂点以外の$(n-3)$個の頂点との間に対角線をひくことができます。頂点は全部でn個あるので、対角線の本数を表す式は$(n-3)\times n$であると考えましたが、それでは［　㋑　］ことになるため、$\frac{(n-3)\times n}{2}$が対角線の本数を表す式になります。

② n人の選手の試合数

5人の選手が他の選手全員と1回ずつ試合をするとき、下の図のように、選手Aは対角線でつないだ選手C、Dの他に、辺でつないだ選手B、Eとも試合をするので

$\frac{4\times 5}{2}$

つまり、選手が5人のときの試合数は10試合となります。

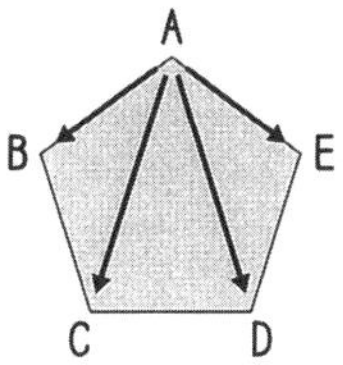

人数と試合数の関係

人数（人）	4	5	6	7	……	n
試合数（試合）	6	10	㋒	21	……	$\frac{㋓}{2}$

〔n人のときの考え方〕

以上のことから、

n人の選手が他の選手全員と1回ずつ試合をするときの試合数を、nを用いた文字式で表すと、

（1）【自由研究】「3 結果」の①について，次のア，イに答えなさい。

ア ［㋐］にあてはまる数を書きなさい。

イ ［㋑］に適切な内容を書きなさい。

（2）【自由研究】「3 結果」の②について，次のア，イに答えなさい。

ア ［㋒］にあてはまる数を書きなさい。また，［㋓］にあてはまる式を書きなさい。

イ 試合数が66試合のとき，選手の人数を求めなさい。

令和６年度県立高等学校入学者選抜学力検査

社　　　会

時間 45 分

（12時35分～13時20分）

注　　　意

1　問題用紙は「始めなさい」という合図があるまで開いてはいけません。

2　問題用紙は表紙を入れて８ページあり，これとは別に解答用紙が１枚あります。

3　受検番号は，検査開始後，解答用紙の決められた欄に記入しなさい。

4　机の上に置けるものは，受検票・鉛筆（シャープペンシルも可）・消しゴム・鉛筆削りです。

5　筆記用具の貸し借りはいけません。

6　問題を読むとき，声を出してはいけません。

7　印刷がはっきりしなくて読めないときや，筆記用具を落としたときなどは，だまって手をあげなさい。

8　「やめなさい」という合図ですぐに書くのをやめ，筆記用具を置きなさい。

答えの書き方

1　答えは，問題の指示に従って，すべて解答用紙に記入しなさい。

2　答えはていねいに書きなさい。答えを書き直すときは，きれいに消してから書きなさい。

1 下の略地図を見て，次の（1）～（4）に答えなさい。(14点)

（1）略地図中のXの大陸名を書きなさい。

（2）略地図中の▲は，ある鉱産資源の生産量上位3か国（2017年）における，主な採掘《さいくつ》場所を表している。この鉱産資源として適切なものを，次の1～4の中から一つ選び，その番号を書きなさい。

1　石炭

2　天然ガス

3　すず

4　鉄鉱石

（3）略地図中のカナダ，チリ，オーストラリア，フィリピン，韓国の5か国について，次のア～ウに答えなさい。

ア　これら5か国は，1989年にオーストラリアの主導で結成された，経済協力の枠組《わくぐ》みに参加している。この経済協力の枠組みの略称を**アルファベット4字**で書きなさい。

イ　略地図中のの地域の気候帯は何か，書きなさい。

ウ　右の資料は，これら5か国の人口密度，国内総生産，日本への主な輸出品を表している。資料中の2，4にあてはまる国名をそれぞれ書きなさい。

略地図

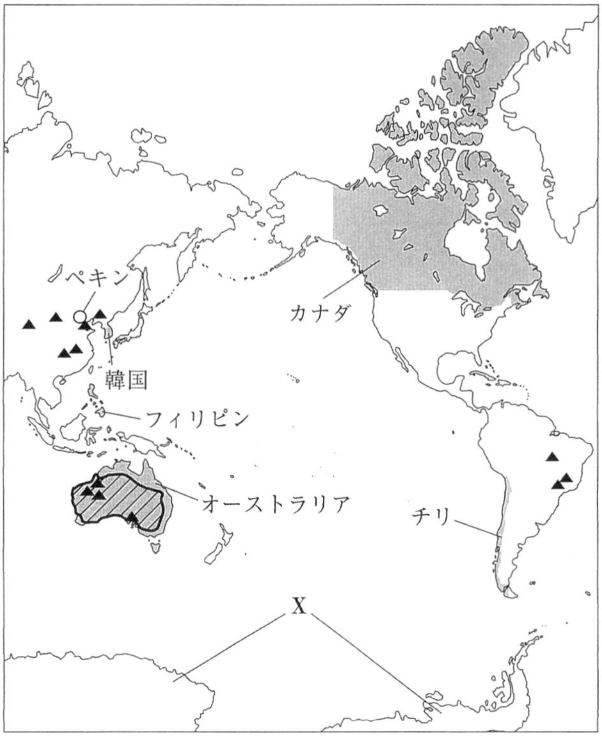

資料

	人口密度（人／km²）2019年	国内総生産（百万ドル）2019年	日本への主な輸出品 2020年
1	512	1646539	機械類，石油製品，鉄鋼
2	358	359354	機械類，果実，木製品
3	4	1741497	肉類，医薬品，石炭
4	25	282318	銅鉱，魚介類，木製品
5	3	1380208	液化天然ガス，石炭，鉄鉱石

〔「世界人口年鑑」2019年版などによる〕

（4）日本の成田《なりた》空港を3月20日午後5時に出発した航空機が最短距離を飛んで，ペキンに向かった。ペキンの空港に到着したのは，現地時間で3月20日午後8時だった。出発から到着までにかかった時間は何時間か，書きなさい。なお，日本の標準時子午線《しごせん》は東経135度，ペキンの標準時子午線は東経120度とする。

2024(R6) 青森県公立高
教英出版

2 下の略地図や資料を見て，次の（１）～（５）に答えなさい。（15点）

（１）略地図中の[楕円の印]は，1993年に世界自然遺産に登録された，ブナの原生林が分布する山地である。この山地を何というか，書きなさい。

（２）東日本の太平洋の沖合いの海流について述べた下の文中の[　　　]にあてはまる語を書きなさい。

> 赤道付近から北上する暖流の黒潮《くろしお》と，千島列島から南下する寒流の親潮《おやしお》とがぶつかる[　　　]があり，多くの魚が集まる漁場になっている。

（３）略地図中の◆は，再生可能エネルギーを使った主な発電所を表している。この発電所の発電方法として適切なものを，次の１～４の中から一つ選び，その番号を書きなさい。

１　バイオマス　　２　地熱　　３　風力　　４　水力

略地図

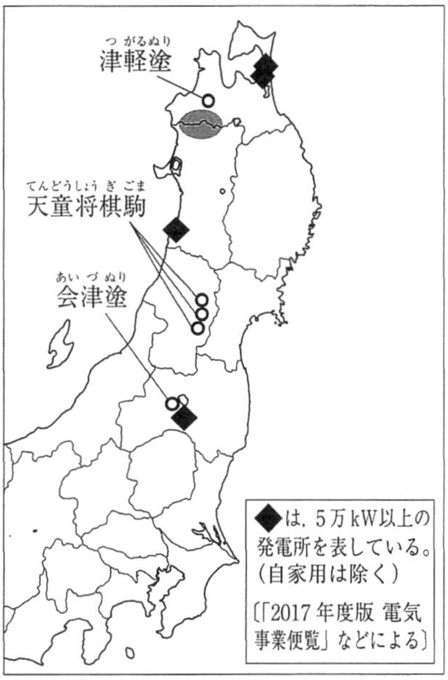

（４）略地図中の○は，伝統的工芸品の生産地を表している。これらの伝統的工芸品が生産されてきた背景について述べた下の文中の[　　　　　]に入る適切な内容を，自然環境と関連付けて，次の２語を用いて書きなさい。

冬　　農作業

> 東北地方では，[　　　　　]として，地域でとれる材料や資源を利用した工芸品が作られてきた。

（５）下の資料は，白菜，ほうれんそう，きゅうり，かぶの生産量の県別割合を表している。次のア，イに答えなさい。

ア　資料から読み取ることができる内容として適切なものを，次の１～４の中から一つ選び，その番号を書きなさい。

１　埼玉県の，白菜とかぶそれぞれの全体の生産量にしめる割合を比べると，白菜の割合の方が高い。

２　群馬県は，白菜の生産量よりほうれんそうの生産量が少ない。

３　きゅうりの生産量上位５県のうち，関東地方の生産量をあわせた割合は，全体の生産量の25％をこえる。

４　青森県のかぶの生産量は約630tである。

資料

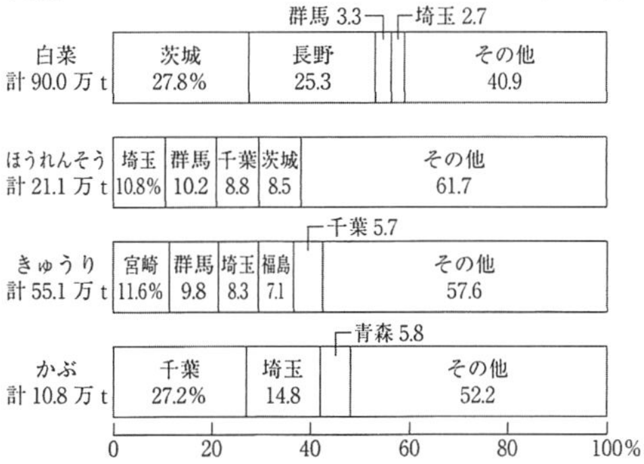

〔「データで見る県勢 2023年版」による〕

イ　関東地方で盛《さか》んに行われている近郊農業には，農産物の輸送の面で，どのような利点があるか，「大消費地に近い条件を生かし，」に続けて書きなさい。

3 下の[I]～[Ⅲ]は，ある生徒が京都府の世界文化遺産についてまとめたものである。次の（1）～（3）に答えなさい。(15 点)

I 平等院鳳凰堂《びょうどういんほうおうどう》

ⓐ藤原頼通《ふじわらのよりみち》が造らせた阿弥陀《あみだ》堂です。なだらかな屋根は，鳳凰がつばさを広げたような形をしていることから，鳳凰堂と呼ばれるようになったといわれています。

Ⅱ 龍安寺《りょうあんじ》の石庭《せきてい》

室町時代に細川勝元《ほそかわかつもと》が創建した（ ⓘ ）の寺院です。水を使わずに山水の風景を表現する庭園を枯山水《かれさんすい》といい，河原者《かわらもの》と呼ばれる人々によって造られました。

Ⅲ 二条城《にじょうじょう》

ⓤ江戸幕府の初代将軍徳川家康《とくがわいえやす》が，天皇の住む京都御所《ごしょ》の守護と将軍上洛《じょうらく》の際の宿泊所とするために築城したものです。3 代将軍家光《いえみつ》の時代に大改修が行われました。

（1）[I]について，次のア，イに答えなさい。

ア　藤原道長《みちなが》と下線部ⓐのころに，幼い天皇のかわりに政治を行う職や成長した天皇を補佐する職が中心になった政治が最も安定した。このような政治を何というか，書きなさい。

イ　平安時代の社会や文化について述べた文として**適切でないもの**を，次の 1 ～ 4 の中から一つ選び，その番号を書きなさい。

1　北関東では，平将門《たいらのまさかど》が周辺の武士団を率いて大きな反乱を起こした。
2　死後に極楽浄土《ごくらくじょうど》へと生まれ変わることを願う浄土信仰《じょうどしんこう》が地方にも広まった。
3　木綿《もめん》が商品作物として栽培《さいばい》されるようになり，庶民《しょみん》は木綿の衣服を着るようになった。
4　仮名文字による文学作品が盛んに作られるようになった。

（2）[Ⅱ]について，次のア，イに答えなさい。

ア　（ ⓘ ）にあてはまる宗派を，次の 1 ～ 4 の中から一つ選び，その番号を書きなさい。また，日本でその宗派を開いたのは誰か，人物名を書きなさい。

1　浄土宗《じょうどしゅう》　　2　日蓮《にちれん》宗
3　臨済《りんざい》宗　　4　時《じ》宗

イ　資料 1 は，龍安寺が創建される前後の出来事を表したものである。[　　]に共通してあてはまる人物名を書きなさい。

資料 1

西暦	出来事
1449 年	[　　]が将軍になる
1450 年	龍安寺が創建される
1467 年	[　　]のあとつぎ問題をめぐり，応仁《おうにん》の乱が起こる

（3）[Ⅲ]について，次のア，イに答えなさい。

ア　下線部ⓤが成立してから滅《ほろ》びるまでの間に世界で起こった出来事について述べた文として**適切でないもの**を，次の 1 ～ 4 の中から一つ選び，その番号を書きなさい。

1　イギリスで名誉《めいよ》革命が起こった。
2　ドイツで宗教改革が始まった。
3　フランスで人権宣言が発表された。
4　アメリカで南北戦争が起こった。

イ　資料 2 は，二条城で第 15 代将軍の徳川慶喜《よしのぶ》が，家臣にある決意を伝えている場面を表している。その決意とはどのようなことか，**政権**という語を用いて書きなさい。

資料 2

4 下の年表は，ある生徒が日本の外交の歴史についてまとめたものである。次の（１）～（５）に答えなさい。（15点）

西暦	日本の外交に関する主な出来事
1873年	(あ)朝鮮《ちょうせん》をめぐる政府内の対立がおこる
	↕ (い)
1906年	半官半民の南満州《みなみまんしゅう》鉄道株式会社が設立される
1914年	第一次世界大戦に参戦する
1920年	(う)国際連盟の常任理事国になる
1936年	（ (え) ）海軍軍縮条約・ロンドン海軍軍縮条約が失効する
1941年	太平洋戦争が始まる
1951年	(お)サンフランシスコ平和条約に調印する

（１）下線部(あ)の結果，参議を辞職して政府を去り，鹿児島に帰郷したのは誰か，人物名を書きなさい。

（２）下の１～３は，(い)の時期における東アジアの国際関係を表した資料である。１～３を年代の古い順に並べ，その番号を書きなさい。

１

清での利権を確保したい国が，おびえる日本の背中を押している。

２

第１条　朝鮮国は自主の国であり，日本国と平等の権利を持っている。…
第10条　日本国の人民が，朝鮮国の開港地に在留中に罪を犯《おか》し，朝鮮国の人民に関係する事件は，日本国の領事が裁判を行う。

日本は武力衝突《しょうとつ》を口実に，翌年朝鮮と条約を結び，力で朝鮮を開国させた。

３

魚としてえがかれている朝鮮が，日本・清・ロシアの３国にねらわれている。

（３）下線部(う)について述べた下の文中の［　　　］に入る適切な内容を，**反対**という語を用いて書きなさい。

国際連盟は，世界平和と国際協調を目的として発足したが，提唱国である［　　　］ことや，紛争を解決するための手段も限られていたことなどにより，世界への影響力は大きくなかった。

（４）（ (え) ）にあてはまる都市名を書きなさい。

（５）下線部(お)について，次のア，イに答えなさい。

ア　下線部(お)を結ぶ講和会議には出席したが，下線部(お)には**調印しなかった国**を，次の１～４の中から一つ選び，その番号を書きなさい。

１　イギリス　　２　フランス　　３　オランダ　　４　ソ連

イ　1952年，下線部(お)が発効し，日本は独立を回復した。その後の日本の外交について述べた文として**適切でないもの**を，次の１～４の中から一つ選び，その番号を書きなさい。

１　日韓《にっかん》基本条約を結び，韓国政府を朝鮮半島の唯一の政府として承認した。
２　日中共同声明によって，中華人民共和国との国交を正常化した。
３　日米安全保障条約を改定したことで，日本の国際連合への加盟が実現した。
４　沖縄を日本に復帰させるための交渉の中で，非核《ひかく》三原則が国の方針となった。

5 下の Ⅰ ～ Ⅲ は，ある生徒が公民の授業で学習した内容についてまとめたものである。次の（１）～（３）に答えなさい。（14 点）

Ⅰ

・国家は，国民，㋐領域，㋑主権の三つの要素がそろって成り立つ。国家の主権とは，ほかの国に干渉《かんしょう》されたり支配されたりせずに，国内の政治と他国との外交をどのように行うか決める権利である。

・1945 年に国際連合憲章が採択され，㋒国際連合（国連）が創設された。2021 年現在，193 か国が加盟している。

Ⅱ

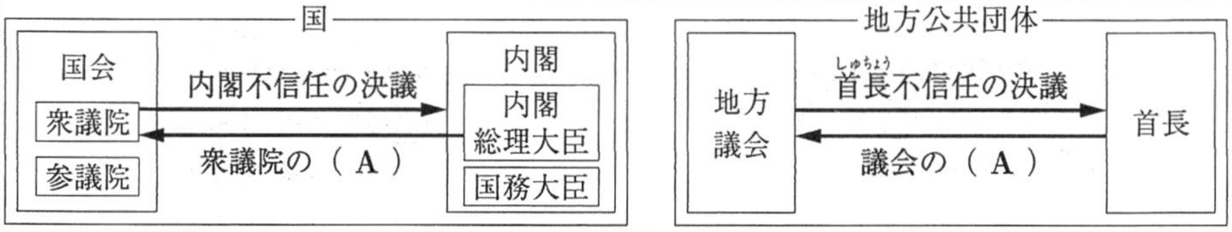

Ⅲ

私の政策提言

・年齢，障がいの有無，国籍などのさまざまなちがいを認め，考え方や価値観の異なる人々が，たがいを認め合い，ともに生活していくことができる社会を目指す。
・言葉や文化のちがいに配慮した教育や社会保障の制度をつくる。
・学び直しや新しいスキルを習得するための制度をつくる。
・障がいのある人の雇用を支援する。
・公共の交通機関や建物でバリアフリー化を進め，多言語の案内板を設置する。

政策を検討するために先生が示した座標軸

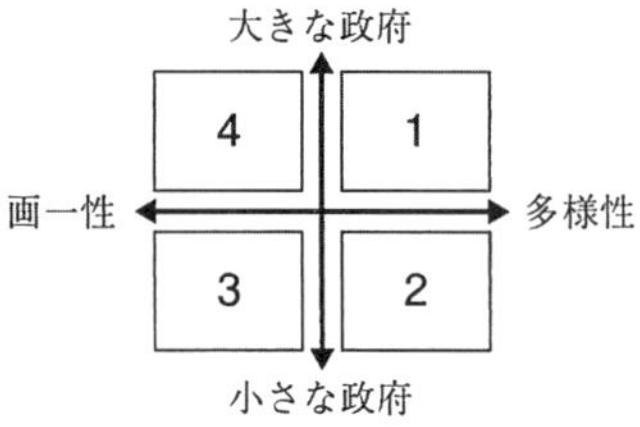

（１）Ⅰ について，次のア～ウに答えなさい。

ア　右の資料は，下線部㋐の区分について模式的に表したものである。（　X　）にあてはまる数字を書きなさい。

イ　右の資料で，下線部㋑が及ぶ範囲として適切なものを，次の１～４の中から一つ選び，その番号を書きなさい。

1　領土，領海
2　領土，領海，領空
3　領土，領海，領空，排他的経済水域
4　領土，領海，領空，排他的経済水域，公海

資料

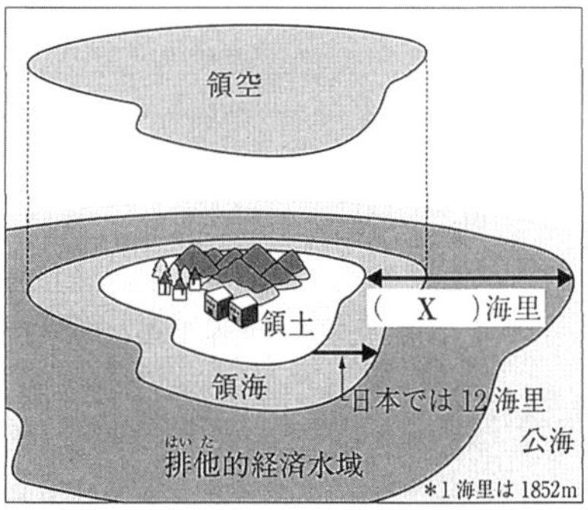

ウ　下線部㋒の機関について述べた下の文章中の ＿＿＿ に共通してあてはまる語を書きなさい。

＿＿＿ はすべての加盟国で構成される。毎年 9 月から開かれ，世界のさまざまな問題を話し合い，決定する。＿＿＿ の決定にはすべての加盟国が加わり，主権平等の原則によって平等に 1 票を持つ。

（２）Ⅱ について，次のア～ウに答えなさい。

ア　（　A　）に共通してあてはまる語を書きなさい。

イ　内閣総理大臣の選出方法を，**指名**という語を用いて書きなさい。

ウ　地方公共団体の首長の選出方法を，**住民**という語を用いて書きなさい。

（３）Ⅲ は，ある生徒が考えた政策提言と政策を検討するために先生が示した座標軸である。この政策提言は，座標軸の１～４のどこにあてはまるか，最も適切なものを一つ選び，その番号を書きなさい。

2024(R6) 青森県公立高
教英出版

6 下の[X]～[Z]は，ある生徒が生活と経済についてまとめたものである。次の（1）～（4）に答えなさい。(14点)

X	㋐私たちは毎日，実は多くの「契約《けいやく》」を結びながら生活している。コンビニでの買い物も，バスに乗るときも，好きな音楽のダウンロードも，そこにはだれかとの契約が存在している。
Y	国や地方公共団体といった政府の経済的な活動を㋑財政という。政府の収入は税金（租税《そぜい》）でまかなわれ，㋒社会保障や公共事業などに支出される。予算は，1年間の政府の収入（歳入《さいにゅう》）と支出（歳出《さいしゅつ》）の計画である。国会や地方議会は，予算を審議《しんぎ》して議決することで，政府の財政を監視《かんし》している。
Z	社会資本の整備や公共サービスの提供のほかに，税金や社会保障の仕組みを整備して，不当な経済格差をなくし，国民が安定した生活を送れるようにすることも㋓政府の役割である。

（1）下線部㋐について，次のア，イに答えなさい。

ア　資料1は，ある生徒がコンビニで買い物をしたときの様子である。契約が成立する段階として適切なものを，資料1中の1～4の中から一つ選び，その番号を書きなさい。

資料1

1－生徒：「300円のポップコーンを2つください」
2－店員：「はい，かしこまりました」
3－生徒：（財布から1000円を出して支払う）
4－店員：「400円のおつりとレシートです」

イ　訪問販売《はんばい》や電話勧誘《かんゆう》などで商品を購入した場合に，購入後8日以内であれば消費者側から無条件で契約を解除できる制度を何というか，書きなさい。

（2）下線部㋑について，資料2は，国の一般会計予算を表している。資料2について述べた下の文章を読み，次のア，イに答えなさい。

資料2

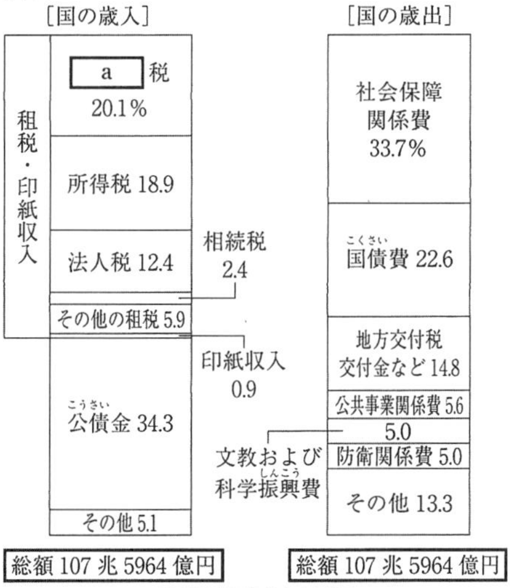

[2022年度当初予算]

〔「財務省資料」による〕

租税収入で最も割合が大きいのは，20.1％をしめる[a]税である。この税は，酒税やたばこ税などと同じ間接税に分類される。 政府の政策は，主に税金を使って行われる。税金だけではお金が足りない場合は，公債を発行するが，公債の発行は慎重《しんちょう》に行う必要がある。

ア　[a]にあてはまる語を書きなさい。

イ　公債の発行を慎重に行う必要があるのはなぜか，「公債を発行しすぎると，利子の支払いや元金《がんきん》の返済に時間がかかり，」に続けて書きなさい。

（3）下線部㋒について，日本の社会保障制度の四つの柱のうち，生活環境の改善や感染症《かんせんしょう》の予防などで，人々の健康や安全な生活を守る役割を果たしているものは何か，書きなさい。

（4）下線部㋓について，市場《しじょう》経済における公正さの確保のために行うこととして適切なものを，次の1～4の中から一つ選び，その番号を書きなさい。

1　独占《どくせん》や寡占《かせん》の規制　　2　成年年齢の引き下げ　　3　公開市場操作　　4　紙幣《しへい》の発行

7 下のカードは，ある生徒が興味を持ったロゴ，ラベル，マークについて調べたものである。次の（１）～（４）に答えなさい。（13点）

あ国境なき医師団

紛争地域や被災地などで，危機に瀕《ひん》する人々に，独立・中立・公平な立場で緊急医療援助を行っている。

ロゴのモチーフは，走っている人の姿。命の危機に直面している人々のもとに駆《か》け付けるという意味が込められている。

国際フェアトレード認証ラベル

このラベルが付いた製品は，社会的，環境的，経済的基準について定めた国際フェアトレード基準を満たしている。

フェアトレードは，立場の弱いい途上国の生産者や労働者の経済的自立を目指す「貿易の仕組み」である。

エコマーク

100％再生紙利用のうトイレットペーパー，文房具や制服などの認定商品がある。

「生産」から「廃棄」にわたるライフサイクル全体を通して，環境への負荷が少なく，え環境保全に役立つと認められた商品に付けられる。

（１）下線部あのように，人権，環境，開発などの国際的な課題に取り組む，非政府組織の略称を，**アルファベット３字**で書きなさい。

（２）下線部いについて，貧しい人々が事業を始めるために，少額のお金を貸し出し，事業によって収入を得る機会をあたえる仕組みとして適切なものを，次の１～４の中から一つ選び，その番号を書きなさい。

１　リージョナリズム　２　マニュファクチュア　３　マイクロクレジット　４　インクルージョン

（３）資料１は，下線部うの売り場に人々が殺到し，混乱する様子を表している。資料１が起こった後の日本社会の様子について述べた文として**適切でないもの**を，次の１～４の中から一つ選び，その番号を書きなさい。

１　バブル経済が崩壊《ほうかい》すると，投機によって異常に高くなっていた株価と地価が急激に下がった。

２　阪神《はんしん》・淡路《あわじ》大震災が発生し，深刻な被害をもたらしたが，多くのボランティアが被災地を訪れ，「ボランティア元年」とよばれた。

３　世界中の株価が急落する「リーマンショック」が起こり，日本経済も中小企業の倒産や失業率の上昇など，大きな影響を受けた。

４　公害問題への対応として，公害対策基本法が制定され，公害対策や自然環境の保護を専門にあつかう省庁として，環境庁が創設された。

資料１

1973年に発生した石油危機により，石油を使った製品が値上がりしたが，流言《りゅうげん》によって，関係のない商品まで買いしめられた。

先進工業国の経済は深刻な不況におちいり，日本でも高度経済成長が終わった。

（４）下線部えについて，次のア，イに答えなさい。

ア　資料２は，温室効果ガスの排出削減《はいしゅつさくげん》に関する二つの国際的な取り決めを表している。［　Ａ　］，［　Ｂ　］にあてはまる語をそれぞれ書きなさい。

資料２

［　Ａ　］議定書	［　Ｂ　］協定
1997年採択《さいたく》	2015年採択
38か国・地域に削減義務	196か国・地域が対象
削減目標値は政府間交渉で決定	削減目標値を各国が自ら決定
・先進国に排出削減の義務あり。目標が達成できなければ罰則《ばっそく》。 ・発展途上国の排出削減の義務なし。	・すべての国に目標の策定，報告，見直しを義務付け。 ・すべての国に排出削減の目標達成の義務なし。

イ　環境問題の解決について述べた下の文中の［　　］にあてはまる語を**漢字４字**で書きなさい。

地球環境問題の解決には，社会や経済の発展と環境の保全とを両立させ，現在の世代の幸福だけでなく，将来の世代の幸福も満たせる「［　　］な社会」の考え方が重要である。

2024(R6) 青森県公立高
教英出版

令和６年度県立高等学校入学者選抜学力検査

理　　　科

時間 45 分

（13時40分～14時25分）

注　　　意

1　問題用紙は「始めなさい」という合図があるまで開いてはいけません。

2　問題用紙は表紙を入れて８ページあり，これとは別に解答用紙が１枚あります。

3　受検番号は，検査開始後，解答用紙の決められた欄に記入しなさい。

4　机の上に置けるものは，受検票・鉛筆（シャープペンシルも可）・消しゴム・鉛筆削り・分度器の付いていない定規（三角定規を含む）・コンパスです。

5　筆記用具の貸し借りはいけません。

6　問題を読むとき，声を出してはいけません。

7　印刷がはっきりしなくて読めないときや，筆記用具を落としたときなどは，だまって手をあげなさい。

8　「やめなさい」という合図ですぐに書くのをやめ，筆記用具を置きなさい。

答えの書き方

1　答えは，問題の指示に従って，すべて解答用紙に記入しなさい。

2　答えはていねいに書きなさい。答えを書き直すときは，きれいに消してから書きなさい。

3　計算などには，問題用紙の余白を利用しなさい。

1 次の（1）〜（4）に答えなさい。(18点)

（1）下の図は，身近な動物について，ある特徴をもとにA〜Eに分類したものである。次のア，イに答えなさい。

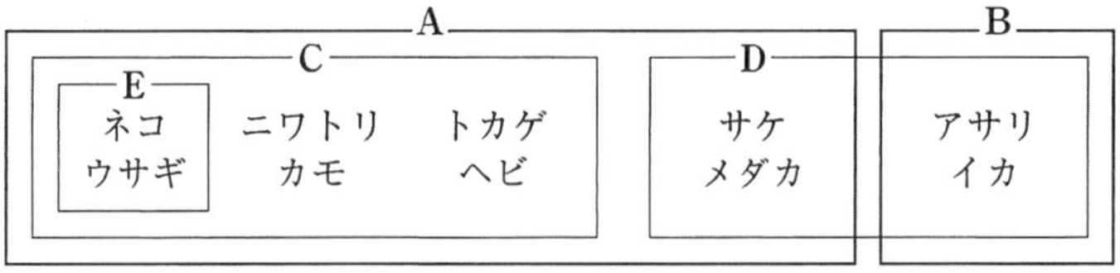

ア　Aのように背骨をもつ動物をまとめて何というか，書きなさい。

イ　Cの特徴について述べたものとして適切なものを，次の1〜4の中から一つ選び，その番号を書きなさい。

1　内臓が外とう膜でおおわれている。　　2　肺で呼吸をする。
3　水中で生活をする。　　4　子のうまれ方は胎生である。

（2）下の図は，アメーバの生殖のようすを模式的に表したものである。次のア，イに答えなさい。

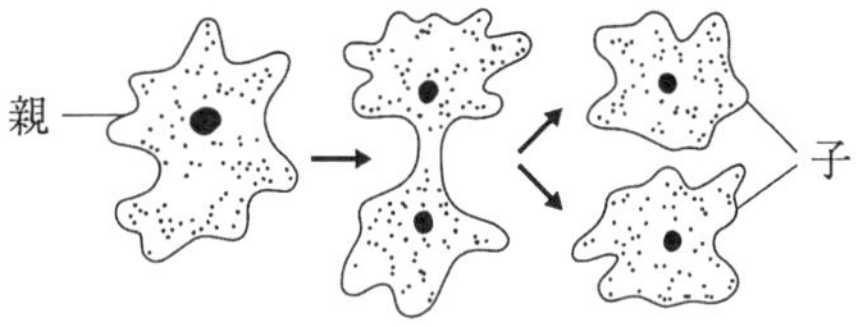

ア　図のようなふえ方をする生物として最も適切なものを，次の1〜4の中から一つ選び，その番号を書きなさい。

1　ミジンコ　　2　エンドウ　　3　チョウ　　4　ミカヅキモ

イ　下の文章は，アメーバの親と子の形質について述べたものである。文章中の（　　）に入る適切な語を書きなさい。

> アメーバは体細胞分裂によって子をふやす。そのため，親と子の細胞がもつ染色体の数と，その染色体にある形質を決める要素である（　　）は同じになるので，親と子の形質は同じになる。

（3）下の文章は，日本付近で夏に南東の季節風がふくしくみについて述べたものである。文章中の［①］に入る内容と［②］に入る語の組み合わせとして適切なものを，次の1〜4の中から一つ選び，その番号を書きなさい。

> 大陸は海洋に比べて，［　①　］ため，夏は，ユーラシア大陸上では空気が［②］し，気圧が低くなる。一方，太平洋上では気圧が高くなり，日本付近では，夏に気圧の高い太平洋から気圧の低いユーラシア大陸へと南東の季節風がふく。

1　①　暖《あたた》まりやすく冷めやすい　　②　上昇
2　①　暖まりやすく冷めやすい　　②　下降
3　①　暖まりにくく冷めにくい　　②　上昇
4　①　暖まりにくく冷めにくい　　②　下降

（4）右の表は，太陽系の惑星と太陽からの平均距離，直径，密度を表したものである。次のア，イに答えなさい。

惑星	太陽からの平均距離（太陽から地球までの平均距離を 1.00 とする）	直径（地球の直径を 1.00 とする）	密度〔g/cm^3〕
水星	0.39	0.38	5.43
金星	0.72	0.95	5.24
地球	1.00	1.00	5.51
火星	1.52	0.53	3.93
木星	5.20	11.21	1.33
土星	9.55	9.45	0.69
天王星	19.22	4.01	1.27
海王星	30.11	3.88	1.64

ア　真夜中における，地球から見た金星と火星の見え方について述べたものとして適切なものを，次の１～４の中から一つ選び，その番号を書きなさい。

１　金星も火星も見えることがある。
２　金星は見えることがあるが，火星は見えない。
３　金星は見えないが，火星は見えることがある。
４　金星も火星も見ることができない。

イ　表の惑星は地球型惑星と木星型惑星に分けることができる。木星型惑星と比較したときの地球型惑星の特徴を**直径**，**密度**という二つの語を用いて書きなさい。

2　次の（１）～（４）に答えなさい。(20 点)

（１）物質の状態変化について，次のア，イに答えなさい。

ア　水が液体から固体に状態変化するときの体積や質量の変化について述べたものとして最も適切なものを，次の１～４の中から一つ選び，その番号を書きなさい。

１　体積は変化しないが，質量は大きくなる。
２　体積は大きくなるが，質量は変化しない。
３　体積は変化しないが，質量は小さくなる。
４　体積は小さくなるが，質量は変化しない。

イ　下の表は，4 種類の物質の沸点と融点を表したものである。それぞれの物質の温度が 100 ℃であるとき，気体の状態のものを，下の表の中から**すべて選び**，その物質名を書きなさい。

物質	窒素	アルミニウム	水銀	エタノール
沸点〔℃〕	−196	2519	357	78
融点〔℃〕	−210	660	−39	−115

（２）下の図のような装置にうすい水酸化ナトリウム水溶液を入れて電流を流し，水の電気分解を行ったところ，陰極，陽極からそれぞれ気体が発生した。電流を流すのをやめ，たまった気体の体積を比べたところ，陰極側と陽極側の比はおよそ 2：1 であった。次のア，イに答えなさい。

ア　下線部を行う理由を書きなさい。

イ　陰極，陽極から発生した気体の名称をそれぞれ書きなさい。

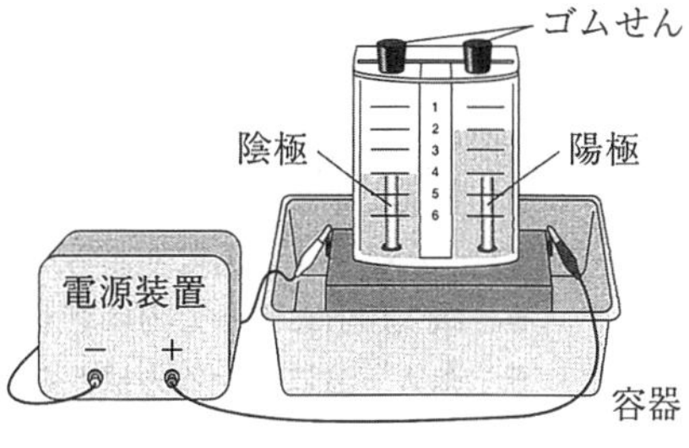

（３）音について，次のア，イに答えなさい。

ア　音の性質について述べたものとして適切なものを，次の１～４の中から一つ選び，その番号を書きなさい。

１　音は気体中だけ伝わる。
２　音は気体中や液体中では伝わるが，固体中では伝わらない。
３　音は気体中だけでなく，液体中や固体中も伝わる。
４　音は空気などの物質がまったくない真空中でも伝わる。

イ　右の図は，音《おん》さをたたいて出た音を，マイクロホンでパソコンに入力したときの波形を模式的に表したものである。この音の振動数は何 Hz か，求めなさい。ただし，図の横軸は時間を表し，１目盛りは 0.001 秒である。

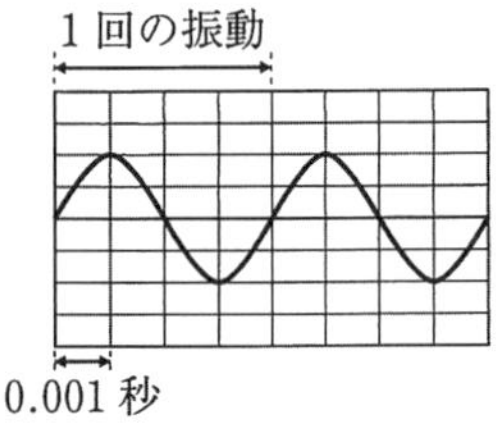

（４）図１のように，基準線と糸Ａのなす角度を 45°，基準線と糸Ｂのなす角度をＰとし，２本のばねばかりで力を加え，輪ゴムを点Ｏまで引き伸《の》ばし静止させた。図２は，図１を真上から見たもので，糸Ａ，Ｂにかかる力を矢印で表したものである。次のア，イに答えなさい。ただし，図２の方眼の１目盛りを 0.5 Ｎとし，力を表す矢印の長さはばねばかりで示した値の大きさを表しているものとする。また，糸の伸びは考えないものとする。

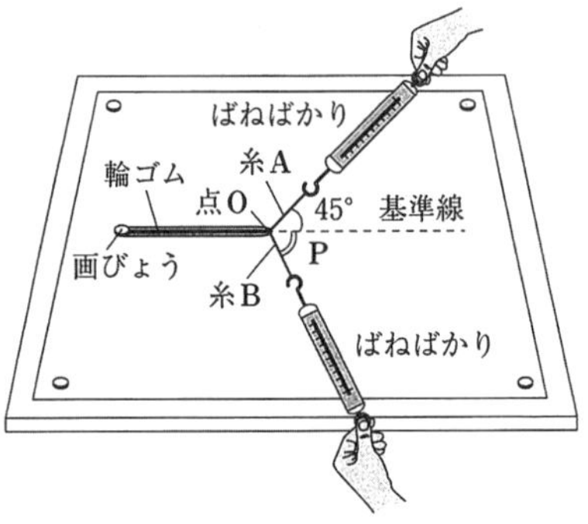

図１

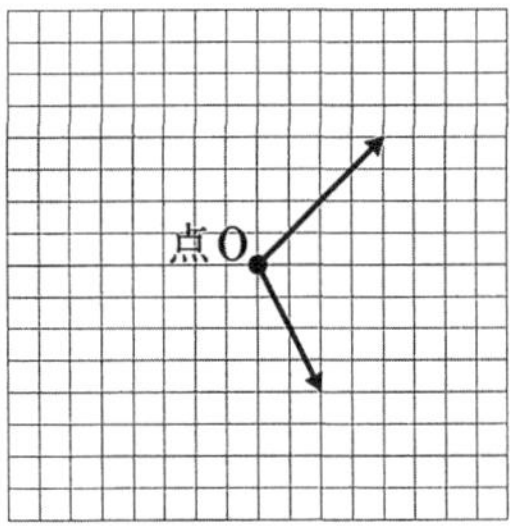

図２

ア　図２において，糸Ａ，Ｂが輪ゴムを引く力の合力の大きさは何Ｎか，求めなさい。

イ　輪ゴムを点Ｏまで引き伸ばし静止させ，基準線と糸Ａのなす角度を 45° に保ったまま，Ｐを 90° にしたとき，図１のときと比べて糸Ａ，Ｂにかかる力はどのようになるか。適切なものを，次の１～６の中から一つ選び，その番号を書きなさい。

１　糸Ａにかかる力は大きくなるが，糸Ｂにかかる力は小さくなる。
２　糸Ａにかかる力は小さくなるが，糸Ｂにかかる力は大きくなる。
３　糸Ａにかかる力は変わらないが，糸Ｂにかかる力は大きくなる。
４　糸Ａにかかる力は変わらないが，糸Ｂにかかる力は小さくなる。
５　糸Ａ，Ｂにかかる力はどちらも大きくなる。
６　糸Ａ，Ｂにかかる力はどちらも小さくなる。

K 教英出版

国語放送台本

※教英出版注
音声は，解答集の書籍ID番号を教英出版ウェブサイトで入力して聴くことができます。

今から、国語の、放送による検査を行います。はじめに、解答用紙を出して、受検番号を決められた欄に記入してください。

（間5秒）

次に、問題用紙の2ページを開いてください。

（間3秒）

□《しかく》一は、【資料】を見ながら放送を聞いて、質問に答える問題です。

（間2秒）

ある二つの中学校の生徒が集まり、代表者会議をしました。参加者は、第一中学校の山田さん、吉井さん、東中学校の高橋さんの三人で、山田さんが司会を務めます。これから、その会議の様子を紹介します。そのあとで、四つの問題を出します。それを聞いて、解答用紙の(1)、(2)、(3)、(4)、それぞれの欄に答えを書きなさい。会議の様子、問題は、それぞれ一回しか言いません。必要なことは、メモを取ってもかまいません。

それでは、始めます。

（間3秒）

[山田さん]

こんにちは。私は司会の山田です。今日の会議の目的は、それぞれの学校で行っている環境保全の活動の内容と今後の見通しを知ることで、活動の活性化につなげるためです。まず第一中学校の吉井さんから、活動の内容と今後の見通しについて紹介してください。

（間2秒）

[吉井さん]

はい。第一中学校では月に一度、地域を回って廃品回収を行っています。各家庭を訪問して新聞紙や雑誌、段ボールなどの古紙を回収しています。集めた古紙は業者に渡り、新しい紙の原料になります。廃品回収日には、町内会の方もいらっしゃって一緒に活動することもあります。今は古紙の回収しか行っていないので、今後は、回収品の種類を増やすことを、町内会の方と相談していきたいです。

（間2秒）

[山田さん]

ありがとうございます。回収した古紙が新しい紙の原料に変わると、資源の節約になりますよね。それでは、次に東中学校の高橋さん、紹介してください。

（間2秒）

[高橋さん]

はい。東中学校では再利用できるものとできないものを分別して、ゴミの量を減らしています。特に、紙のゴミを減らすために、配布プリントの印刷がされていない面をメモ用紙として再利用するという活動に、力を入れています。これは、学校内で使用する紙の量を抑え、資源を守ることにもなります。

（間2秒）

※教英出版注
音声は，解答集の書籍ＩＤ番号を教英出版ウェブサイトで入力して聴くことができます。

英　語　放　送　台　本

今から，英語の，放送による検査を行います。はじめに，解答用紙を出して，受検番号を決められた欄に記入してください。（間５秒）次に，問題用紙の２ページを開いてください。（間３秒）

□《しかく》１は放送による検査です。問題は（１）から（４）まであります。必要があればメモを取ってもかまいません。それでは（１）から始めます。（間３秒）

（１）は，英文と質問を聞いて，適切なものを選ぶ問題です。問題は，ア，イ，ウの三つあります。質問の答えとして最も適切なものを，１，２，３，４の中からそれぞれ一つ選んで，その番号を解答用紙に書きなさい。英文と質問は一回だけ読みます。（間２秒）それでは始めます。（間３秒）

アの問題（間２秒）
I found this sign, so I walked in the park with my dog. Which is the sign?
（間３秒）答えを書きなさい。（間３秒）

イの問題（間２秒）
My birthday is October 21st. Kanako's birthday is one month after my birthday. When is Kanako's birthday?
（間３秒）答えを書きなさい。（間３秒）

ウの問題（間２秒）
You are talking with John. You want to know his favorite food. What will you ask him?
（間３秒）答えを書きなさい。（間３秒）

これで（１）を終わります。（間３秒）では，（２）に移ります。（間３秒）

（２）は，美術館の館内放送を聞いて，質問に答える問題です。問題は，ア，イ，ウの三つあります。はじめに，英文を読みます。次に，質問を読みます。そのあと，もう一度，英文と質問を読みます。質問の答えとして最も適切なものを，１，２，３，４の中からそれぞれ一つ選んで，その番号を解答用紙に書きなさい。（間２秒）それでは始めます。（間３秒）

Thank you for coming to our museum. We have an international art event this month. On the second floor, you can see Japanese art. If you want to enjoy foreign art, please go to the third floor. On the first floor, we have a restaurant and you can eat traditional dishes from many countries. If you eat lunch there, we will give you a postcard as a present. In front of this museum, a special art shop is open only this week. The museum and the shop are closed at 7 p.m., but the restaurant is open until 9 p.m. Enjoy our museum. Thank you.（間３秒）

アの問題（間２秒）If people want to see foreign art, where do they go?（間４秒）

イの問題（間２秒）What can people do on the first floor?（間４秒）

ウの問題（間２秒）Which is true about the international art event?（間４秒）

英文と質問をもう一度読みます。（間２秒）（英文と質問を繰り返す）

受検番号

令和六年度県立高等学校入学者選抜学力検査

国語解答用紙

【注意】▒の欄には何も記入しないこと。

※100点満点

総計 /100

1

(1)	(2)	(3)	(4)
/4	/4	/4	/4

小計 /16

2

(1)

ア	イ	ウ	エ	オ
寸暇	峡谷	均衡	眺（める）	殊（に）

カ	キ	ク	ケ	コ
トウロク	ハソン	ジュウダン	スジミチ	ス（ます）

(2)

(1) ア〜オ	(1) カ〜コ	(2)
/5	/5	/2

小計 /12

3

(1) ア	(1) イ	(1) ウ	(2) ア	(2) イ
謂《ヒテ》晏子《ニ》曰《ハク》				
/2	/4	/4	/2	/2

小計 /14

/4

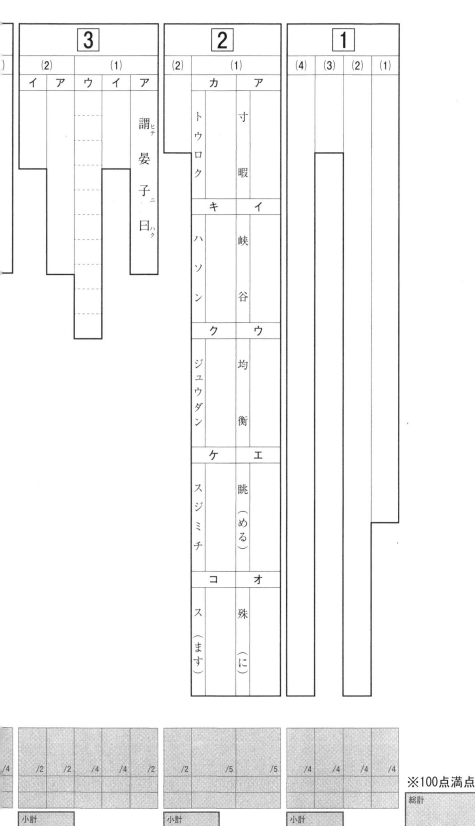

4	(1)	ア		/2
		イ		/2
		ウ		/2
	(2)	1		/3
		2		/3
		3		/3
	(3)			/6
			小計	/21

5	(1)	ア		イ		ウ		エ		/12
	(2)									/4
	(3)	ア		イ		ウ				/9
									小計	/25

(8)		/4
小計		/43

2	(1)	ア	分以上 分未満		/2
		イ			/3
	(2)	ア	Ⓐ		/2
			ⓘ		/2
			ⓤ		/2
		イ	A さんの家から峠まで km	峠から祖父の家まで km	/3
小計					/14

	/4
小計	/12

5	(1)	ア			/2
		イ			/3
	(2)	ア	ⓤ		/2
			ⓔ		/3
		イ	人		/4
小計					/14

				/3
				小計 /15

3	(1)	ア		/2
		イ		/2
	(2)	ア	宗派　　　人物	/3
		イ		/2
	(3)	ア		/3
		イ		/3
				小計 /15

4	(1)			/2
	(2)	→ →		/3
	(3)			/3
	(4)			/2
	(5)	ア		/2
		イ		/3
				小計 /15

			/3
	(3)		/2
	(4)		/3
			小計 /14

7	(1)				/2
	(2)				/2
	(3)				/3
	(4)	ア	A		/2
			B		/2
		イ			/2
					小計 /13

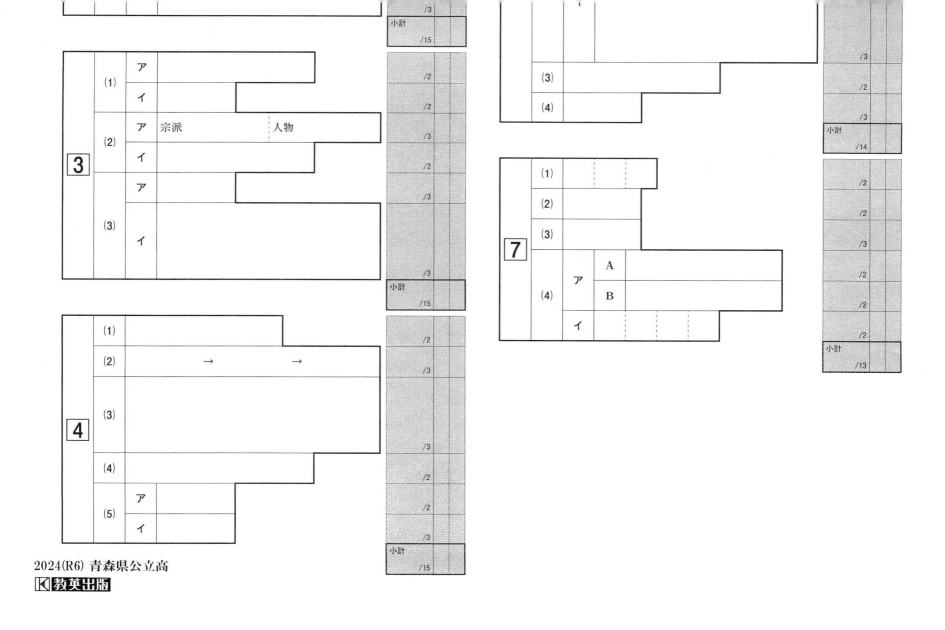

2			陽極	/3
	(3)	ア		/2
		イ	Hz	/3
	(4)	ア	N	/2
		イ		/3
			小計	/20

3	(1)	ア		倍	/2
		イ			/3
		ウ	①		/2
			②		/2
	(2)	ア			/3
		イ			/3
				小計	/15

				/2
		イ	秒間	/3
			小計	/15

6	(1)	ア		/2
		イ		/3
		ウ		/3
	(2)	ア		/3
		イ	22時　分　秒	/3
		ウ	秒	/3
			小計	/17

教英出版

受　検　番　号

令和6年度県立高等学校入学者選抜学力検査

理　　科　　解 答 用 紙

※100点満点

【注意】　の欄には何も記入しないこと。

総計
/100

1				
	(1)	ア		/2
		イ		/3
	(2)	ア		/2
		イ		/3
	(3)			/3
	(4)	ア		/2
		イ		/3
			小計	/18

	(1)	ア		/2
		イ		/3
		ア		

4				
	(1)	ア		/2
		イ		/3
		ウ	cm³	/3
	(2)	ア		/3
		イ	g	/4
			小計	/15

5				
	(1)	ア		/2
		イ	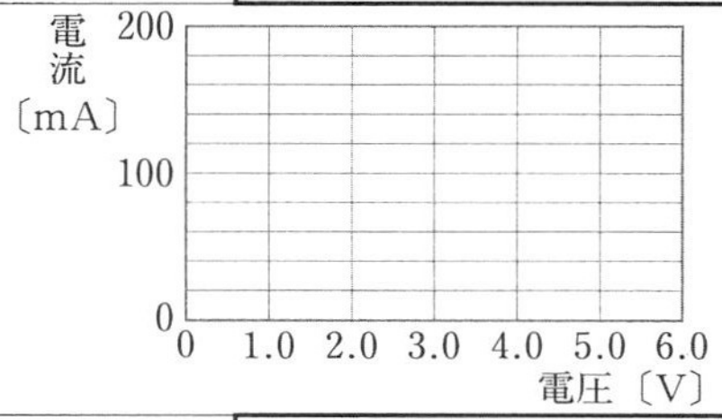	/3
		ウ		/3

【解答

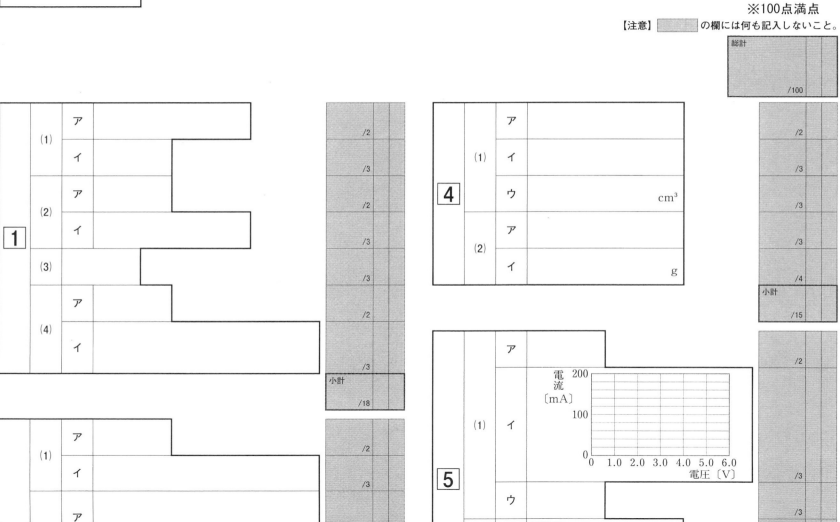

4				
	(1)	ア		/2
		イ		/2
		ウ		/2
	(2)	1		/3
		2		/3
		3		/3
	(3)			/6
				小計 /21

5										
	(1)	ア		イ		ウ		エ		/12
	(2)									/4
	(3)	ア		イ		ウ				/9
										小計 /25

	(8)		/4
		小計	/43

2	(1)	ア	分以上　　分未満	/2
		イ		/3
	(2)	ア	㋐	/2
			㋑	/2
			㋒	/2
		イ	A さんの家から峠まで　km ／ 峠から祖父の家まで　km	/3
			小計	/14

	/4
小計	/12

5	(1)	ア		/2
		イ		/3
	(2)	ア	㋒	/2
			㋓	/3
		イ	人	/4
			小計	/14

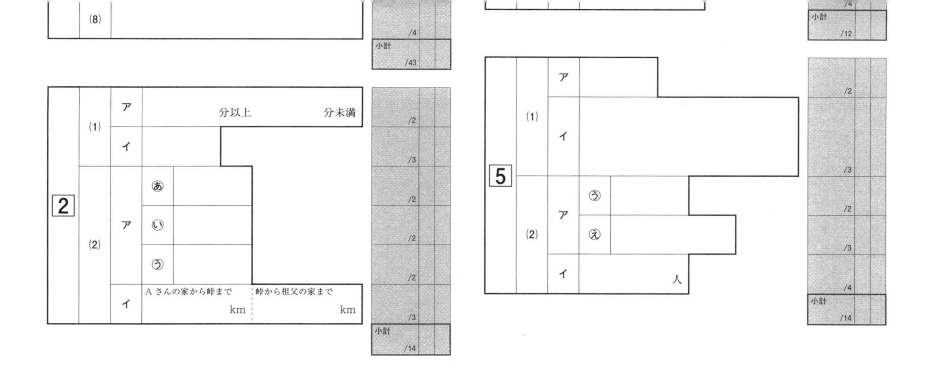

		/3
小計		/15

3	(1)	ア		/2
		イ		/2
	(2)	ア	宗派　　　人物	/3
		イ		/2
	(3)	ア		/3
		イ		/3
小計				/15

4	(1)			/2
	(2)		→ →	/3
	(3)			/3
	(4)			/2
	(5)	ア		/2
		イ		/3
小計				/15

		/3
(3)		/2
(4)		/3
小計		/14

7	(1)				/2
	(2)				/2
	(3)				/3
	(4)	ア	A		/2
			B		/2
		イ			/2
小計					/13

教英出版

2				
			陽極	/3
	(3)	ア		/2
		イ	Hz	/3
	(4)	ア	N	/2
		イ		/3
				小計 /20

			/2
	イ	秒間	/3
			小計 /15

3					
	(1)	ア		倍	/2
		イ			/3
		ウ	①		/2
			②		/2
	(2)	ア			/3
		イ			/3
					小計 /15

6				
	(1)	ア		/2
		イ		/3
		ウ		/3
	(2)	ア		/3
		イ	22時 分 秒	/3
		ウ	秒	/3
				小計 /17

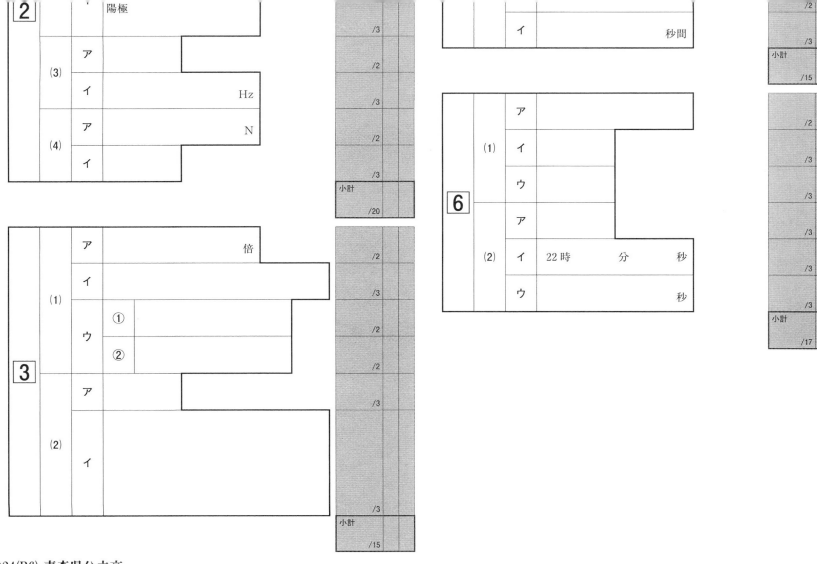

令和６年度県立高等学校入学者選抜学力検査

理　科　解答用紙

受検番号

※100点満点

【注意】　　の欄には何も記入しないこと。

総計		
/100		

1						
	(1)	ア		/2		
		イ		/3		
	(2)	ア		/2		
		イ		/3		
	(3)			/3		
	(4)	ア		/2		
		イ		/3		
			小計	/18		

	(1)	ア		/2		
		イ		/3		
		ア		/3		

4						
	(1)	ア		/2		
		イ		/3		
		ウ	cm³	/3		
	(2)	ア		/3		
		イ	g	/4		
			小計	/15		

5						
	(1)	ア		/2		
		イ	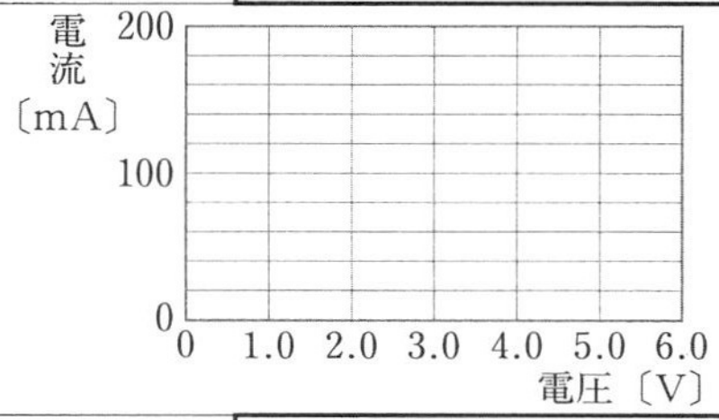	/3		
		ウ		/3		

【解答

受　検　番　号

令和６年度県立高等学校入学者選抜学力検査

社　会　解　答　用　紙

※100点満点

【注意】　　の欄には何も記入しないこと。

総計		
/100		

				配点
1	(1)		大陸	/2
	(2)			/2
	(3)	ア		/2
		イ	帯	/2
		ウ	2　　4	/3
	(4)		時間	/3
			小計	/14

				配点
2	(1)		山地	/2
	(2)			/2
	(3)			/2
	(4)			/3
		ア		/3
			大消費地に近い条件を生かし，	

				配点
5	(1)	ア	海里	/2
		イ		/2
		ウ		/2
	(2)	ア		/2
		イ		/2
		ウ		/2
	(3)			/2
			小計	/14

				配点
	(1)	ア		/2
		イ	制度	/2
		ア		/2

【解答

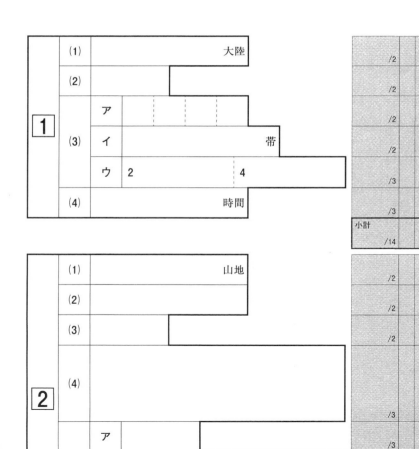

受　検　番　号

令和６年度県立高等学校入学者選抜学力検査

数　　学　　解 答 用 紙

※100点満点

【注意】 （網掛け）の欄には何も記入しないこと。

総計		
/100		

1	(1)	ア		/3		
		イ		/3		
		ウ		/3		
		エ		/3		
		オ		/3		
	(2)			/4		
	(3)		個	/4		
	(4)			/4		
	(5)	$a=$		/2		
		$b=$		/2		
	(6)					

3	(1)	ア		cm	/2		
		イ		度	/2		
		ウ		cm	/3		
	(2)	ア	あ		/2		
			い		/2		
			う		/2		
		イ		cm	/4		
				小計	/17		

4	(1)			/2		
	(2)		cm	/3		

【解答

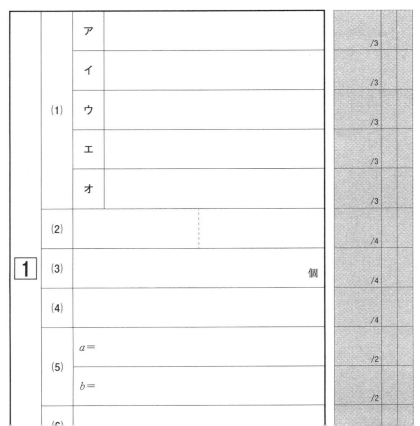

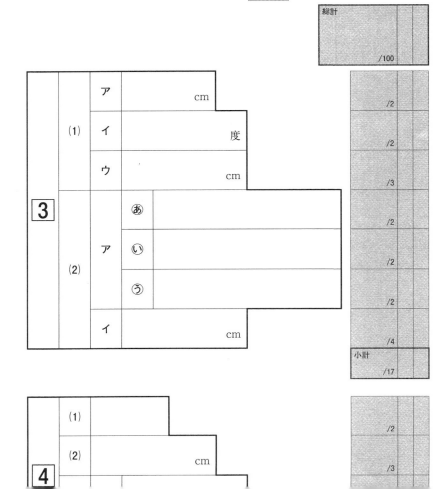

受　検　番　号

令和６年度県立高等学校入学者選抜学力検査

英　語　解　答　用　紙

※100点満点

【注意】　　　の欄には何も記入しないこと。

総計
/100

1	(1)	ア		イ		ウ		/9	
	(2)	ア		イ		ウ		/9	
	(3)	ア		イ				/6	
	(4)	(					)	/3	小計 /27

2	(1)	ア	You (　　　) places.	/2	
		イ	Can (　　　) to her?	/2	
		ウ	You (　　　).	/2	
	(2)			/2	
	(3)	1		/3	
		2		/3	小計 /14

	(1)	A		B		C		

【解答

4

(3)	(4)	(5)
	/4	/6

小計 /22

5

(1)	(2)	(3)	(4)	(5) A	(5) B	(6)
/4	/4	/4	/4	/2	/4	/4

小計 /26

6

/10

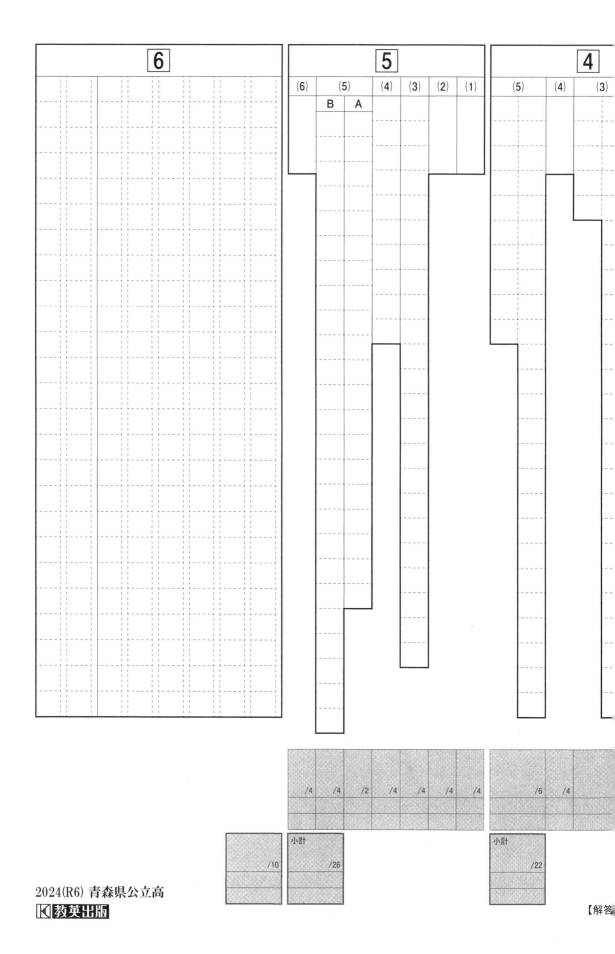

これで（**2**）を終わります。（間３秒）では，（**3**）に移ります。（間３秒）

（**3**）は，タカシとリサの対話の一部を聞いて，質問に答える問題です。問題は，**ア**，**イ**の二つあります。はじめに，対話を読みます。次に，質問を読みます。質問の答えとして最も適切なものを，**1**，**2**，**3**，**4**の中からそれぞれ一つ選んで，その番号を解答用紙に書きなさい。対話と質問は二回読みます。（間２秒）それでは始めます。（間３秒）

アの問題（間２秒）
Takashi： Lisa, how about this book about history?（間１秒）
Lisa　： Thank you. This is good for me. Where did you find it?（間１秒）
Takashi： Over there. There are more books about history.（間１秒）
Lisa　： How many books can I borrow in a day?（間２秒）

Question： Where are they talking?

（間２秒）もう一度読みます。（間２秒）（対話と質問を読む）（間２秒）答えを書きなさい。（間３秒）

イの問題（間２秒）
Lisa　： Takashi, I will go to the Central Stadium tomorrow.（間１秒）
Takashi： It's a long way from here. You should go there by bus.（間１秒）
Lisa　： Oh, really? How long does it take to go to the stadium by bus?（間２秒）

Question： What will Takashi say next?

（間２秒）もう一度読みます。（間２秒）（対話と質問を読む）（間２秒）答えを書きなさい。（間３秒）

これで（**3**）を終わります。（間３秒）では，（**4**）に移ります。（間３秒）

（**4**）は，リー先生の話を聞いて，質問に答える問題です。話の最後の質問に対して，あなたなら何と答えますか。あなたの答えを解答用紙に英文で書きなさい。リー先生の話は二回読みます。（間２秒）それでは始めます。（間３秒）

Hi, everyone. I want to ask you a question. Next week, we will have 10 students from America. They will visit our school. I want you to spend a good time with them. What do you want to do with them?

（間２秒）もう一度読みます。（間２秒）（英文を読む）（間２秒）答えを書きなさい。（間25秒）

これで，放送による検査を終わります。あとの問題を続けてやりなさい。

［山田さん］
なるほど。まだ使えるものを再利用することは、ゴミの削減に向けて有効な取り組みですね。こちらも資源の節約になりますね。高橋さん、東中学校の今後の見通しについても教えてください。
（間2秒）

［高橋さん］
はい。現在、環境保全の活動は学校内での活動のみとなっています。私たちは今後、活動の範囲を地域にも広げていきたいです。その第一歩として私たちには何ができるかを考えているところです。第一中学校の吉井さん、何かアイデアはないでしょうか。
（間2秒）

［吉井さん］
そうですね。地域の方に環境保全について意識してもらえるように、ポスターを作るのはどうでしょうか。それを見た地域の方に、一人一人の小さな取り組みでも環境保全につながるということを意識してもらえるのではないでしょうか。
（間3秒）

以上、会議の様子はここまでです。続いて問題に移ります。

(1)の問題。資料1の空欄に入る適切な内容を書きなさい。
（間20秒）

(2)の問題。吉井さんは、今後、どのようなことを町内会の方と相談していきたいと言っていましたか。書きなさい。
（間25秒）

(3)の問題。司会の山田さんの会議の進め方の説明として最も適切なものを、これから言う、1、2、3、4の中から一つ選んで、その番号を書きなさい。

1 話し合いが活発に行われるように、発表者に自由な発言を促して進めている。

2 話し合いをスムーズに行うために、一人一人の発表時間を指示して進めている。

3 発表された内容に自分の感想を付け加えて、話の内容をまとめて進めている。

4 発表された内容に疑問を投げかけて、話し合いの方向を変えて進めている。
（間10秒）

(4)の問題。資料2は、高橋さんが会議のあとに作ったポスターです。「資源」という語を使って、キャッチコピーを考えて書きなさい。
（間40秒）

これで、放送による検査を終わります。では、あとの問題を続けてやりなさい。

3 植物のはたらきを調べるために，下の**実験1**，**2**を行った。次の（1），（2）に答えなさい。（15点）

実験1　図1のように，同じ大きさのオオカナダモを，水の入った試験管PとQにそれぞれ入れ，Qの外側をアルミニウムはくでおおった。2本の試験管に日光を半日ほど当てた後，PとQそれぞれのオオカナダモの先端の葉を取って，Ⓐ顕微鏡で観察したところ，PとQから取り出した両方の葉の細胞の中に，緑色の小さな粒が見られた。次に，両方の葉を熱湯につけてから，Ⓘ温《あたた》めたエタノールに入れ，5分後によく水洗いをし，ヨウ素液を加えた。その後，顕微鏡で観察したところ，Pから取り出した葉の小さな粒だけ青紫色に染まっていた。

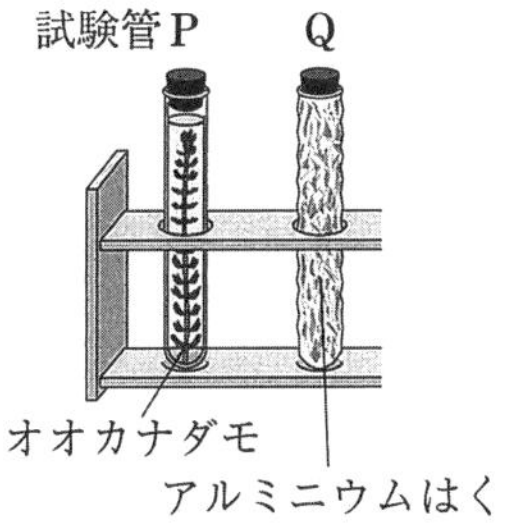

図1

実験2

手順1　透明なポリエチレン袋A～Dを用意し，AとCにはアジサイの葉を入れた。

手順2　すべての袋に十分に空気を入れた後，袋の中の酸素と二酸化炭素の濃度を測定して密封し，図2のようにAとBは日光が当たる場所に置き，CとDは暗い場所に置いた。

手順3　3時間後に再びA～Dの酸素と二酸化炭素の濃度を測定し，**手順2**で測定した濃度と比べ，その結果を下の表にまとめた。

ポリエチレン袋	A	B	C	D
酸素の濃度	増加した	変化なし	減少した	変化なし
二酸化炭素の濃度	減少した	変化なし	増加した	変化なし

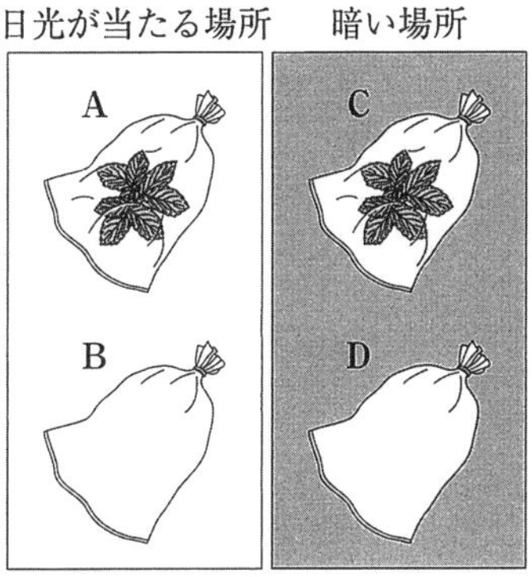

図2

（1）**実験1**について，次のア～ウに答えなさい。

ア　下線部Ⓐでは15倍の接眼レンズと40倍の対物レンズを用いた。この顕微鏡の倍率を求めなさい。

イ　下線部Ⓘを行う理由を書きなさい。

ウ　下の文は，**実験1**の結果について述べたものである。文中の［①］，［②］に入る適切な語を書きなさい。

> 日光を当てたPから取り出した葉の小さな粒だけが青紫色に染まったことから，光合成は緑色の小さな粒である［①］で行われ，ここで［②］という物質がつくられることがわかった。

（2）**実験2**について，次のア，イに答えなさい。

ア　次のⅠ，Ⅱのことを明らかにするためには，図2のどの袋とどの袋の結果を比べることでわかるか。比べる袋のそれぞれの組み合わせとして最も適切なものを，次の1～6の中から一つ選び，その番号を書きなさい。

Ⅰ　日光を当てても，植物がなければ二酸化炭素の濃度は減少しないこと。
Ⅱ　植物の葉があっても，日光が当たらなければ二酸化炭素の濃度は減少しないこと。

1　Ⅰ　AとB　Ⅱ　AとC　　2　Ⅰ　AとB　Ⅱ　AとD
3　Ⅰ　AとC　Ⅱ　AとB　　4　Ⅰ　AとC　Ⅱ　AとD
5　Ⅰ　AとD　Ⅱ　AとB　　6　Ⅰ　AとD　Ⅱ　AとC

イ　植物は，日光が当たるところでは光合成と呼吸の両方を行っている。Aが表のような結果になった理由を，**光合成**，**呼吸**という二つの語を用いて書きなさい。

4 酸とアルカリを混ぜ合わせたときの変化を調べるために，下の**実験１**，**２**を行った。次の（１），（２）に答えなさい。(15点)

実験１　うすい塩酸を４つのビーカー**A**～**D**に6 cm^3ずつ入れ，ＢＴＢ溶液を数滴加えたところ，水溶液の色がすべて黄色になった。次に，ビーカー**A**～**D**にそれぞれ5 cm^3，10 cm^3，15 cm^3，20 cm^3のうすい水酸化ナトリウム水溶液を加えてかき混ぜ，水溶液の色を観察したところ，ビーカー**C**の水溶液が中性であることがわかった。下の表は，その結果をまとめたものである。

ビーカー	A	B	C	D
加えたうすい水酸化ナトリウム水溶液の体積〔cm^3〕	5	10	15	20
かき混ぜた後の水溶液の色	黄	黄	（　）	青

実験２　うすい硫酸10 cm^3の入ったビーカーに，うすい水酸化バリウム水溶液を5 cm^3加えると，白い沈殿ができた。さらに，水酸化バリウム水溶液を5 cm^3ずつ加えていき，沈殿について調べた。

（１）**実験１**について，次の**ア**～**ウ**に答えなさい。

ア　表の（　　）に入る適切な色を書きなさい。

イ　ビーカー**B**の水溶液中に，最も多くふくまれるイオンの化学式を書きなさい。

ウ　ビーカー**D**の水溶液を中性にするためには，同じうすい塩酸を何 cm^3加えればよいか，求めなさい。

（２）**実験２**について，次の**ア**，**イ**に答えなさい。

ア　白い沈殿の化学式を書きなさい。

イ　右の図は，うすい硫酸10 cm^3に加えたうすい水酸化バリウム水溶液の体積とできた白い沈殿の質量の関係を表したものである。別のビーカーに，同じうすい硫酸を35 cm^3入れ，同じうすい水酸化バリウム水溶液を80 cm^3加えた。このとき，ビーカー内にできる白い沈殿の質量は何 g と考えられるか，求めなさい。

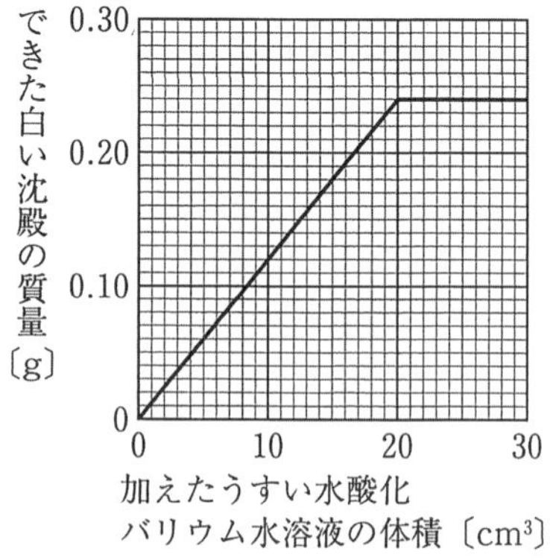

5 電圧と電流の関係について調べるために，下の**実験1，2**を行った。次の（1），（2）に答えなさい。(15点)

実験1　図1のように，抵抗器Aを用いて回路をつくり，電源装置の電圧を変えて，抵抗器Aに加わる電圧の大きさと回路に流れる電流の大きさの関係を調べた。図1のXとYは，電流計か電圧計のどちらかであり，PはXの端子である。下の表は，その結果をまとめたものである。

電圧計の値〔V〕	0	1.0	2.0	3.0	4.0	5.0	6.0
電流計の値〔mA〕	0	20	40	60	80	100	120

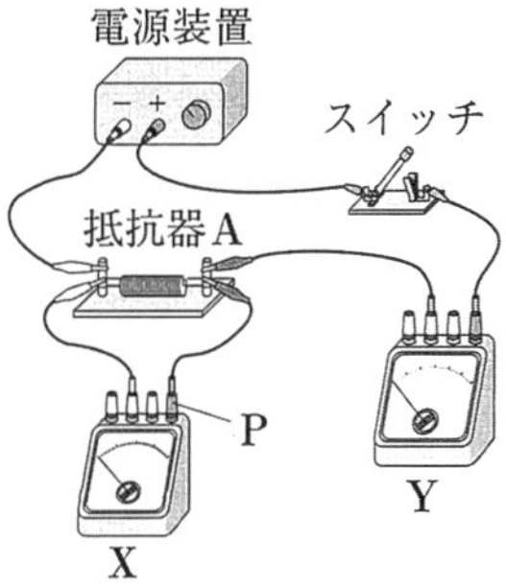

図1

実験2　抵抗の大きさが20Ω，30Ω，40Ωのいずれかである抵抗器B，C，Dを用いて，図2，3のように2つの回路をつくり，回路のab間の電圧の大きさと点aを流れる電流の大きさを調べた。図4は，その結果をまとめたものである。

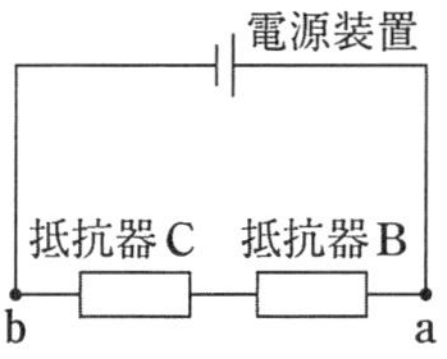

図2

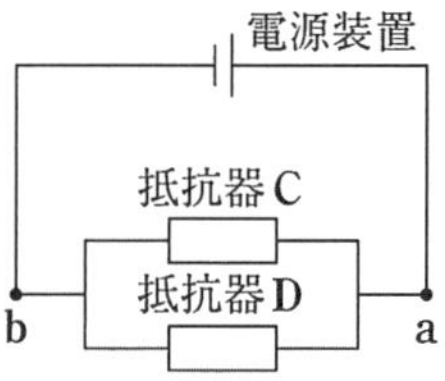

図3

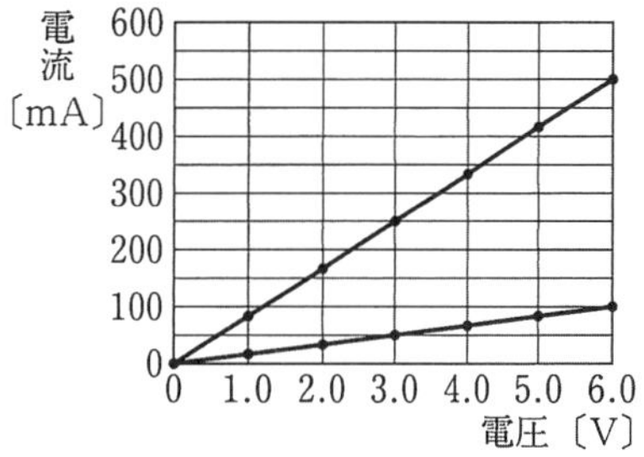

図4

（1）**実験1**について，次のア～ウに答えなさい。

ア　図1のPとして適切なものを，次の1～4の中から一つ選び，その番号を書きなさい。

1　電流計の＋端子　　2　電流計の－端子　　3　電圧計の＋端子　　4　電圧計の－端子

イ　抵抗器Aに加わる電圧と抵抗器Aを流れる電流の関係を表すグラフをかきなさい。

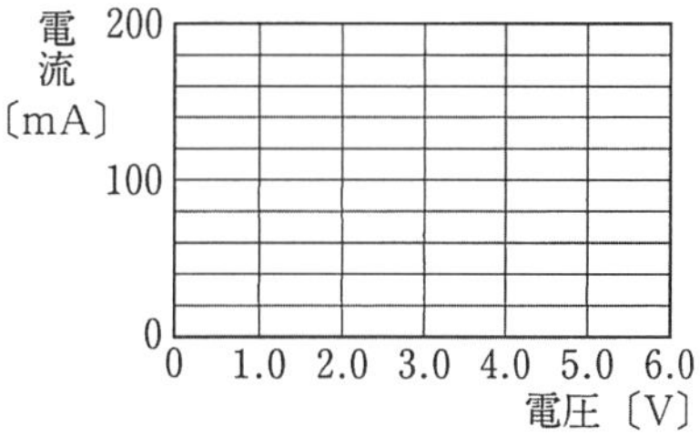

ウ　抵抗器Aに加える電圧を2倍にすると，抵抗器Aで消費される電力は何倍になるか。適切なものを，次の1～4の中から一つ選び，その番号を書きなさい。

1　4分の1　　2　2倍
3　2分の1　　4　4倍

（2）**実験2**について，次のア，イに答えなさい。

ア　抵抗器B，Dの抵抗は何Ωか，それぞれ求めなさい。

イ　下の文は，図2，3の回路の電力と電力量の関係について述べたものである。文中の（　　）に入る時間は何秒間か，求めなさい。

> ab間の電圧の大きさを9.0Vにしたとき，図2において，電流を1分間流したときの電力量と，図3において，電流を（　　）秒間流したときの電力量は等しい。

6 下の資料１，２は，大地の活動についてまとめたものである。次の（１），（２）に答えなさい。(17点)

資料１

右の図のように，日本列島付近には，４つのプレートが集まっており，それぞれのプレートは，さまざまな方向にゆっくりと動いている。このため，プレートの動きにともない，地下の岩石に大きな力がはたらいて変形する。(あ)<u>岩石が変形にたえられなくなると破壊され，割れてずれが生じ</u>，地震が発生する。

日本海溝付近では，[A] プレートが沈《しず》み込むときに，[B] プレートが引きずられ，変形にたえきれなくなり反発することで大きな地震が発生する。また，(い)<u>地震が原因となり，さまざまな現象が起こる</u>ことがある。

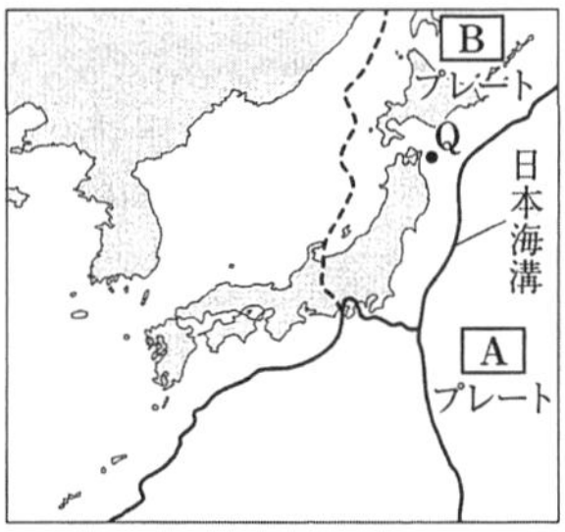

資料２

ある日に資料１の地点Qを震源とする(う)<u>マグニチュード</u>5.2の地震が発生した。下の表は，青森県の観測地点X～Zにおける震源からの距離，P波とS波の到達時刻をまとめたものである。ただし，P波とS波の進む速さは，それぞれ一定であるものとする。

観測地点	震源からの距離	P波の到達時刻	S波の到達時刻
X	63 km	22時23分27秒	22時23分39秒
Y	105 km	22時23分33秒	22時23分53秒
Z	210 km	22時23分48秒	22時24分28秒

（１）資料１について，次のア～ウに答えなさい。

ア　下線部(あ)について，岩石が割れてずれた場所を何というか，書きなさい。

イ　資料１中の [A]，[B] に入る語の組み合わせとして適切なものを，次の１～４の中から一つ選び，その番号を書きなさい。

１　A　太平洋　B　北アメリカ　　２　A　フィリピン海　B　北アメリカ
３　A　太平洋　B　ユーラシア　　４　A　フィリピン海　B　ユーラシア

ウ　下線部(い)について，地震のゆれにより，地面が急にやわらかくなる現象が起こり，砂や水がふき出して，建物が沈むことがある。このような現象として最も適切なものを，次の１～４の中から一つ選び，その番号を書きなさい。

１　地すべり　　２　津波　　３　土砂くずれ　　４　液状化

（２）資料２について，次のア～ウに答えなさい。

ア　下線部(う)について述べたものとして最も適切なものを，次の１～４の中から一つ選び，その番号を書きなさい。

１　10段階に分けられている。
２　地震の規模を表している。
３　震源から遠くなるにつれて値は小さくなる。
４　値が１大きくなると地震のエネルギーは約２倍になる。

イ　この地震の発生時刻は22時何分何秒と考えられるか，求めなさい。

ウ　この地震のゆれを，震源からの距離が147 kmの青森県のある地点で観測したとき，初期微動継続時間は何秒と考えられるか，求めなさい。

2024(R6) 青森県公立高
教英出版

令和五年度県立高等学校入学者選抜学力検査

青森県公立高等学校

国　語

時間50分

（8時45分～9時35分）

注　意

1 **問題の[1]は放送による検査です。**問題用紙は放送による指示があるまで開いてはいけません。
2 問題用紙は表紙を入れて八ページあり、これとは別に解答用紙が一枚あります。
3 受検番号は、検査開始後、解答用紙の決められた欄に記入しなさい。
4 机の上に置けるものは、受検票・鉛筆（シャープペンシルも可）・消しゴム・鉛筆削りです。
5 筆記用具の貸し借りはいけません。
6 問題を読むとき、声を出してはいけません。
7 印刷がはっきりしなくて読めないときや、筆記用具を落としたときなどは、だまって手をあげなさい。
8 「やめなさい」という合図ですぐに書くのをやめ、筆記用具を置きなさい。

答えの書き方

1 答えは、問題の指示に従って、すべて解答用紙に記入しなさい。
2 答えはていねいに書きなさい。答えを書き直すときは、きれいに消してから書きなさい。
3 答えを漢字で書く場合は、楷書《かいしょ》で書きなさい。

2023(R5) 青森県公立高
教英出版

1 放送による検査（16点）

※教英出版注
音声は，解答集の書籍ＩＤ番号を教英出版ウェブサイトで入力して聴くことができます。

【資料】

資料1　放送委員会での話し合いの記録

放送委員会

○生徒総会での意見
昼の放送について、もっと興味をもてる内容にしてほしい。
↓
○生徒が放送に興味をもてない理由
内容が［　　　　　　］。

○委員から出された案
・アンケート
・クイズ
・インタビュー

資料2　インタビューのためのメモ

○インタビューする相手
卓球部　井上太郎さん
（3年1組）

○集めた情報
・小学校5年生から卓球を始めた。
・卓球部部長。
・シングルスで県大会優勝。
・先週、東北大会に出場。

○井上さんの思いや考えをきく質問
［　　　　　　］

2 次の(1)、(2)に答えなさい。（12点）

(1) 次のア～オの――の漢字の読みがなを書きなさい。また、カ～コの――のカタカナの部分を楷書《かいしょ》で漢字に書き改めなさい。

ア　褐色のかばんを購入する。
イ　迅速な対応を心がける。
ウ　彼は寡黙で落ち着きがある。
エ　運動会を明日に控える。
オ　前の列との間を狭める。
カ　停電はすぐにフッキュウした。
キ　新企画をゴクヒのうちに進める。
ク　休日に公園をサンサクする。
ケ　チョークのコナが手につく。
コ　船の上から海に釣り糸をタらす。

(2) 次の――のカタカナの部分を漢字で表したとき、その漢字と同じ漢字が使われている熟語を、あとの1～4の中から一つ選び、その番号を書きなさい。

一歩ずつケンジツに勉強する。

1　謙虚　　2　貢献　　3　賢明　　4　堅固

3 次の(1)、(2)に答えなさい。（14点）

(1) 次の文章を読んで、あとの**ア**～**ウ**に答えなさい。

弥生《やよひ》も末の七日《なぬか》、明《あけ》ぼのの空朧々《ろうろう》として（ぼんやりとして）、月は有《あり》あけにてひかりおさまれるものから、富士の峰幽《かすか》に見えて、上野・谷中《やなか》（注1）の花のこずゑ、又いつかは（またいつの日に見られるのか）と心ぼそし。むつましきかぎり（親しい人々は皆）は宵よりつどひて、舟に乗りて送る。千じゅ（注2）と云《い》ふ所にて舟をあがれば、前途《せんど》三千里（この先の三千里もあろうかという非常に長い道のり）のおもひ胸にふさがりて、幻のちまた（はかないこの世の分かれ道）に離別の泪《なみだ》をそそぐ。

——松尾芭蕉《まつおばしょう》『おくのほそ道』より——

（注1）上野・谷中……旅立つ芭蕉が船着き場に向かう途中に通った場所。
（注2）千じゅ……千住という地。ここから芭蕉の旅が本格的に始まる。

ア こずゑ とありますが、**すべてひらがな**で**現代かなづかい**に書き改めなさい。

イ 幽に見えて とありますが、その理由として最も適切なものを、次の**1**～**4**の中から一つ選び、その番号を書きなさい。

1 一月で雪が降っていたから。 **2** 空が少し明るくなったから。
3 月の光がまぶしすぎたから。 **4** 富士山が花で隠れていたから。

ウ ある生徒が、本文の内容について次のようにまとめました。[　　] に入る適切な内容を、**三十字以内**で書きなさい。

> 作者は、旅に出るにあたり、「花をまたいつの日に見られるのか」という心細さを感じている。親しい人々が、舟に乗って送ってくれる。舟から上がると、「この人たちとはもう会えなくなるかもしれない」と感じ、[　　]こともあって、はかないこの世での皆との別れに涙を流した。

(2) 次の漢詩を読んで、あとの**ア**、**イ**に答えなさい。

春暁《しゅんげう》　孟浩然《まうかうねん》

A 春眠暁を覚えず　　春眠不レ覚エレ暁ヲ
B 処処[　　]　　処処聞二ク啼鳥一ヲ
C 夜来風雨の声　　夜来風雨ノ声
D 花落つること知る多少　　花落ツルコト知ル多少

ア 書き下し文の[　　]に入る適切な語句を書きなさい。

イ 場面が大きく転換するのは、どの句か。**A**～**D**の中から一つ選び、その記号を書きなさい。

2023(R5) 青森県公立高
教英出版

4 次の文章を読んで、あとの(1)〜(5)に答えなさい。（22点）

オーケストラのあの豊饒《ほうじょう》な響きは、孤独な魂が、なお他者とひとつになることを試みる、という葛藤のなかからしか生まれ得ないものだ。

どんなに耳を澄ましても聞こえようもない小さな音にまで、オーケストラの奏者がこだわりを見せるのも、その調和を願えばこそ、だ。わずかな音の差が全体のパフォーマンスに影響することを知っている者の責任感が(あ)そうさせる。だから現場で音を発するときの奏者は、全員が皆「自分の奏でる音は正しい音である」ことを信じている。その確信がなければ、怖くてオケ(注1)のなかで音を出すことなど不可能だ。しかもそれは、まわりとの調和をはかることを要求される音でもある。自分とは違う他者の音に寄り添うことを前提に、自分の信じる正しい音を作るという芸当が至難の業であることは容易に想像がつこう。でも、それをしないことにはオーケストラメンバーとしての使命を果たすことはできない。

ただ、もう一方の真実は、オケで正しい音を奏することは結果的には誰にもできていない、という事実でもある。それぞれの奏者の奏でる音はそれぞれに微妙にずれているからだ。ひとり一人の奏者は音楽家として美意識が異なり、価値観が異なるのだから当然ともいえる。音楽家としての訓練を受けてきたからには、そこには必ず奏者の解釈が加わる。こころひとつに音楽を奏でることを目指しているにもかかわらず、不一致の溝を埋めるにはあまりに芸術家としての自我が確立しているのだ。いかにまわりと合わせようとしても、埋めようのないずれが生じてしまうのもいたしかたなかろう。

アンサンブル(注2)に集中し、相互に音を聞き合うほどに、それは露《あら》わになる。発音のタイミングや音の立ち上がり、立ち下がり、音のつながりや切り方、強弱、ヴィブラート(注3)の周期や深さまで、すべての音のふるまいについて、鋭敏な耳はそのちがいを感知する。調和を願う心が、かえって奏者に疎外感をもたらす。オーケストラ奏者は自分の思い描く理想の音と、他人《ひと》の思い描く理想の音のあいだに挟まれて、いつもストレスを抱えている。互いが互いに対してちょっと迷惑なのだ。

ところが面白いことに、コンピュータを使い、音程はもとより発音のタイミング、音の立ち上がりなどすべての要素をぴたりと一致させてオーケストラ音楽をシミュレートすると……、これほど味気のない音もあるまいという音楽が聞こえてくるらしい。ずれを排除し、すべてが完璧に一致する音楽は砂をかむような響きだ、という。

そこで、さまざまな音楽的要素を微妙にずらしてみる。これが、(い)結構それらしく聞こえる、というではないか。本物のオーケストラの音を録音したかのようにさえ聞こえてくる瞬間もあるようだ。

こうした実験の結果から考えられるのは、じつはひとを包み込むような豊かで温かなオーケストラのサウンドは、それぞれの奏者の奏でる音の一致しなさから生まれてくるのではないかということだ。皆が一致することよりも、一致しないところに充実したオーケストラサウンドの魅力は隠されていると想像するほかはない。そう考えると、ますますオーケストラは社会のあるべき姿を映しているようではないか。

もしも成員の全員が一分のすきもなく、与えられた役目に同じことをする社会が実現したとしたら、それはとりもなおさず、あなたがあなたである必要はなく、私が私である必要のない社会を意味しよう。誰もが一つの課題に対し同じことを言い、同じ行動をとるのだから個人の顔の必要性はなくなる。そこにいるのが特定の誰かである必然性はない。誰かの代わりが見つからなくて困る、というようなことは原理的に起こりえない。誰がどのポジションにいようとも、いつでも替えがきくからだ。そんな(う)非人間的な社会で、ひとがいきいきと、各々《おのおの》の役割を果たせるとは思えない。

手触りのやさしい社会は、個々人の価値観が多少ずれていても、正否の基準が人によって違っていても、それを鷹揚《おうよう》(注4)に受け入れる共同体ではないか。端的にいうと、いつでも互いに迷惑をかけあえる集団であるはずだ。であればこそ、顔が見える。

だとすると、各奏者の発する音が微妙にずれるオーケストラは、全員が全員に対してずれているという事実ゆえに、一人としてその奏者に代わる者はいないことになる。互いに歩み寄ろうとしても埋めることのできない溝が、かけがえのない顔の象徴でもあったわけだ。

どうやら、ひとびとを魅了してやまないオーケストラの響きは、音楽観が違い、美意識が違い、正否の基準が違う奏者たちの多様な価値観から生み出されるものであったようだ。個性ある音楽家ならではのずれが一つずつ重なることによって、オーケストラは初めて魅力ある音を奏でることができる。「いったんその席に座ったものは断固として、その人間の責任で音楽を作らねばならない」という言《げん》は、じつはオーケストラからの「あなたの代わりになる奏者はどこにもいない」という呼び声ではなかったか。

(え)「ほかでもないあなたを必要としている」という音楽からの招きに応えて、奏者たちは、作品のなかに深くに入り込むことができる。たとえそれが、孤独な作業であったとしても、だ。

――大嶋義実《おおしまよしみ》『演奏家が語る音楽の哲学』より――

（注1）オケ……オーケストラの略。
（注2）アンサンブル……二人以上でする演奏。
（注3）ヴィブラート……音程を細かく上下させて、震えるように音を響かせる奏法。
（注4）鷹揚……小さなことにこだわらないで、おっとりとしているさま。

(1) 試みる は他動詞です。次の1～4の――の中から他動詞を**すべて**選び、その番号を書きなさい。

1 注文の品を届ける。　2 街の風景が変わる。
3 喜びが顔に表れる。　4 手伝いの人数を増やす。

(2) (あ)そう とありますが、どのようなことをさしているか、次のようにまとめました。[　　]に入る適切な内容を、**十五字以内**で書きなさい。

奏者が、まわりとの調和を願って[　　]こと。

(3) (い)結構それらしく聞こえる とありますが、ある生徒が、この語句について次のようにまとめました。[　　]に入る最も適切な語句を、本文中から**六字**で**そのまま**抜き出して書きなさい。

さまざまな音楽的要素を一致させない音楽は、まるで本物のオーケストラのような、[　　]サウンドとして聞こえる。

(4) (う)非人間的な社会 とありますが、この語句について述べたものとして最も適切なものを、次の1～4の中から一つ選び、その番号を書きなさい。

1 集団の成員が自分の役割をそれぞれに務める社会。
2 そこにいるのが特定の誰かでなくてもよい社会。
3 全員が違うことを言い、別々の行動をとる社会。
4 いつでも互いに迷惑をかけることを勧める社会。

(5) ある学級で、(え)「ほかでもないあなたを必要としている」という音楽からの招きについて話し合いをしました。次は、松田さんのグループで話し合っている様子です。[A]には適切な内容を、「多様」という語を用いて**三十字以内**で書き、[B]には最も適切な語を、本文中から**五字**で**そのまま**抜き出して書きなさい。

松田　「ほかでもないあなたを必要としている」とは、どういうことかな。
高橋　オーケストラにおいて、一人一人の奏者は、代わりになる者がいない存在であることを言っているんだよね。
中村　奏者たちが代わる者のない存在なのは、「個性ある音楽家ならではのずれ」があるからだと思うよ。
松田　そうだね。奏者たちの[A]ことから生じた「ずれ」が重なることで、オーケストラの魅力ある音は生み出される、ということなんだね。
高橋　オーケストラには社会のあるべき姿が反映されているようだともあるね。
中村　それは「ずれ」を[B]社会の姿なのではないかな。

5 次の文章を読んで、あとの(1)～(6)に答えなさい。（26点）

（高校三年生の篠崎凜《しのざきりん》は、中学生の頃から弓道に打ち込んできたが、自分の進む道が分からず、進路について悩んでいた。そこで、勉強に集中するために、ずっと続けてきた弓道から離れることにした。）

鳴り続ける目覚ましに異変を感じたのだろう、母が凜の部屋に入ってきて、じっと見下ろしている。エプロンをして、手には菜箸を持ったままだ。朝食の用意をしていたところなのだろう。

（お母さん）

そう呼びかけようとしたが声が出たのか出ていないのかよく分からなかった。口が動いたのかどうかも。

母はしばらく青ざめた顔で立ち尽くしていたが、やがてゆっくりと手を伸ばして目覚まし時計を止めると、そのまま凜の額に手を当てて熱を測っているようだった。

温かい。

家族と――というか、人と触れあうのが随分久しぶりな気がした。

起きられない、と言おうとした途端、母は身を翻《ひるがえ》して小さなクロゼットの扉を開ける。何やらゴソゴソしていたかと思うと、引き返してきて布団《ふとん》を少しめくり、娘の胸に何かを押しつける。

「熱はないようだけど、今日は休みなさい。学校には連絡しとくから。分かった？」

母が一体何を押しつけてきたのかと首を無理矢理起こして見ると、それはクロゼットの奥に自ら押し込めておいたカケ（注1）だった。思わず両手を伸ばしてそれを握る。金縛りが解けたように身体が動く。

「なんで……？」

さっきまでどうやっても動かなかったのに。

「『なんで』じゃないでしょ。あなたにはそれがいるってことじゃないの？　まったく、もう」

中二の春、一生弓を続けたいと既に思っていた。借り物のカケではない、自分だけの新しいカケが欲しくて仕方なくて、両親に頭を下げてねだったのだった。道着に足袋にその洗い替え、袴《はかま》や細かい諸々《もろもろ》のお金を出してもらっている上での、さらなるお願いだった。中学の間、備品を借りて済ます部員も珍しくはなかった。弓ほどではないにしろ中学生にとって安い買い物ではない。

篠崎家はずっと、基本的に毎月の決まったお小遣いというものは存在せず、学校で必要なものとは別に何でも理由を言えばそれに応じて足りなくなったお金は出してくれる。その代わり、どんなつまらないものでも、使った用途は報告しなければならない。変なものにお金を使ってしまっても、鼻で笑われることはあっても怒られることはない。ただその後、他にもっと欲しいものが出てきた時に「あの時あんなものを買ってなければねえ……」としばらく嫌みを言われることになる。そうして少しずつ、自分が本当に欲しいのかどうか、どれくらいのお金を出す価値があるかということを学ばされてきた。

小学校まではともかく、中学に入って以降、使うお金の九割は弓道関係だった。それ以外のことに払う関心が残っていなかったのだ。学校帰り、コンビニやなんかでちょっとしたスナックを買って食べたりする以外、同級生が飛びつくようなアクセサリーやチャーム（注2）、ファッショングッズも文具もどうでもよかった。可愛いペンケースより、可愛い握り革（注3）が、かっこいい矢が欲しかった。そしてもちろんいつかは自分のカケ、そして自分の弓――。

カケは弓よりも身体に密着するものだから、それが馴染《なじ》んでいるかどうかは弓よりも重要とされる。弓はある意味消耗品でもあるし、貸し借りもさほど問題なくできるが馴染んだカケはそうはいかない。「掛け替えのない」という言葉は「弽《カケ》は替えが利《き》かない」ということから来ているという説もあるという（（注4）棚橋先生はあまり信じてはいない様子でそんな話をしてくれた)。新品のカケはなるべく常に身に着けておき、手に馴染ませるのがよいと聞いて、凛も買ってもらったばかりのカケを一ヶ月ほどは、授業中以外はほぼ毎日着け、そのまま寝ていたものだった。

どんなに可愛いぬいぐるみよりも嬉《うれ》しく、新しい鹿革の匂いを嗅ぎながら眠りに落ちる日々は、希望に満ちていて、それまでの人生で一番幸せだったかもしれない。

弓のことは頭から追い出そうとクロゼットにしまい込んで二ヶ月ほど。久しぶりに触るその革の感触は記憶していた以上に滑らかで優しく、母の手以上に凛の心を慰めてくれた。

下掛け(注5)をしていないことを若干申し訳なく思いながらも、我慢できずに紐《ひも》を解き、型崩れ防止の木を引き抜いて手を差し入れた。手から全身に、じいんと震えのような波が駆け抜ける。

㋓「ごめんね……」

責められているような気がして、凛はカケをぎゅっと抱いて謝った。

「言ったよね、無理しないでいいよって。凛には無理なんだよ。弓をやめるとか、我慢するとか。お母さん、分かってたよ」

少し安心した様子の母が、それでも怒ったように言う。

㋔「ごめんなさい……」

母に謝っているのかカケに謝っているのか、自分でもよく分からないまま繰り返した。

――我孫子《あびこ》武丸《たけまる》『残心《ざんしん》　凛の弦音《つるね》』光文社より――

(注1) カケ……弓道の道具。革製の手袋状のもので、右手にはめて親指を保護するために使う。
(注2) チャーム……かばんやアクセサリーなどにつける小さな飾り。
(注3) 握り革……弓の握り持つ部分に巻く革。
(注4) 棚橋先生……凛の師匠。
(注5) 下掛け……汗からカケの革を守るために着ける布製の手袋。

---

(1) 扉を開ける　の文節相互の関係と同じ関係のものを、次の1～4の中から一つ選び、その番号を書きなさい。

1　少女が歌う。　　2　晴れたので見える。
3　すばやく動く。　4　先生も笑う。

(2) ㋐異変を感じた　とありますが、「母」が「凛」の状態を見て動揺している様子を表した語句を、本文中から**十四字**で**そのまま抜き出して**書きなさい。

(3) ㋑動かなかった　とありますが、ある生徒が、動けないでいる時の「凛」の様子について次のようにまとめました。[　　]に入る適切な内容を、**二十五字以内**で書きなさい。

> 「凛」は、部屋に入ってきた母に[　　　　]よく分からなかった。

(4) ㋒自分だけの新しいカケ　とありますが、ある生徒が、「カケ」に対する「凛」の気持ちについて次のようにまとめました。[　　]に入る適切な内容を、**二十字以内**で書きなさい。

> カケは、弓よりも[　　　　]から、「凛」は自分だけのものが欲しくて仕方なかった。

(5) 「ごめんね……」㋓、「ごめんなさい……」㋔とありますが、ある学級で、この二つの表現について話し合いをしました。次は大森さんのグループで話し合っている様子です。[A]、[B]に入る適切な内容を、[A]は**十五字以内**で、[B]は**十字以内**で書きなさい。

大森　「ごめんね……」は、カケに対して、二ヶ月ほどしまい込んでいたことを謝っているんだよね。
渡辺　カケに触ったことで、買ってもらったばかりのカケを着けて寝ていた日々が[A]ことを思い出したんだよ。
水木　このとき、弓道の大切さを再確認したんだね。
大森　「ごめんなさい……」は、「母」に対して謝っているとも考えられるね。
渡辺　「母」は「凜」が無理をしていたことに以前から気づいていたんだね。「母」は、「安心した様子」だけど「怒ったように」言っているよ。「凜」のことを[B]からこそ、「母」は強い口調で言ったのではないかな。

(6) この文章について述べたものとして**最も適切**なものを、次の1～4の中から一つ選び、その番号を書きなさい。

1 比喩を用いて体の様子を描写することで、「凜」にとって「母」が必要不可欠な存在であることを表現している。
2 言葉を省略する「——」を用いることで、「凜」が「母」に対して言い返せずに悩んでいることを表現している。
3 弓道に関する単語を多用することで、「凜」が弓道の難しさについて認識していることを表現している。
4 現在の場面に回想する場面をはさむことで、「凜」が弓道に懸命に向き合ってきたことを表現している。

6

ある中学校で、【資料】を見ながら、自分の考えの伝え方について話し合いをしました。次の【資料】と生徒のやりとりを読んで、あとの(1)～(3)に従って文章を書きなさい。（10点）

【資料】

「いいです。」と答えた二つの場面

A 部活動の先輩から「一緒に帰らない?」と聞かれ、私は一緒に帰りたいと思い、「いいです。」と答えた。しかし、先輩は「じゃあ、また今度ね。」と言って帰ってしまった。

B レストランで店員から「お皿をお下げしましょうか?」と聞かれ、私はまだ食べている途中だから下げないでほしいと思い、「いいです。」と答えた。しかし、店員は皿を下げてしまった。

「いいです。」と言っても相手にうまく伝わらないことはよくあるよね。何か原因があるのかな。

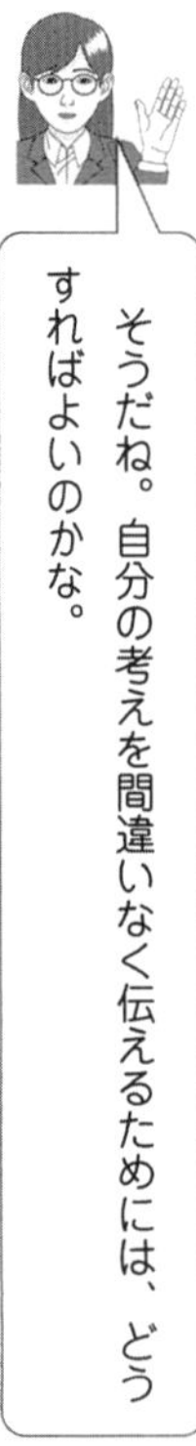

そうだね。自分の考えを間違いなく伝えるためには、どうすればよいのかな。

(1) 題名を書かないこと。
(2) 二段落構成とし、それぞれの段落に次の内容を書くこと。
・第一段落では、【資料】の「いいです。」の意味や使い方について**気づいたこと**を書くこと。
・第二段落では、第一段落をふまえて、**自分の意見**を書くこと。
(3) **百五十字以上、二百字以内**で書くこと。

令和５年度県立高等学校入学者選抜学力検査

英　　　語

時間 50 分

（ 9時55分～10時45分 ）

注　　　意

1　**問題の[1]は放送による検査です。**問題用紙は放送による指示があるまで開いてはいけません。

2　問題用紙は表紙を入れて７ページあり，これとは別に解答用紙が１枚あります。

3　受検番号は，検査開始後，解答用紙の決められた欄に記入しなさい。

4　机の上に置けるものは，受検票・鉛筆（シャープペンシルも可）・消しゴム・鉛筆削りです。

5　筆記用具の貸し借りはいけません。

6　問題を読むとき，声を出してはいけません。

7　印刷がはっきりしなくて読めないときや，筆記用具を落としたときなどは，だまって手をあげなさい。

8　「やめなさい」という合図ですぐに書くのをやめ，筆記用具を置きなさい。

答えの書き方

1　答えは，問題の指示に従って，すべて解答用紙に記入しなさい。

2　答えはていねいに書きなさい。答えを書き直すときは，きれいに消してから書きなさい。

※教英出版注
音声は，解答集の書籍ＩＤ番号を教英出版ウェブサイトで入力して聴くことができます。

1 放送による検査（27点）

（1）

ア

1

2

3

4

イ

1
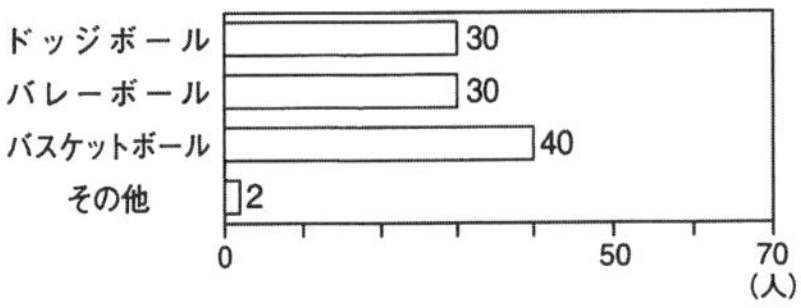

2
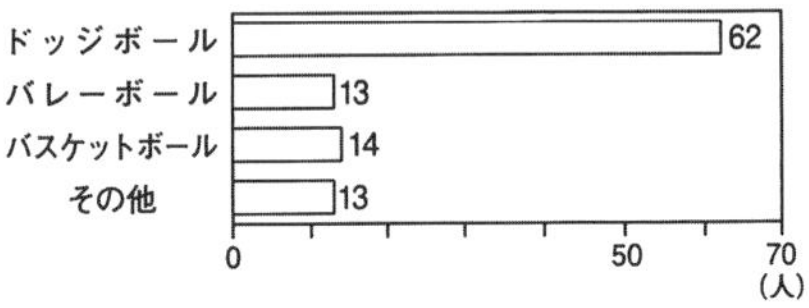

3
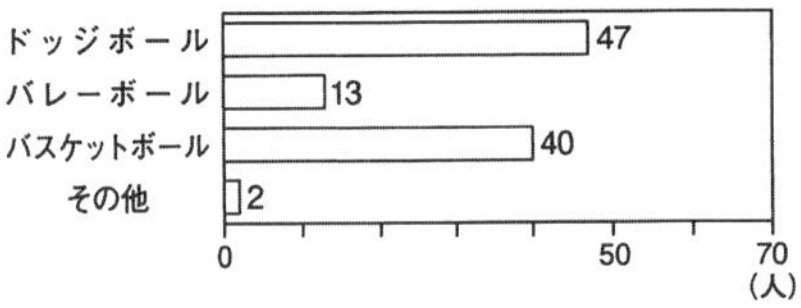

4
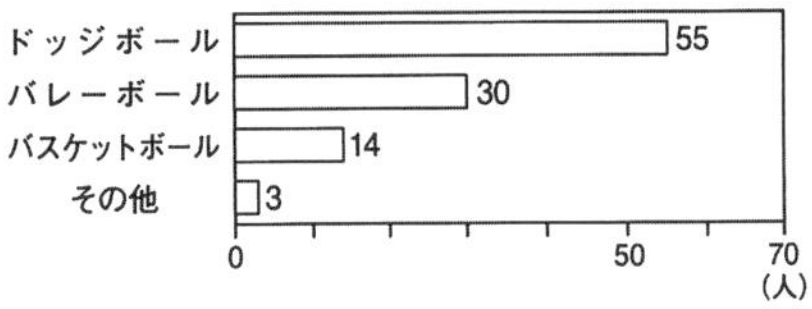

ウ
1 10:10 a.m.
2 10:20 a.m.
3 10:30 a.m.
4 10:50 a.m.

（2）

ア
1 About her family.
2 About winter.
3 About her dream.
4 About her town.

イ
1 She went there today.
2 She went there when she was a child.
3 She went there last summer.
4 She went there last winter.

ウ
1 They got gold medals.
2 They practiced harder than Kate.
3 They went to some countries.
4 Their dreams came true.

（3）

ア
1 She enjoyed camping with Mr. Sato.
2 She saw many stars on TV.
3 She invited Mr. Sato to camping.
4 She went to the mountain with her family.

イ
1 OK, I will.
2 OK, you should.
3 Let's go to our school.
4 Go to bed.

（4）（　　　　　　　　　　　　　　　　　　　　　）

2023(R5) 青森県公立高
教英出版

2 次の英文は，中学2年生のショウタ（Shota）と，アメリカ人留学生のエマ（Emma）の対話の一部です。ショウタは，エマに，九九の一覧表を見せながら話をしています。これを読んで，あとの（1）～（3）に答えなさい。（14点）

九九の一覧表

×	1	2	3
1	1	2	3
2	2	4	6
3	3	6	9
4	4	8	12

Shota：How do you *memorize this in America? ア（ me　about　tell　you　it　can ）, please?

Emma：As an example, when we memorize 2×2=4, we say "two *times two is four," and when we memorize 2×3=6, we say "two times three is six." Is this different from yours?

Shota：No, it isn't. It sounds the same, but we have an interesting way to say this in Japan. イ（ what　know　is　you　it　do ）?

Emma：Not really. You usually count numbers, "*ichi, ni, san, shi, go, roku....*"

Shota：That's right. We use them to say numbers like singing a song. When we memorize 2×2=4, we can say "*ni-nin-ga-shi.*" When we see 2×3=6, we can say "*ni-san-ga-roku.*" They sound like songs, right?

Emma：Yes, that's amazing!

Shota：It is said that this way helps Japanese people memorize this easily. Well, have you ever heard that Japanese people also say numbers, "*hi, fu, mi, yo, itsu, mu*...?" It can be used when we want to memorize several numbers easily.

Emma：I've [　　　　] heard of it! It is new information to me.

Shota：This gives us a faster and easier way to memorize numbers. How do you remember the $\sqrt{2}$? You know it is 1.41421356.... We remember it with the *phrase, "*hitoyohitoyoni-hitomigoro.*" It is very famous and popular among Japanese students because it is fun just by saying it.

Emma：Oh, "*hitoyohitoyoni-hitomigoro?*" Interesting!

Shota：I like making phrases by using these two ways. For example, I saw a long number, 8724164, on a magazine last week. The number wasn't important to me, but I made a phrase, "*hanani-yoimushi.*" In this example, I could imagine a picture that shows a cute *bee on a flower. We can sometimes create the picture of it with the phrase.

Emma：If I think about the number like that, I'm sure that I can't forget it easily! ウ This is a（ to　lot　example　remember　good　a ）of numbers. Thank you for telling me.

（注）memorize　～を暗記する　　times　～倍　　phrase(s)　言い回し，フレーズ
bee　ミツバチ

（1）下線部ア～ウについて，文の意味が通るように，（　　）内の語をすべて用いて，正しい順序に並べかえて書きなさい。大文字にする必要のある文字は大文字にしなさい。

（2）[　　　　] に入る最も適切な英語を，次の1～4の中から一つ選び，その番号を書きなさい。

1　once　　2　before　　3　ever　　4　never

（3）次の文章は，ショウタと話をした日の夜に，エマがショウタに送ったメールの内容の一部です。下線部1，2をそれぞれ一つの英文で書きなさい。

Hi, Shota. I was happy to talk with you today. 1 私は日本に来てからずっと日本語を勉強しています。Japanese has *hiragana, katakana,* and *kanji,* but I'm not good at reading *kanji.* 2 日本語は他の言語よりも難しいです。

3 次の英文は，アメリカ人留学生のジェフ（Jeff）と，ホストファミリーの母のヒロコ（Hiroko）の対話の一部です。二人は，食卓で話をしています。これを読んで，あとの（1），（2）に答えなさい。（13点）

Jeff　：The pizza you made is so delicious. I love it. 〔　A　〕.

Hiroko：Thank you, Jeff. Today I used something special for this pizza. Do you know it?

Jeff　：Something special? You put *green pepper, onion, tomato, *sausage and cheese.... Are the vegetables special? Did you *grow the vegetables for the pizza?

Hiroko：No, I didn't grow any vegetables.

Jeff　：Then, did you make the sausage?

Hiroko：No, I can't make it. I bought it at the supermarket.

Jeff　：I see. Well, it is the cheese, right?

Hiroko：That's right! You may be surprised, but the cheese is made from rice! Did it taste like rice?

Jeff　：No, not at all! 〔　B　〕, so I can't believe that the cheese is made from rice. It is very surprising to me.

Hiroko：I was also surprised to know that this cheese was made from rice. When I found it at the supermarket, I wanted to use it for my pizza. I think that rice cheese is great food for us.

Jeff　：Why do you think so?

Hiroko：First, it is easy for Japanese people to get rice because most of the rice we usually eat is made in Japan. That means we can make rice cheese in Japan. Second, people who *are allergic to milk can also enjoy eating cheese pizza.

Jeff　：Oh, that is good news for my brother. He is allergic to milk, so he has never eaten milk cheese pizza. He should try rice cheese pizza someday.

Hiroko：〔　C　〕!

（注）green pepper　ピーマン　　sausage　ソーセージ　　grow　～を育てる
　　　be allergic to　～に対してアレルギーのある

（1）　二人の対話が成立するように，〔　A　〕～〔　C　〕に入る最も適切なものを，次の1～7の中からそれぞれ一つ選び，その番号を書きなさい。

1　I hope you'll eat cheese pizza
2　You are good at cooking
3　You told me that cheese was made from milk
4　I hope that day will come soon
5　I hope he'll never eat pizza
6　You've cooked the pizza I don't like so much
7　I thought that this cheese was made from milk

（2）　二人の対話の内容に合うものを，次の1～6の中から**二つ**選び，その番号を書きなさい。

1　Hiroko enjoyed growing the vegetables for the pizza.
2　Jeff is allergic to milk.
3　Something special for the pizza was the rice cheese.
4　Jeff's brother has eaten milk cheese pizza.
5　Hiroko cooked a delicious pizza.
6　The rice cheese for the pizza tasted like rice.

4 次の英文は，中学3年生のアユミ（Ayumi）が，授業で行った発表の内容です。これを読んで，あとの（1）～（3）に答えなさい。(21点)

What is language to you? My answer is that language is a necessary thing to change myself. I want to continue improving myself through my life. I know it's not so easy and I cannot do it only by myself, but "meeting and talking with people" can help me. When I meet and talk with people, their way of thinking always touches my heart. I usually feel happy, sometimes sad, or even surprised, but every feeling gives me something. I can learn something from people.

However, if I don't have a way to communicate, I cannot talk with people and I cannot understand them. We have many ways to communicate, but I believe that language is the most useful to understand each other because language has the power to change people through talking.

One day, I bought a book written by my favorite singer at a bookstore. He was there, and I could talk with him. I asked him, "How can I use exciting words in songs like you?" He said to me, "Bring a notebook with you, and go around the town. When you find something wonderful to you, write your feelings in your own words. Then, you can get words which move someone's heart." It was a happy day for me because I was sure that talking with him changed me. Of course, I have a small notebook in my *pocket now.

There are many people in the world. So, to change yourself, who do you want to meet and talk with?

(注) pocket ポケット

（1） 次の文章は，アユミの発表の内容をまとめたものの一部です。発表の内容と合うように，（ ア ）～（ ウ ）に入る最も適切な日本語をそれぞれ書きなさい。

・アユミにとって，言語は（　ア　）ために必要なものである。
・アユミの大好きな歌手は，「素敵なものを見つけたときに，自分の気持ちを（　イ　）で書き留めることで，（　ウ　）言葉を自分のものにすることができる」と話した。

（2） アユミの発表の内容と合うように，次の1～3の質問に対する答えをそれぞれ一つの英文で書きなさい。

1 What does Ayumi want to do through her life?
2 Is language the only one way to communicate?
3 Why was Ayumi happy on that day?

（3） 下線部に関して，「あなたが話をしてみたい人」について，その理由を含めて英語**20語以上**で書きなさい。文の数はいくつでもかまいません。また，人名を用いる場合は，ローマ字で書いてもかまいません。

5 次の英文は，高校1年生のコウスケ（Kosuke）が，英語の授業で発表した内容です。これを読んで，あとの（1）～（3）に答えなさい。(25点)

I gave my five-year-old sister a toy on her birthday. Then she brought the toy's box with a *2D code and asked me, "What's this? I always see this around me." Before I answered, I put my smartphone's camera over it. Then, information about the toy appeared on my phone. She was very surprised with this new world behind the 2D code. I said to her, "If we have this 2D code, we can easily get this information from it."

*Innovation sometimes comes from simple, easy answers and improves our lives. The 2D code was invented by a Japanese man. His company kept many boxes with *barcodes, but there was a problem. It was not easy to know all the box's information without any trouble. One day, workers were playing a traditional game, **igo*. Don't you think it looks similar to a 2D code? He focused on its *pattern of black and white pieces. This gave him the great idea about how to keep a lot of information, and he thought what good change this would bring to his daily life. 2D codes have more information than barcodes. They are now found in textbooks, video games, and websites. This shows some people tried to find better ways to use them in their daily lives. Through this story, I respect this Japanese man and how he invented the 2D code, and I also respect people who want to make it better.

The 2D code is a good example of innovation and helped me realize an important thing. We can get great ideas from anything, anywhere, and at any time. So, innovation doesn't need to come from something big and special. There are *inconvenient things and simple problems around us. Sometimes, answers to them can be very easy. They can be the key to innovation. We just need to look around and ask ourselves, "What can be improved?" Do we look for new ideas or do we stay with only old ideas?

When I thought about this more, I found I often heard, "If I had…" or "If there were…" around me. Before, I thought these "If" *sentences would not create anything, but now I believe they can be the first step to innovation. We don't need to keep listening to and saying "If" without doing anything. Look around you to see what you can improve. How many doors of innovation have been waiting to be opened around you? You can be on the way to discover and create something better. Use people's "If" to open the doors and make our society better in ways we have never imagined.

（注） 2D code(s)　二次元コード　　innovation　革新　　barcode(s)　バーコード
igo　囲碁　　pattern　模様　　inconvenient　不便な
sentence(s)　文

2023(R5) 青森県公立高
教英出版

(1)　本文の内容と合うように英文を完成させるとき，次のア～エに続く最も適切なものを，1～4の中からそれぞれ一つ選び，その番号を書きなさい。

ア　When Kosuke talked with his sister about 2D codes,
　1　it was her first time to see them.
　2　he didn't know anything about them.
　3　she saw some of them before.
　4　he let her put his smartphone over them.

イ　2D codes
　1　were born because many Japanese people tried hard to invent them.
　2　have less information than barcodes.
　3　were used in a company to keep many boxes.
　4　became popular because there were people who wanted to find ways to use them.

ウ　The thing Kosuke learned is that
　1　innovation is only born from something big and special.
　2　answers to inconvenient things can sometimes be very easy.
　3　he doesn't need to look for new ideas and should stay with old ideas.
　4　a great idea can spread in the society even if we especially don't do anything.

エ　Kosuke is thinking that
　1　he can create a better society by focusing on "If" around him.
　2　it is important to keep listening to "If" from people and waiting for innovation.
　3　the society around him has no doors of innovation, so he has to make them.
　4　"If" will create nothing and people should stop saying "If."

(2)　下線部an important thingが表している内容を日本語で書きなさい。

(3)　本文の内容をふまえて，次の英文の(ア)～(ウ)に入る最も適切な語を，下の1～7の中からそれぞれ一つ選び，その番号を書きなさい。

When a Japanese man had (　ア　) in keeping a lot of information in his work, he found an answer from an *igo* board in his daily life. Kosuke understood that he could use a (　イ　) way of thinking to make the society around him better. We should look around and (　ウ　) what we can improve without keeping only old ideas. Each of us will be one of the people who will make a good change in the future.

1 stay	2 similar	3 easy	4 convenience
5 trouble	6 find	7 traditional	

令和５年度県立高等学校入学者選抜学力検査

数　　学

時間45分

（11時05分～11時50分）

注　　意

1　問題用紙は「始めなさい」という合図があるまで開いてはいけません。

2　問題用紙は表紙を入れて７ページあり，これとは別に解答用紙が１枚あります。

3　受検番号は，検査開始後，解答用紙の決められた欄に記入しなさい。

4　机の上に置けるものは，受検票・鉛筆（シャープペンシルも可）・消しゴム・鉛筆削り・分度器の付いていない定規（三角定規を含む）・コンパスです。

5　筆記用具の貸し借りはいけません。

6　問題を読むとき，声を出してはいけません。

7　印刷がはっきりしなくて読めないときや，筆記用具を落としたときなどは，だまって手をあげなさい。

8　「やめなさい」という合図ですぐに書くのをやめ，筆記用具を置きなさい。

答えの書き方

1　答えは，問題の指示に従って，すべて解答用紙に記入しなさい。

2　答えはていねいに書きなさい。答えを書き直すときは，きれいに消してから書きなさい。

3　計算などには，問題用紙の余白を利用しなさい。

1 次の（1）～（8）に答えなさい。(43点)

（1） 次の**ア**～**オ**を計算しなさい。

ア $4-10$

イ $(-2)^2\times3+(-15)\div(-5)$

ウ

$$\begin{array}{r} 6x^2-x-5 \\ \underline{-)\ 2x^2+x-6} \end{array}$$

エ $(6x^2y+4xy^2)\div2xy$

オ $\sqrt{\dfrac{3}{2}}-\dfrac{\sqrt{54}}{2}$

（2） 縦が x cm，横が y cm の長方形がある。このとき，$2(x+y)$ は長方形のどんな数量を表しているか，書きなさい。

（3） 右の表は，あるクラスの生徒 20 人のハンドボール投げの記録を度数分布表に整理したものである。記録が 20 m 以上 24 m 未満の階級の相対度数を求めなさい。また，28 m 未満の累積《るいせき》相対度数を求めなさい。

階級(m)	度数(人)
16以上 ～ 20未満	4
20 ～ 24	6
24 ～ 28	1
28 ～ 32	7
32 ～ 36	2
合計	20

（4） 次の式を因数分解しなさい。

$3x^2-6x-45$

（5）　関数 $y = ax + b$ について，x の値が 2 増加すると y の値が 4 増加し，$x = 1$ のとき $y = -3$ である。このとき，a，b の値をそれぞれ求めなさい。

（6）　右の図で，$\ell \parallel m$ のとき，$\angle x$ の大きさを求めなさい。

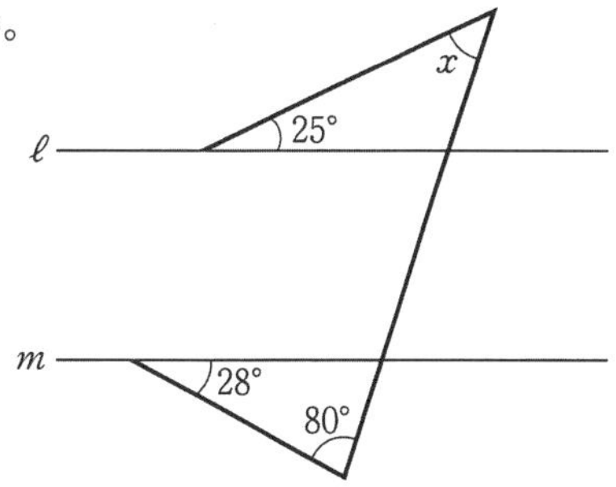

（7）　右の図で，辺 BC の長さを求めなさい。

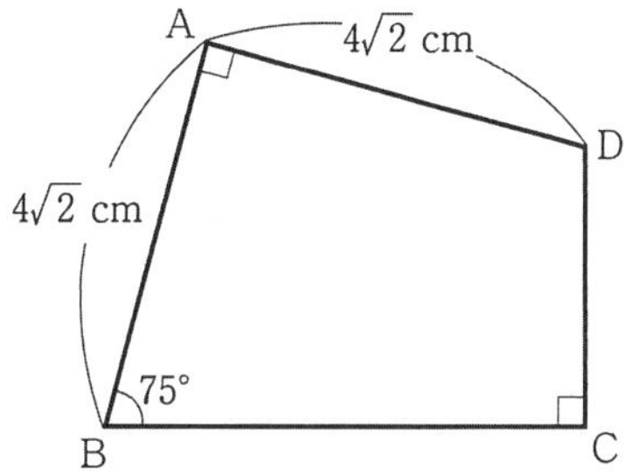

（8）　データの分布を表す値や箱ひげ図について述べた文として**適切でないもの**を，次の**ア**～**エ**の中から 1 つ選び，その記号を書きなさい。

ア　第 2 四分位《しぶんい》数と中央値は，かならず等しい。

イ　データの中に極端にかけ離れた値があるとき，四分位範囲はその影響を受けにくい。

ウ　箱ひげ図を横向きにかいたとき，箱の横の長さは範囲（レンジ）を表している。

エ　箱ひげ図の箱で示された区間には，全体の約 50％のデータがふくまれる。

2 次の（1），（2）に答えなさい。(15点)

（1） 下の図の点Aを，点Oを中心として，時計回りに90°回転移動させた点Bを作図によって求めなさい。ただし，作図に使った線は消さないこと。

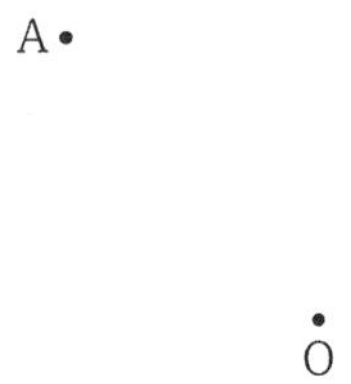

（2） 下の［**問題**］とそれについて考えているレンさんとメイさんの会話を読んで，次の**ア**，**イ**に答えなさい。

> ［**問題**］ 右の図のように，1から5までの数字が書かれた5枚のカードが袋の中に入っている。このカードをよくまぜてから1枚ずつ続けて3回取り出し，取り出した順に左から並べて3けたの整数をつくる。このとき，3けたの整数が350以上になる確率を求めなさい。
>
> 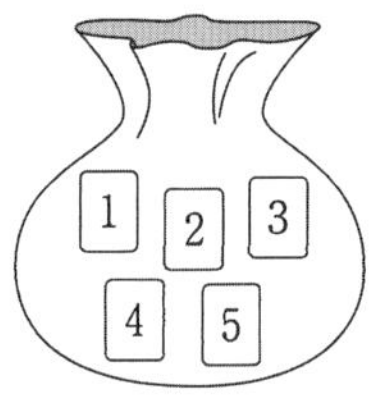
>

レン ： 例えば，1回目に1，2回目に3，3回目に4のカードを取り出したら，3けたの整数は134で，これは［**問題**］の条件を満たさないよね。

メイ ： 3けたの整数は全部で［ あ ］通りできるよ。［ X ］の位に着目して考えてみてはどうかな。

レン ： そうか。［ X ］の位が3のときは，条件を満たす整数がいくつかできるね。

メイ ： あとは，他の2つの位がどのカードになるかを考えると，［ X ］の位が3のとき，条件を満たす整数は［ い ］通りできるよ。

レン ： ［**問題**］を解くためには，［ X ］の位が3のときだけではなく，［ う ］，［ え ］のときも考えなければいけないね。

メイ ： そうだよ。そうやって少しずつ条件を整理して考えると，確率を求めることができるんだ。

ア ［ あ ］～［ え ］にあてはまる数をそれぞれ書きなさい。また，［ X ］に共通してあてはまる位を書きなさい。

イ ［**問題**］を解きなさい。

2023(R5) 青森県公立高
教英出版

3 次の（1），（2）に答えなさい。(16 点)

（1） 1 辺の長さが 8 cm の正方形の紙 ABCD がある。右の図は，辺 BC，CD の中点をそれぞれ E，F とし，線分 AE，EF，FA で折ってできる三角錐《すい》の展開図である。次の**ア**，**イ**に答えなさい。

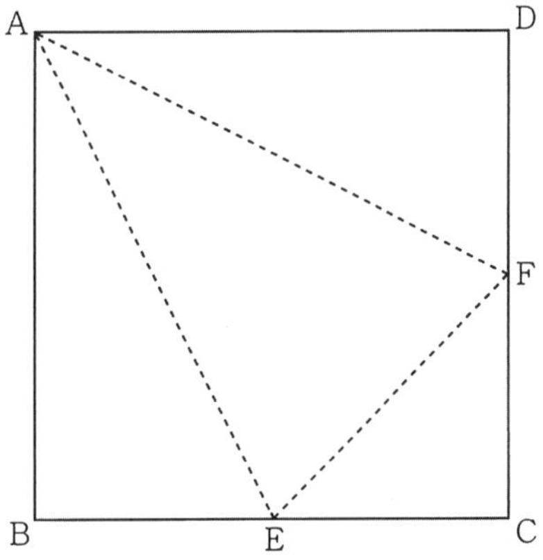

ア 線分 AE の長さを求めなさい。

イ 折ってできる三角錐について，次の(**ア**)，(**イ**)に答えなさい。

(**ア**) 体積を求めなさい。

(**イ**) △AEF を底面としたときの高さを求めなさい。

（2） 下の図のように，作図ソフトで，正方形 ABCD と DB = DE の直角二等辺三角形 DBE をかき，辺 AB 上に動く点 F をとる。また，線分 DF を 1 辺とする正方形 DFGH をかくと，点 H は辺 CE 上を動く点であることがわかった。辺 BC と辺 FG の交点を I とするとき，次の**ア**，**イ**に答えなさい。

ア △DFB と △DHE が合同になることを次のように証明した。[あ]，[い] には式，[う] には適切な内容をそれぞれ書きなさい。

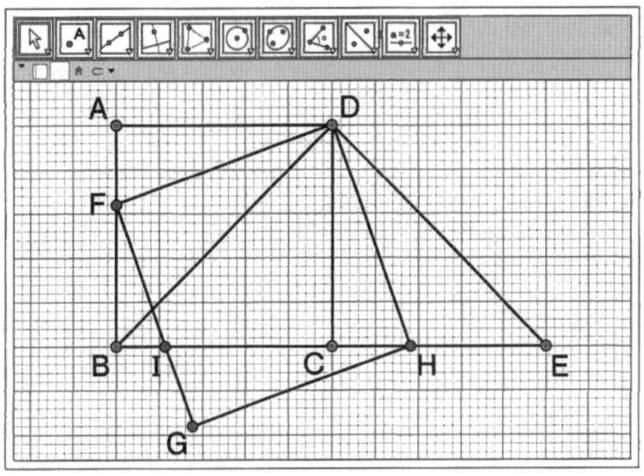

[証明]

△DFB と △DHE において

△DBE は二等辺三角形だから

DB = DE ……①

四角形 DFGH は正方形だから

[あ] ……②

また，2 つの直角三角形 DAF と DCH において

∠DAF = ∠DCH = 90°，DF = DH，DA = DC であるから △DAF ≡ △DCH

したがって，∠ADF = ∠CDH であり

∠BDF = 45° − ∠ADF，∠EDH = 45° − ∠CDH であるから

[い] ……③

①，②，③から

[う] がそれぞれ等しいので

△DFB ≡ △DHE

イ AB = 5 cm，CH = 2 cm のとき，△FBI の面積を求めなさい。

4 図**1**で，①は関数 $y=ax^2\ (a>0)$ のグラフである。点Aは①上にあり，x 座標が2である。また，点Bは x 軸上にあり，x 座標は点Aの x 座標と同じである。次の（**1**），（**2**）に答えなさい。ただし，座標軸の単位の長さを1 cmとする。(11点)

（**1**） 次の**ア**，**イ**に答えなさい。

ア $a=\dfrac{1}{2}$ のとき，点Aの y 座標を求めなさい。

イ 2点A，B間の距離が6 cmのとき，a の値を求めなさい。

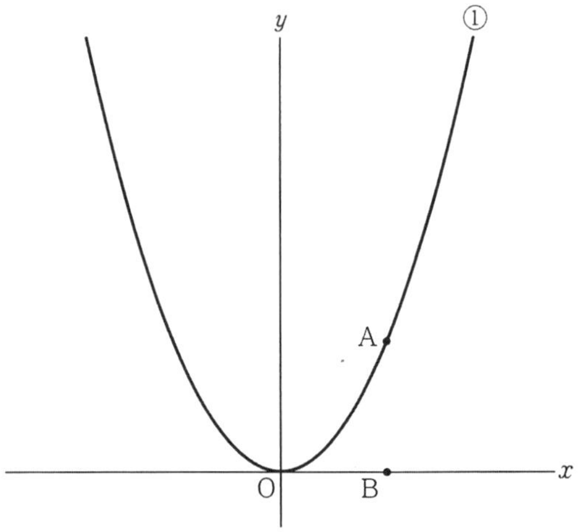

図**1**

（**2**） 図**2**は，図**1**に正方形ABCDと△BDEをかき加えたもので，点Eは①上にあり，x 座標は -1 である。このとき，次の**ア**，**イ**に答えなさい。ただし，点Cの x 座標は点Bの x 座標より大きいものとする。

ア 2点B，Dを通る直線の式を求めなさい。

イ △BDEの面積が80 cm² であるとき，a の値を求めなさい。

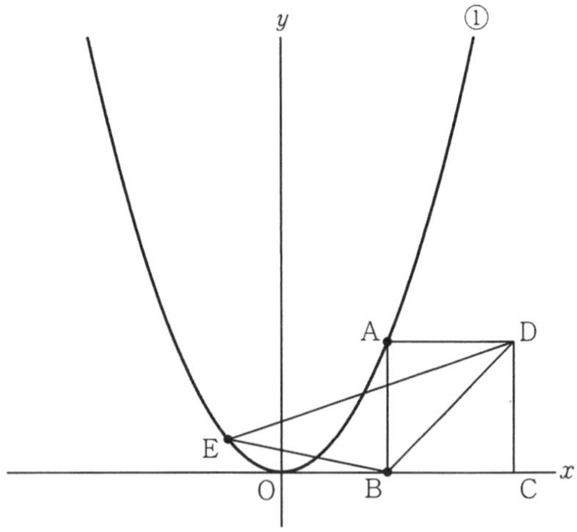

図**2**

2023(R5) 青森県公立高
教英出版

5 マユさんとリクさんは数学の授業で，下のように，ホワイトボードに書かれた【問題】を解いた。次の（1），（2）に答えなさい。(15 点)

> **【問題】**
> 1個120円のりんごと1個150円のなしがある。1つの箱にりんごとなしを詰め合わせて、箱代40円をふくめて6700円になるとき、詰め合わせたりんごとなしの個数をそれぞれ求めなさい。ただし、次の〔条件〕を満たすこと。
>
> 〔条件〕りんごとなしを合わせて 50 個詰め合わせる。
>
> 〔マユさん〕
> りんごをa個とすると、なしは（ (あ) ）個とすることができる。
> aについての方程式をつくると、
> $120a + 150($ (あ) $) + 40 = 6700$ となる。
> これを解くと、$a = 28$となるので、
> りんご28個、なし22個
>
> 〔リクさん〕
> りんごをa個、なしをb個とする。
> a, bについての連立方程式をつくると、
> (い)
> これを解くと、$a = 28$, $b = 22$ となるので、
> りんご28個、なし22個

（1） (あ)，(い) にあてはまる式をそれぞれ書きなさい。

（2） 【問題】を解いた後，先生からプリントが配られた。下は，マユさんが取り組んだプリントの一部である。次のア，イに答えなさい。

> ● 【問題】の〔条件〕を、次の〔条件A〕と〔条件B〕に変えて、その2つを満たすりんごとなしの個数をそれぞれ求めましょう！
>
> 〔条件A〕りんごとなしはどちらも 18 個以上詰め合わせる。
> 〔条件B〕りんごとなしを合わせて 50 個より多く詰め合わせる。
>
> 〔解答〕
> 〔条件A〕を満たすために、りんごとなしの個数を それぞれ $(x + 18)$ 個、$(y + 18)$ 個 とする。
> （x, yは0以上の整数）
> x, yについての二元一次方程式をつくると、
> (う) $= 6700$ となる。
>
> (え)
> これを整理すると、$4x + 5y = 60$ となる。
> この式の解を座標とする点は、すべて1つの直線上にあるから、
> 〔条件A〕を満たすx, yの値は、次の4組である。
> $(x, y) =$ （ , ），（ , ），（ , ），（ , ）
>
> (お)
> さらに、〔条件B〕を満たすのは、
> $(x, y) =$ （ , ） だけだから、
> りんご ＿＿ 個、なし ＿＿ 個 となる。
>
> 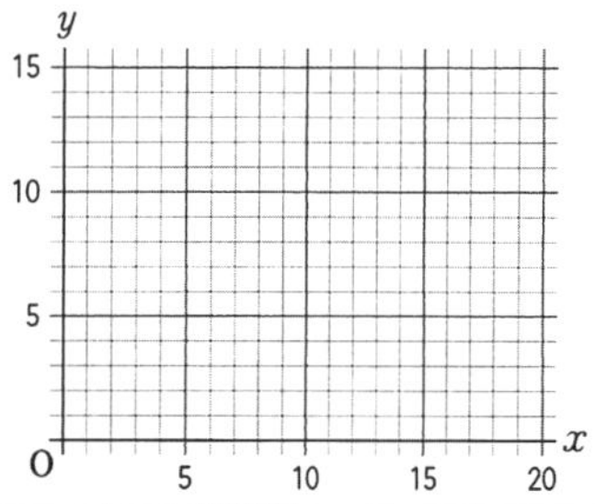
>
>
> ● 今日の授業を通して、気づいたことを書きましょう！

ア (う) にあてはまる式を書きなさい。

イ (え)，(お)の ＿＿ について，あてはまる座標や数をそれぞれ求めなさい。

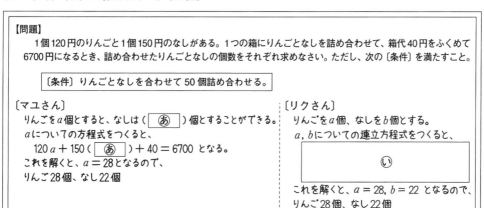

令和５年度県立高等学校入学者選抜学力検査

社　　　　会

時間45分

（12時35分～13時20分）

注　　　意

1　問題用紙は「始めなさい」という合図があるまで開いてはいけません。

2　問題用紙は表紙を入れて８ページあり，これとは別に解答用紙が１枚あります。

3　受検番号は，検査開始後，解答用紙の決められた欄に記入しなさい。

4　机の上に置けるものは，受検票・鉛筆（シャープペンシルも可）・消しゴム・鉛筆削りです。

5　筆記用具の貸し借りはいけません。

6　問題を読むとき，声を出してはいけません。

7　印刷がはっきりしなくて読めないときや，筆記用具を落としたときなどは，だまって手をあげなさい。

8　「やめなさい」という合図ですぐに書くのをやめ，筆記用具を置きなさい。

答えの書き方

1　答えは，問題の指示に従って，すべて解答用紙に記入しなさい。

2　答えはていねいに書きなさい。答えを書き直すときは，きれいに消してから書きなさい。

1 下の略地図や資料を見て，次の（1）～（5）に答えなさい。(13点)

略地図1

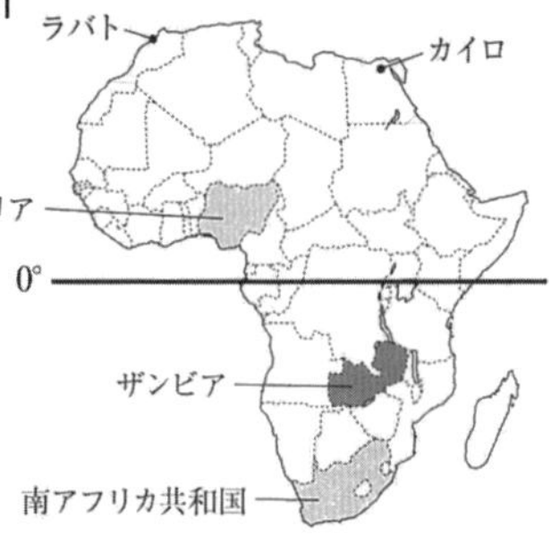

略地図2

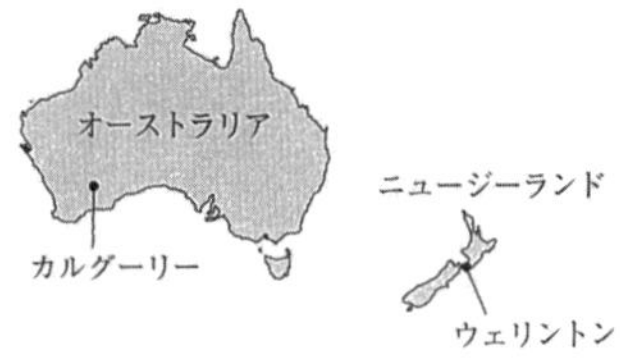

（1）略地図1中の0度の緯《い》線を何というか，書きなさい。

（2）略地図2中のオーストラリアの先住民を何というか，書きなさい。

（3）下の1～4は，略地図1，略地図2中のラバト，カイロ，カルグーリー，ウェリントンのいずれかの都市の雨温図を表している。ウェリントンの雨温図として適切なものを一つ選び，その番号を書きなさい。

1　2　3　4

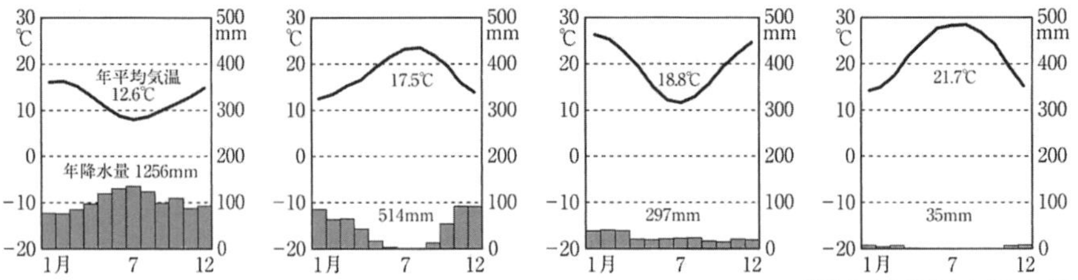

〔「理科年表2022」などによる〕

（4）略地図1，略地図2中のナイジェリア，南アフリカ共和国，オーストラリア，ニュージーランドについて，次のア，イに答えなさい。

ア　下の文中の［　　］に共通してあてはまる国名を書きなさい。

・これらの4か国は，かつて［　　］の植民地や自治領であった。
・オーストラリアとニュージーランドは，［　　］の国旗を自国の国旗の一部にしている。

イ　資料1は，4か国の国内総生産，日本からの輸入額，日本への輸出額，日本への主な輸出品を表している。資料1中の1～4のうち，南アフリカ共和国を表しているものを一つ選び，その番号を書きなさい。

資料1　〔2016年〕

	国内総生産（百万ドル）	日本からの輸入額（百億円）	日本への輸出額（百億円）	日本への主な輸出品
1	404649	3.6	9.4	液化天然ガス，アルミニウム，ごま
2	1304463	153.2	332.1	石炭，液化天然ガス，鉄鉱石
3	295440	24.2	45.8	プラチナ，自動車，鉄鋼
4	187517	23.8	25.5	アルミニウム，果実，酪農《らくのう》品

〔「世界人口年鑑」2017年版などによる〕

（5）資料2は，略地図1中のザンビアの輸出額と輸出額にしめる銅の割合の推移を，資料3は，銅の国際価格の推移を表している。資料2，資料3から読み取ることができるザンビアの経済の課題を，次の2語を用いて書きなさい。

国際価格　　収入

資料2

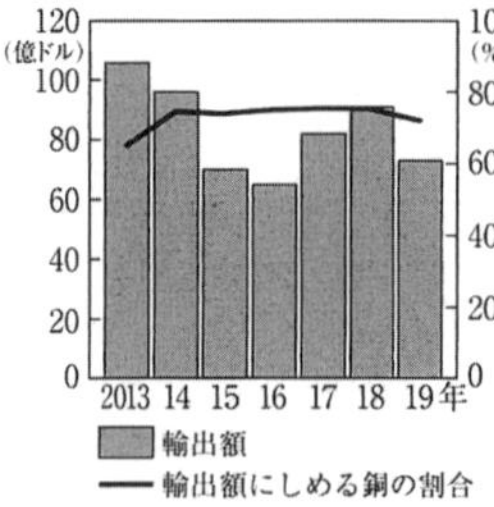

〔「世界国勢図会2021/22」などによる〕

資料3

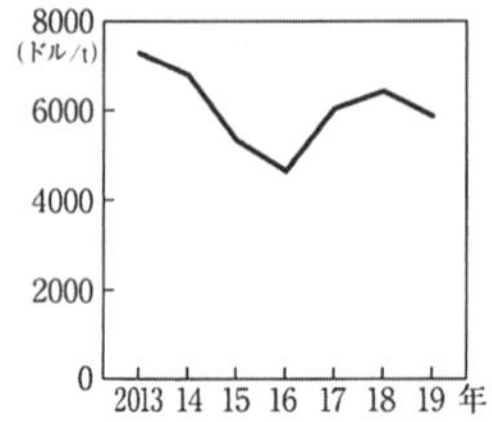

〔「世界銀行資料」による〕

2 下の略地図や資料を見て，次の（1），（2）に答えなさい。(16点)

（1）略地図について，次のア～エに答えなさい。

ア　政府の出先機関や企業の支社，支店などが置かれ，人口100万人をこえる中国・四国地方の中心都市はどこか，書きなさい。

イ　で表された平野は，九州地方の北部を代表する稲作《いなさく》地帯である。この平野を何というか，書きなさい。

ウ　宮崎平野や高知平野では，温暖な気候を利用して，野菜の出荷時期を早める工夫をしている。このような栽培《さいばい》方法を何というか，書きなさい。

略地図

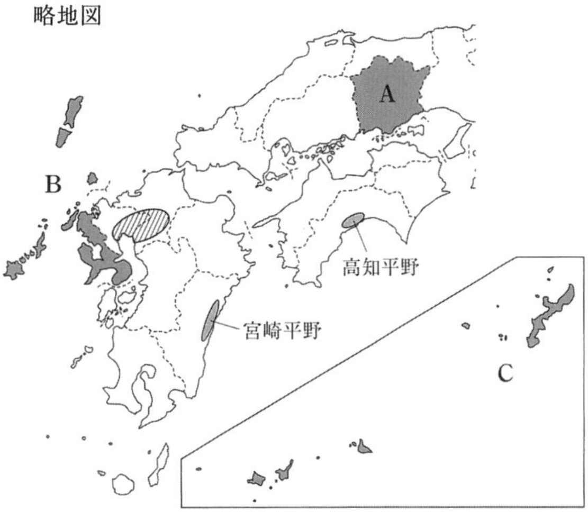

エ　下の1～3は，略地図中のA～C県のいずれかの人口増減数（千人），外国人のべ宿泊者数（万人），漁業産出額（億円），果実産出額（億円）を表している。1～3のうち，A～C県について表しているものをそれぞれ一つ選び，その番号を書きなさい。

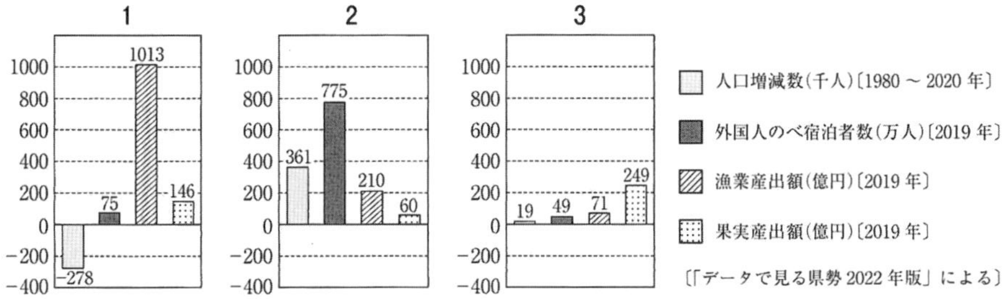

〔「データで見る県勢2022年版」による〕

（2）日本の7地方区分についてまとめた資料1，資料2について，次のア，イに答えなさい。

ア　資料1は，各地方を土砂災害発生件数の多い順に並べたものである。九州地方で土砂災害が多い理由について，地質と気候を関連付けてまとめた下の文中の［　　　　］に入る適切な内容を書きなさい。

> 九州地方の多くの地域に広がる火山性の地層には，［　　　　］という特徴があり，豪雨が続くと，斜面が崩れやすくなるから。

資料1

〔令和2～3年の合計〕

地方区分	件数
九　州	850
中国・四国	473
中　部	439
関　東	292
近　畿	128
東　北	97
北海道	12

〔「国土交通省資料」による〕

イ　資料2は，各地方の人口，農業生産額，工業生産額，年間商品販売額を表している。資料2中の1～6のうち，中国・四国地方と九州地方について表しているものをそれぞれ一つ選び，その番号を書きなさい。

資料2

	人口（万人）2018年	農業生産額（兆円）2018年	工業生産額（兆円）2018年	年間商品販売額（兆円）2016年
1	2129	1.4	95.7	84.4
2	2237	0.6	64.2	94.8
3	1108	0.9	36.7	35.3
4	1431	1.9	25.7	45.0
5	4336	1.7	84.7	274.3
6	529	1.3	6.3	18.9
東北	875	1.4	18.6	28.9

〔「国土地理院資料」などによる〕

3 下の Ⅰ ～ Ⅳ は，ある生徒が古代から近世までの農村に関する資料をまとめたカードである。次の（1）～（4）に答えなさい。(15点)

Ⅰ 702年の戸籍《こせき》

筑前 **A** 嶋 **B** 戸籍川邊 **C**

続柄	氏名	年齢
戸主	卜部乃母曽	年四十九歳
母	葛野部伊志賣	年七十四歳
妻	卜部甫西豆賣	年四十七歳
男	卜部久漏麻呂	年十九歳

戸籍に登録された6歳以上のすべての人々に，性別や身分に応じて，（ ㋐ ）が与えられた。

Ⅱ 鎌倉時代の農民の訴状《そじょう》

阿氏《あて》河荘《かわのしょう》上村の百姓《ひゃくしょう》たちがつつしんで申し上げます。……
一（領主に納める）材木のことですが，**D** が上京するとか，あるいは近所の労役《ろうえき》だとかいっては，このように人夫《にんぶ》として **D** の所でこき使われるので，ひまが無いのです。……
（部分要約）

㋑御家人《ごけにん》の湯浅《ゆあさ》氏のひどい行いに対して，農民たちは，団結して領主に訴えた。

Ⅲ 検地の様子

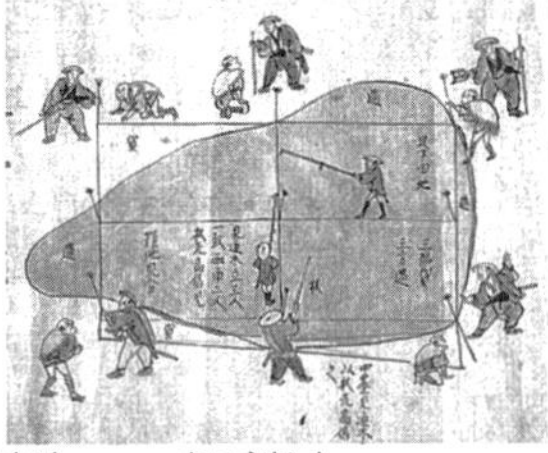

㋒安土桃山《あづちももやま》時代に太閤検地《たいこうけんち》が行われると，全国の土地が（ ㋓ ）という統一的な基準で表され，武士は領地の（ ㋓ ）に応じた軍役《ぐんやく》を果たすことが義務付けられた。

Ⅳ 江戸時代のからかさ連判状《れんぱんじょう》

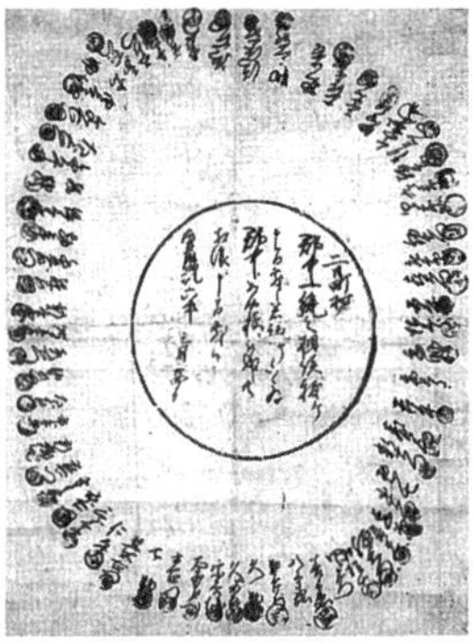

領主に年貢《ねんぐ》の軽減や不正を働く代官の交代などを求めて一致団結した農民たちは，［ ㋔ ］ために円形に署名したとされる。

（1） Ⅰ について，次のア，イに答えなさい。

ア （ ㋐ ）にあてはまる語を書きなさい。

イ **A** ～ **C** にあてはまる，律令《りつりょう》体制における地方行政の区分の正しい組み合わせを，次の1～6の中から一つ選び，その番号を書きなさい。

1 A—郡 B—国 C—里　2 A—里 B—郡 C—国　3 A—国 B—里 C—郡
4 A—国 B—郡 C—里　5 A—郡 B—里 C—国　6 A—里 B—国 C—郡

（2） Ⅱ 中の［ D ］に共通してあてはまる，下線部㋑が幕府から任命された役職名を**漢字**で書きなさい。

（3） Ⅲ について，次のア，イに答えなさい。

ア 下線部㋒のころに栄えた，桃山文化の特色について述べた文として**適切でないもの**を，次の1～4の中から一つ選び，その番号を書きなさい。

1 狩野永徳《かのうえいとく》は，城の室内におかれた，ふすまや屏風《びょうぶ》に，力強く豪華な絵をえがいた。
2 井原西鶴《いはらさいかく》は，武士や町人の生活を基に浮世草子《うきよぞうし》（小説）を書き，庶民《しょみん》の共感を呼んだ。
3 千利休《せんのりきゅう》は，禅宗《ぜんしゅう》の影響を受け，内面の精神性を重視し，質素なわび茶の作法を完成させた。
4 出雲《いずも》の阿国《おくに》という女性が始めたかぶき踊りが人気を集めた。

イ （ ㋓ ）に共通してあてはまる語を書きなさい。

（4） Ⅳ 中の［ ㋔ ］に入る適切な内容を書きなさい。

2023(R5) 青森県公立高
教英出版

4 下の年表は，ある生徒が日本の政治に関する主な出来事をまとめたものである。次の（1）～（6）に答えなさい。(15 点)

西暦	主な出来事
1889 年	(あ)大日本帝国憲法が発布される
1898 年	大隈重信《おおくましげのぶ》が初めて政党内閣《せいとうないかく》を組織する
1918 年	(い)原敬《はらたかし》を首相とする，本格的な政党内閣が成立する
1924 年	(う)加藤高明《かとうたかあき》を首相とする，連立内閣が成立する
	↕ (え)
1940 年	政党が解散し，新たに結成された（ (お) ）に合流する
1945 年	連合国軍最高司令官総司令部（ＧＨＱ）による占領政策がはじまる
	↕ (か)
1952 年	日本が独立を回復する

（1）下線部(あ)を制定するために，ドイツやオーストリアなどの各地で憲法について学び，内閣制度ができると初代の内閣総理大臣に就任したのは誰か，人物名を書きなさい。

（2）下線部(い)について，当時の衆議院第一党を，次の 1 ～ 4 の中から一つ選び，その番号を書きなさい。

1　立憲改進党《りっけんかいしんとう》　　2　立憲政友会《りっけんせいゆうかい》　　3　憲政会　　4　自由党

（3）下線部(う)は，政治により多くの国民の意向が反映される政策を実施した。右の資料は，1920 年と 1928 年の衆議院議員選挙における有権者数と全人口にしめる有権者の割合の変化を表している。この変化について述べた下の文中の［ X ］にあてはまる法律名を書きなさい。また，［ Y ］に入る適切な内容を，**納税額**という語を用いて書きなさい。

> 1925 年に成立した［ X ］により，［ Y ］に対して選挙権が与えられたため，有権者がそれまでの約 4 倍に増えた。

資料

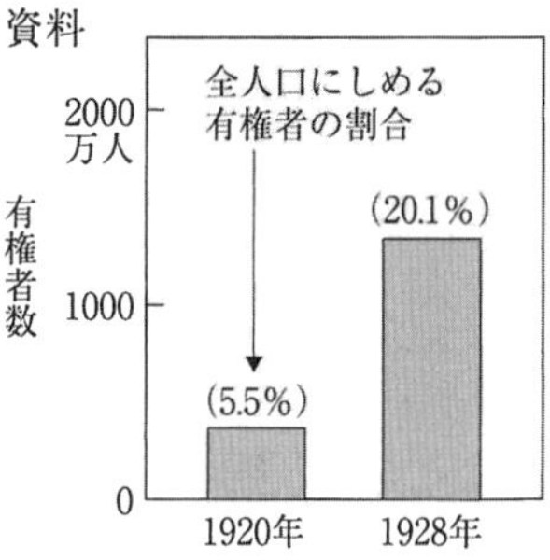

〔「衆議院議員選挙の実績」による〕

（4）(え)の時期に起こった，次の 1 ～ 3 の出来事を年代の古い順に並べ，その番号を書きなさい。

1　中国で国民党が共産党の呼びかけに応じて，内戦を停止した。

2　ドイツでヒトラーが首相になると，ワイマール憲法が停止された。

3　ニューヨークの株式市場《しじょう》で株価が大暴落した。

（5）（ (お) ）にあてはまる語を書きなさい。

（6）(か)の時期について述べた文として適切なものを，次の 1 ～ 4 の中から一つ選び，その番号を書きなさい。

1　ＧＨＱは戦後改革《せんごかいかく》を急ぐため，日本の経済を支配してきた財閥《ざいばつ》との連携を強化した。

2　沖縄と奄美《あまみ》群島，小笠原諸島では，本土と同様に間接統治の方法が採られた。

3　朝鮮戦争《ちょうせんせんそう》が始まった影響で日本の経済は不景気となり，復興が遅れた。

4　冷戦が東アジアにおよぶと，ＧＨＱの占領政策は，経済の復興を重視する方向に転換された。

5 下の文章は，ある生徒が日本国憲法と現代の民主政治について学習した内容をまとめたものである。次の（1）～（4）に答えなさい。（14 点）

> ・日本国憲法の三つの基本原理は，国民主権，基本的人権の尊重，（ ㋐ ）である。
> ・産業や，情報化などの科学技術の発展にともなって，日本国憲法には直接的に規定されていない㋑「新しい人権」が主張されるようになった。
> ・㋒裁判は，正しい手続きによって，中立な立場で公正に行われなければならない。
> ・選挙権年齢は，2016 年から満 18 歳以上に引き下げられた。選挙の主な課題として，有権者が投票に行かない棄権《きけん》が多くなり投票率が低下していることや，有権者が持つ［ ㋓ ］ことなどがあげられる。

（1）（ ㋐ ）にあてはまる語を書きなさい。

（2）資料 1 は，臓器提供意思表示カードを表している。下線部㋑について述べた下の文章中の［ A ］，［ B ］にあてはまる語の組み合わせとして適切なものを，次の 1 ～ 4 の中から一つ選び，その番号を書きなさい。

資料 1

> 「新しい人権」は主に，日本国憲法第 13 条に定められている「生命，自由及び［ A ］に対する国民の権利」に基づいて主張されている。この人権のうち，［ B ］が尊重された例の一つとして，自分の意思を記入した臓器提供意思表示カードを持つことがあげられる。

1　A―平等　B―自己決定権　　2　A―平等　B―プライバシーの権利

3　A―幸福追求　B―自己決定権　　4　A―幸福追求　B―プライバシーの権利

（3）下線部㋒について，次のア～ウに答えなさい。

ア　国会や内閣は裁判所に干渉《かんしょう》してはならず，一つ一つの裁判では，裁判官は自分の良心に従い，憲法と法律だけにしばられるという原則を何というか，書きなさい。

イ　下線部㋒について述べた文として適切なものを，次の 1 ～ 4 の中から一つ選び，その番号を書きなさい。

1　裁判員が参加するのは，高等裁判所で行われる第二審までである。

2　裁判員制度の対象となるのは，殺人や強盗《ごうとう》致死《ちし》などの重大な犯罪についての刑事裁判である。

3　下級裁判所は，法律などが合憲か違憲かについて審査する違憲審査を行わない。

4　日本の裁判所は，最高裁判所，高等裁判所，下級裁判所に分かれる。

ウ　刑事裁判について述べた下の文中の［ C ］，［ D ］にあてはまる語を，それぞれ書きなさい。

> ［ C ］官は，被疑者《ひぎしゃ》が罪を犯した疑いが確実で，刑罰《けいばつ》を科すべきだと判断すると，被疑者を［ D ］人として，裁判所に訴《うった》える。

（4）資料 2 は，衆議院議員選挙・小選挙区の議員一人あたりの有権者数を表している。［ ㋓ ］に入る適切な内容を，資料 2 を参考にして，**価値**という語を用いて書きなさい。

資料 2

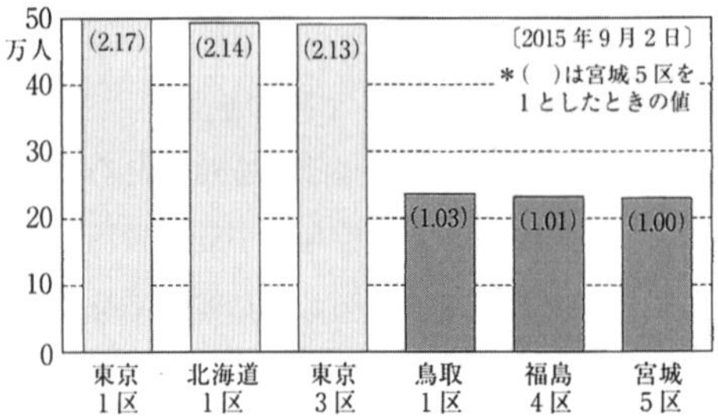

〔「総務省資料」による〕

2023(R5) 青森県公立高
教英出版

6 下の表は，ある生徒が生活と経済についてまとめたものである。次の（１）～（６）に答えなさい。（15 点）

雇用と労働条件の改善	・質の高い充実した仕事をするうえで，休息の時間をしっかり取り，家族や地域の人と過ごす時間が必要である。そのためには，労働時間を短縮し，育児や介護のための休暇を充実させることで，性別や年齢に関わりなく，仕事と個人の生活とを両立できる（ あ ）を実現することが重要である。 ・い賃金や労働時間などの労働条件は，原則として，労働者と使用者との間で，契約の形で決められる。
貿易と経済のグローバル化	・それぞれの国が得意な商品の生産に力を入れ，その商品を貿易する（ う ）の実現で，それぞれの国が，国民の暮らしをより豊かにできる。外国と貿易したり，海外旅行をしたりするときには，え日本の通貨である円を，外国の通貨と交換する必要がある。
私たちの生活とお財政	・社会保障費が増加する現在の日本にとって，か社会保障の充実と経済成長とをどのように両立させていくかが，大きな課題となっている。

（１）（ あ ）にあてはまる語を，次の１～４の中から一つ選び，その番号を書きなさい。

　１　フェアトレード　　２　ワーク・ライフ・バランス　　３　バリアフリー　　４　ストライキ

（２）下線部いについて，最低限の基準を定めている法律を何というか，書きなさい。

（３）（ う ）にあてはまる語を，次の１～４の中から一つ選び，その番号を書きなさい。

　１　国際分業　　２　保護貿易　　３　マイクロクレジット　　４　クラウドファンディング

（４）下線部えについて，資料１は日本の通貨（円）とアメリカの通貨（ドル）の為《か》替《わせ》相《そう》場《ば》の変動を模式的に示したものである。為替相場の変動について述べた下の文章中の［A］，［B］にあてはまる数字を，それぞれ書きなさい。また，［X］，［Y］にあてはまる語の組み合わせとして適切なものを，次の１～４の中から一つ選び，その番号を書きなさい。ただし，為替相場以外の影響は考えないものとする。

資料１

月	為替相場(月平均値)
1月	1ドル＝ 80円
6月	1ドル＝100円
12月	1ドル＝120円

資料１中で最も円安なのは，［A］月である。1台240万円の日本製自動車がアメリカへ輸出された場合，この月の為替相場（月平均値）で計算すると，1台［B］ドルとなる。一般的に円安は，輸出が中心の日本の企業にとって［X］となり，日本からアメリカへ旅行する観光客にとって［Y］となる。

　１　X―有利　　Y―有利　　　２　X―有利　　Y―不利

　３　X―不利　　Y―有利　　　４　X―不利　　Y―不利

（５）下線部おについて，国や地方公共団体が税金を使って，道路や公園，水道などの社会資本の整備や，社会保障や消防などの公共サービスの提供を行う理由を，次の２語を用いて書きなさい。

　　利潤　　**民間企業**

（６）下線部かについて，資料２は国民負担率と国民所得（ＮＩ）にしめる社会保障支出の割合を表しており，ａ～ｄは，日本，ドイツ，アメリカ，スウェーデンのいずれかである。下の文章を参考に，ａ～ｄにあてはまる国名をそれぞれ書きなさい。

・アメリカは，社会保障をしぼりこむ代わりに国民の負担を軽くしている。
・スウェーデンは，社会保障を充実させる代わりに，税金などの国民の負担を大きくしている。
・日本の社会保障負担の比率と租税負担の比率は，いずれもドイツよりも低い。

資料２

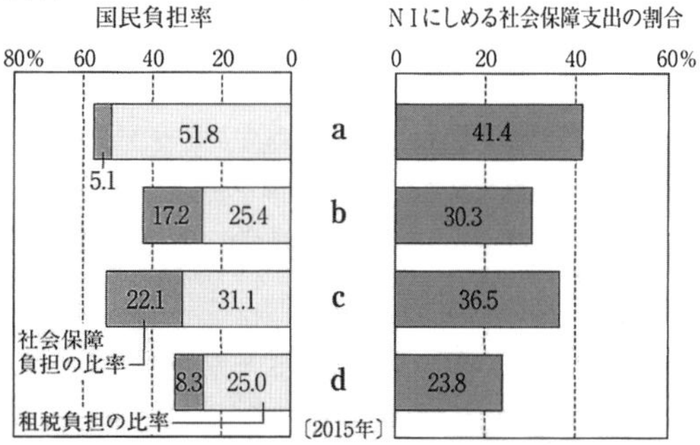

（注）国民負担率は，国民の税や社会保障費の負担の，国民所得（ＮＩ）にしめる割合。国民所得は，国民全体が一定期間に得る所得の総額。

〔「厚生労働省資料」による〕

7 下の資料１，資料２は，ある生徒が海上輸送に大きな役割を果たしている運河について調べてまとめたものの一部である。次の（１）～（５）に答えなさい。ただし，資料１と資料２の地図の縮尺は同一ではない。(12点)

資料１

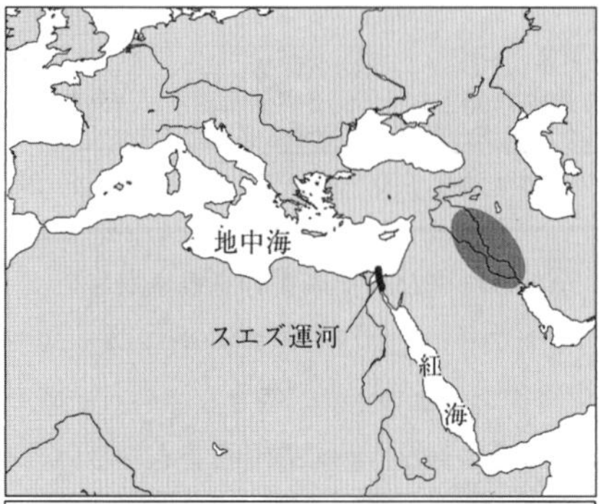

・スエズ運河は，地中海と紅海を結ぶ全長約163 km（建設当時）の運河で，㋐1869年に完成した。
・ヨーロッパとアジアを結ぶ航路は，バスコ・ダ・ガマが開拓した，（　X　）を回る航路に比べて大幅に短縮された。

資料２

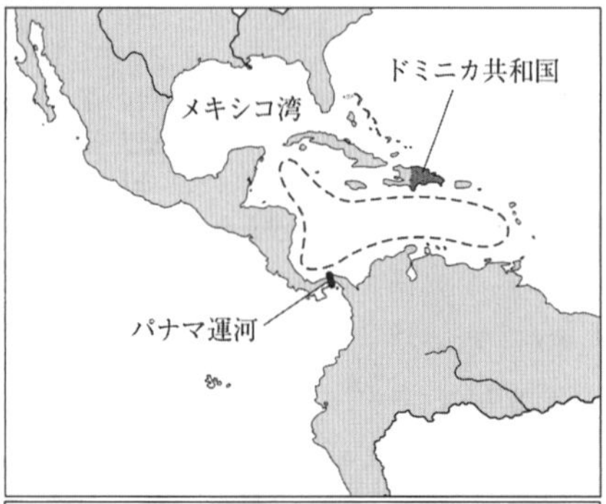

・パナマ運河は，大西洋と（　Y　）を結ぶ全長約80 kmの運河で，1914年に完成した。
・北アメリカ大陸東岸と西岸を結ぶ航路は，南アメリカ大陸南端を回る航路に比べて大幅に短縮された。

（１）（　X　），（　Y　）にあてはまる語の組み合わせとして適切なものを，次の１～４の中から一つ選び，その番号を書きなさい。

１　X―アフリカ大陸南端　Y―太平洋　　２　X―アフリカ大陸南端　Y―インド洋
３　X―ユーラシア大陸北端　Y―太平洋　４　X―ユーラシア大陸北端　Y―インド洋

（２）資料１中の  で栄えた古代文明について述べた文として適切なものを，次の１～４の中から一つ選び，その番号を書きなさい。

１　各地に都市国家が建設され，男性市民全員が参加する民会を中心に民主的な政治が行われた。
２　川のはんらんの時期を知るための天文学が発達し，太陽暦が作られ，象形《しょうけい》文字《もじ》も発明された。
３　楔形《くさびがた》文字《もじ》が発明され，太陰暦《たいいんれき》，時間を60進法で測ること，１週間を七日とすることが考え出された。
４　文字や長さや重さ，容積の基準，貨幣が統一され，北方の遊牧民の侵入を防ぐための長城が築かれた。

（３）下線部㋐の後に起こった，日本に関する次の１～３の出来事を年代の古い順に並べ，その番号を書きなさい。

１　イギリスとの日英同盟が結ばれた。
２　清との下関条約が結ばれた。
３　関税自主権の完全な回復を実現した。

（４）主に資料２中の  で発生し，西インド諸島，北アメリカ大陸南部や南東部をおそう熱帯低気圧を何というか，書きなさい。

（５）資料３は，資料２中のドミニカ共和国にある，日本の協力で整備された消化器疾患《しっかん》センターを表している。このように，発展途上国の社会・経済の開発を支援するため政府が行う資金や技術の協力を何というか，その略称を**アルファベット３文字**で書きなさい。

資料３

〔「外務省ホームページ」より〕

令和５年度県立高等学校入学者選抜学力検査

理　　　　　科

時間 45 分

（13時40分～14時25分）

注　　　　意

1　問題用紙は「始めなさい」という合図があるまで開いてはいけません。

2　問題用紙は表紙を入れて８ページあり，これとは別に解答用紙が１枚あります。

3　受検番号は，検査開始後，解答用紙の決められた欄に記入しなさい。

4　机の上に置けるものは，受検票・鉛筆（シャープペンシルも可）・消しゴム・鉛筆削り・分度器の付いていない定規（三角定規を含む）・コンパスです。

5　筆記用具の貸し借りはいけません。

6　問題を読むとき，声を出してはいけません。

7　印刷がはっきりしなくて読めないときや，筆記用具を落としたときなどは，だまって手をあげなさい。

8　「やめなさい」という合図ですぐに書くのをやめ，筆記用具を置きなさい。

答えの書き方

1　答えは，問題の指示に従って，すべて解答用紙に記入しなさい。

2　答えはていねいに書きなさい。答えを書き直すときは，きれいに消してから書きなさい。

3　計算などには，問題用紙の余白を利用しなさい。

1 次の（1）～（4）に答えなさい。(20点)

（1）無せきつい動物について，次のア，イに答えなさい。

ア　クモやエビのように，外骨格をもち，からだに節がある動物のなかまを何というか，書きなさい。

イ　次の1～4の中で，動物名とその特徴の組み合わせとして適切なものを**二つ**選び，その番号を書きなさい。

	動物名	特徴
1	カブトムシ，バッタ	3対のあしがある。
2	カニ，ミジンコ	からだが頭部と腹部からなる。
3	イカ，タコ	内臓が外とう膜でおおわれている。
4	アサリ，サザエ	肺や皮膚で呼吸している。

（2）右の図は，ヒトの排出にかかわる器官を模式的に表したものであり，下の文章は，排出のしくみについて述べたものである。次のア，イに答えなさい。

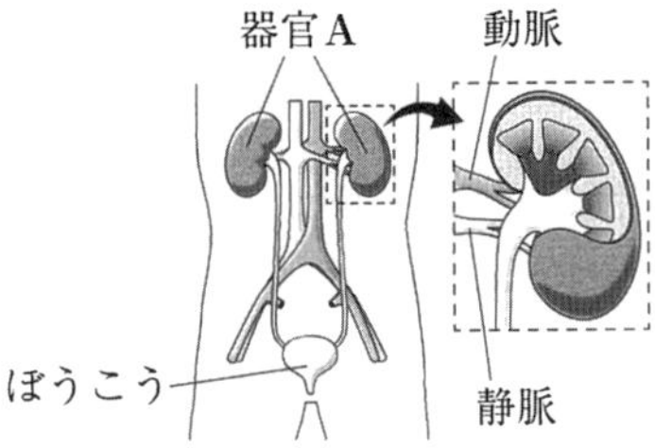

> 細胞の活動によって，ある有毒な物質ができるが，肝臓で尿素という無毒な物質に変えられる。尿素は，血液によって図の器官Aに運ばれ，水などとともに血液からこしとられて，尿として体外に排出される。

ア　下線部の名称として適切なものを，次の1～4の中から一つ選び，その番号を書きなさい。

1　アミラーゼ　　2　アンモニア　　3　グリセリン　　4　胆汁

イ　器官Aの名称を書きなさい。また，図の動脈と静脈のうち，尿素をより多くふくむ血液が流れている血管はどちらか，書きなさい。

（3）右の図は，ある地点で観察した地層のようすを模式的に表したものである。この地層に見られる岩石は，もろくくずれやすくなっていた。次のア，イに答えなさい。

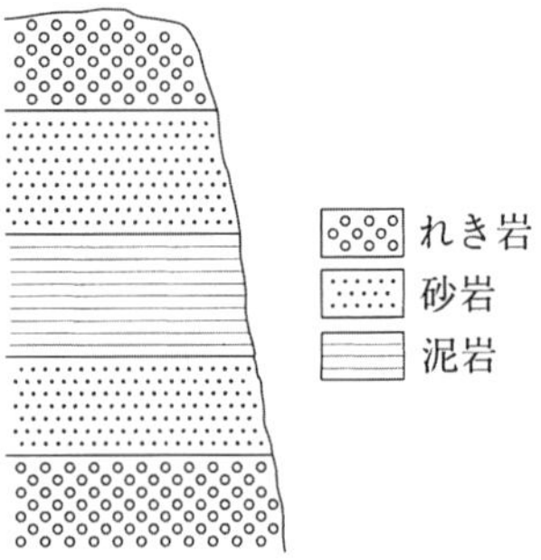

ア　下線部のように，岩石が長い年月の間に，気温の変化や雨水などのはたらきによって，もろくくずれやすくなることを何というか，書きなさい。

イ　図の地層が堆積する間に海水面はどのように変化したと考えられるか，適切なものを，次の1～4の中から一つ選び，その番号を書きなさい。ただし，この地層は海底で連続して堆積したものである。また，断層やしゅう曲はないものとする。

1　上昇した。　　2　上昇した後，下降した。
3　下降した。　　4　下降した後，上昇した。

（4）青森県のある場所で，夏至の日の8時から16時まで，太陽の位置を透明半球上に1時間ごとに•で記録し，なめらかな曲線で結んだ。右の図は，その結果を表したものであり，1時間ごとの曲線の長さは同じであった。また，A，Bは，曲線を延長して透明半球のふちと交わる点を示したものである。次のア，イに答えなさい。

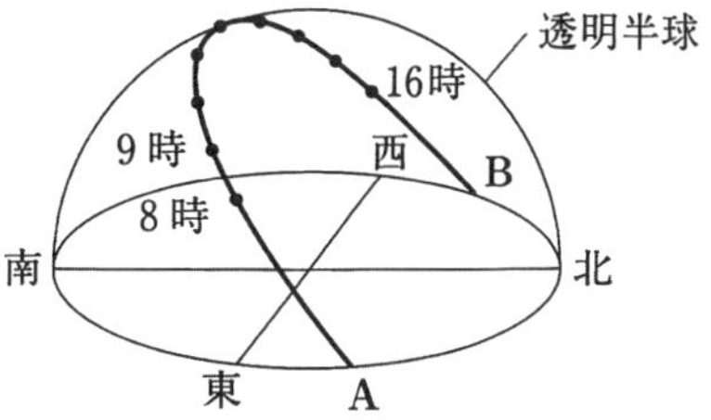

ア　下線部の理由について述べたものとして適切なものを，次の1～4の中から一つ選び，その番号を書きなさい。

1　太陽が一定の速さで自転しているため。
2　太陽が一定の速さで地球のまわりをまわっているため。
3　地球が一定の速さで自転しているため。
4　地球が一定の速さで太陽のまわりをまわっているため。

イ　図のAとBを結んだ透明半球上の曲線の長さは30.2cm，1時間ごとの曲線の長さは2.0cmであった。また，この日の日の入りの時刻は，19時12分であった。この日の日の出の時刻は何時何分か，求めなさい。ただし，太陽の位置がAのときの時刻を日の出，Bのときの時刻を日の入りの時刻とする。

2　次の（1）～（4）に答えなさい。(18点)

（1）ペットボトルは，ポリエチレンテレフタラートでできている。右の図のように，空《から》のペットボトルの質量をはかったところ，28.0gであった。このペットボトルは，何cm^3のポリエチレンテレフタラートでできているか，求めなさい。ただし，ポリエチレンテレフタラートの密度は1.4 g/cm^3であるものとする。

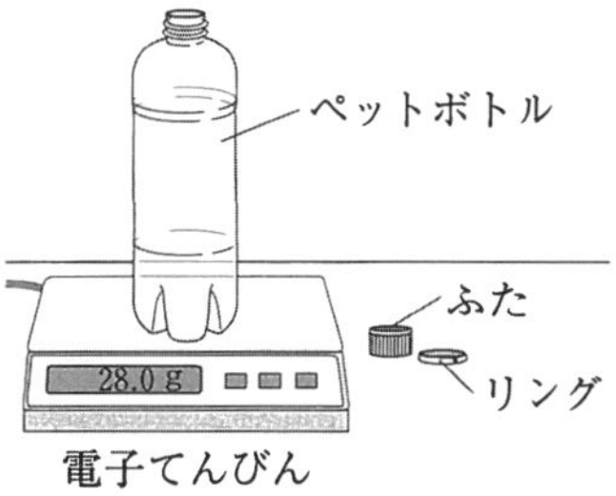

（2）右の図のように，亜鉛板を硫酸亜鉛水溶液に入れたものと，銅板を硫酸銅水溶液に入れたものを，セロハンで隔《へだ》てて組み合わせた電池を作った。これにモーターをつないだところ，モーターがまわった。次のア，イに答えなさい。

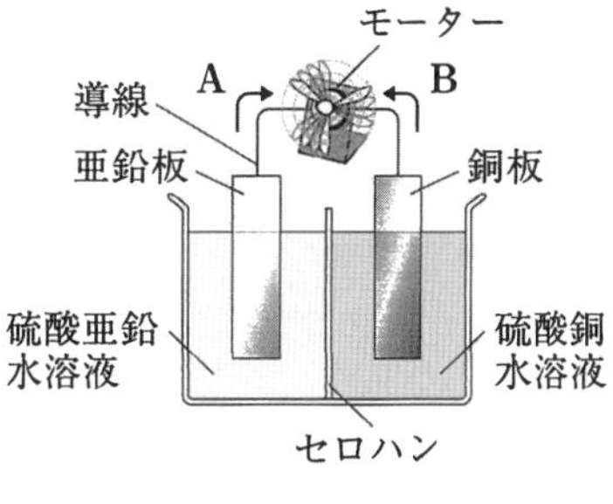

ア　下線部のような化学電池を何というか，書きなさい。

イ　下の文章は，モーターを十分にまわした後の亜鉛板と銅板の表面の変化と，電子の移動の向きについて述べたものである。文章中の［①］に入る内容として適切なものを，次の1～4の中から一つ選び，その番号を書きなさい。また，［②］に入る電子の移動する向きは，図のA，Bのどちらか，その記号を書きなさい。

モーターを十分にまわした後，［　①　］。このことから，電子は，図の［②］の向きに移動していることがわかる。

1　亜鉛板では亜鉛が付着し，銅板では銅が溶《と》け出した
2　亜鉛板では亜鉛が付着し，銅板では銅が付着した
3　亜鉛板では亜鉛が溶け出し，銅板では銅が溶け出した
4　亜鉛板では亜鉛が溶け出し，銅板では銅が付着した

（3）図1の装置を用いて，コイルAに電流を流したところ，コイルBにつないだ検流計の針が＋にふれた。次のア，イに答えなさい。

ア　下線部について，このとき流れた電流の名称を書きなさい。

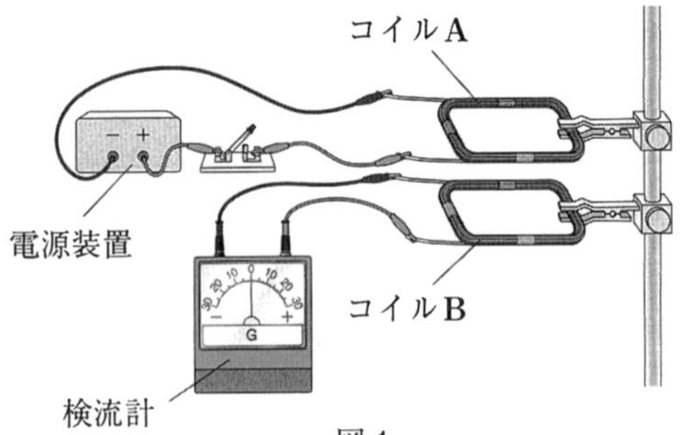

図1

イ　図2のように，図1のコイルBの真上からS極を下にして棒磁石を落下させるときの，検流計の針のふれのようすについて述べたものとして適切なものを，次の1～4の中から一つ選び，その番号を書きなさい。

1　＋にふれた後，－にふれて0に戻る。
2　＋にふれた後，0に戻る。
3　－にふれた後，＋にふれて0に戻る。
4　－にふれた後，0に戻る。

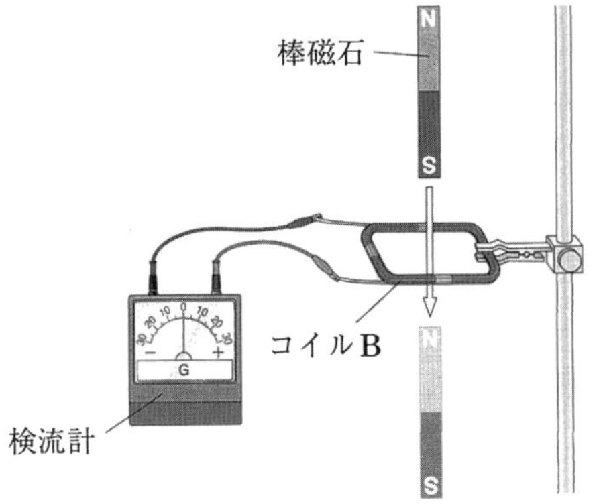

図2

（4）図1のように，300 g の物体にひもをつけ，床から 40 cm の高さまでゆっくりと一定の速さで引き上げた。次に，図2のように，同じ物体を斜面に置き，床から 40 cm の高さまで斜面に沿ってゆっくりと一定の速さで引いたところ，ばねばかりは 2.0 N を示した。次のア，イに答えなさい。ただし，100 g の物体にはたらく重力の大きさを 1 N とし，ひもの重さや物体と斜面との摩擦は考えないものとする。

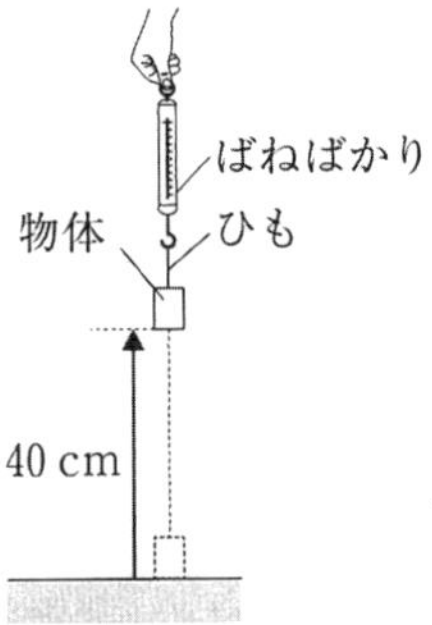

図1

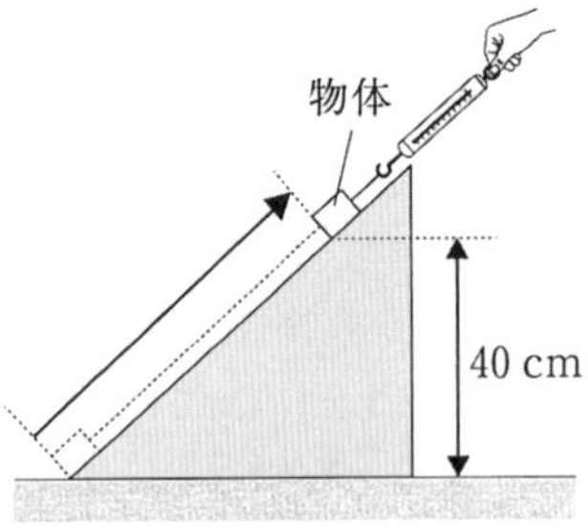

図2

ア　図1，2で，手が物体にした仕事の大きさは変わらない。このことを何というか，書きなさい。

イ　図2について，物体が斜面に沿って移動した距離は何 cm か，求めなさい。

教英出版

国語放送台本

※教英出版注
音声は，解答集の書籍ＩＤ番号を教英出版ウェブサイトで入力して聴くことができます。

今から、国語の、放送による検査を行います。はじめに、解答用紙を出して、受検番号を決められた欄に記入してください。

（間５秒）

次に、問題用紙の２ページを開いてください。

（間３秒）

□一《しかく》は、【資料】を見ながら放送を聞いて、質問に答える問題です。

（間２秒）

ある中学校で放送委員会が開かれました。司会を務めるのは加藤さんで、意見を述べるのは三浦さんと田村さんです。これから、その委員会の様子を紹介します。そのあとで、四つの問題を出します。それを聞いて、解答用紙の(1)、(2)、(3)、(4)、それぞれの欄に答えを書きなさい。委員会の様子、問題は、それぞれ一回しか言いません。必要なことは、メモを取ってもかまいません。

それでは、始めます。

（間３秒）

［加藤さん］

これから放送委員会を始めます。今日の議題は、「放送内容の改善について」です。先日の生徒総会で、「昼の放送について、もっと興味をもてる内容にしてほしい。」という意見がありました。皆さんはこのことについてどう思いますか。三浦さん、意見をどうぞ。

（間２秒）

［三浦さん］

はい。今の放送の主な内容は、行事予定や給食の献立の紹介です。生徒が放送に興味をもてない理由は、内容が掲示板で確認できるものと同じだということです。私たちの放送ならではの内容を考えることが必要です。そこで私は、生徒が登場する場面をつくるのがよいと思います。多くの生徒が放送に参加できる企画を考え、皆さんで楽しめる内容を盛り込むのはどうでしょうか。例えば、全校生徒に好きな本や音楽などのアンケートをとって、結果をランキング形式で発表したり、クイズ大会を行ったりするとよいと思います。全校生徒と一緒に楽しい昼のひとときをつくりたいですね。

（間２秒）

［加藤さん］

それは楽しそうですね。では次に、田村さん、意見をどうぞ。

（間２秒）

［田村さん］

はい。私も三浦さんと同じで、生徒が登場する場面をつくるのがよいと思います。私は、一人の生徒に注目して紹介することを考えました。例えば、部活動で活躍している人にインタビューを行い、その内容を放送します。何かに全力で取り組む人の話は、放送を聞いた全校生徒に多くの影響を与えるのではないでしょうか。

（間２秒）

※教英出版注
音声は，解答集の書籍ＩＤ番号を教英出版ウェブサイトで入力して聴くことができます。

英 語 放 送 台 本

今から，英語の，放送による検査を行います。はじめに，解答用紙を出して，受検番号を決められた欄に記入してください。（間５秒）次に，問題用紙の２ページを開いてください。（間３秒）
□《しかく》１は放送による検査です。問題は（１）から（４）まであります。必要があればメモを取ってもかまいません。それでは（１）から始めます。（間３秒）

（１）は，英文と質問を聞いて，適切なものを選ぶ問題です。問題は，ア，イ，ウの三つあります。質問の答えとして最も適切なものを，１，２，３，４の中からそれぞれ一つ選んで，その番号を解答用紙に書きなさい。英文と質問は二回読みます。（間２秒）それでは始めます。（間３秒）

アの問題（間２秒）
It is cold. You want something to make you warm. What will you buy?
（間２秒）もう一度読みます。（間２秒）（英文と質問を読む）（間２秒）答えを書きなさい。（間３秒）

イの問題（間２秒）
Emi's school will have a sports festival this month. Students answered a question about their most favorite sport. The most popular sport was dodgeball. Volleyball was chosen by 13 students, and basketball was chosen by 40 students. Which is Emi's school?
（間２秒）もう一度読みます。（間２秒）（英文と質問を読む）（間２秒）答えを書きなさい。（間５秒）

ウの問題（間２秒）
You need to go to Midori Park next Saturday. You have to arrive there at 10:30 a.m. It is 20 minutes from your house to the park. What time will you leave home?
（間２秒）もう一度読みます。（間２秒）（英文と質問を読む）（間２秒）答えを書きなさい。（間３秒）

これで（１）を終わります。（間３秒）では，（２）に移ります。（間３秒）

（２）は，ケイトのスピーチを聞いて，質問に答える問題です。問題は，ア，イ，ウの三つあります。はじめに，英文を読みます。次に，質問を読みます。そのあと，もう一度，英文と質問を読みます。質問の答えとして最も適切なものを，１，２，３，４の中からそれぞれ一つ選んで，その番号を解答用紙に書きなさい。（間２秒）それでは始めます。（間３秒）

Today I want to tell you about my dream. I've wanted to be the best snowboarder in the world since I was a child. Last winter, I went to America to improve my snowboarding skills. I saw many great snowboarders there. I was very surprised because they practiced snowboarding harder than I did. I respected them. So, I practice it every day. I want to snowboard at the Olympics and get a gold medal someday.（間３秒）

アの問題（間２秒）What did Kate talk about?（間４秒）

イの問題（間２秒）When did Kate go to America?（間４秒）

ウの問題（間２秒）Why did Kate respect many great snowboarders in America?（間４秒）

英文と質問をもう一度読みます。（間２秒）（英文と質問を繰り返す）

これで（２）を終わります。（間３秒）では，（３）に移ります。（間３秒）

令和五年度県立高等学校入学者選抜学力検査

国語解答用紙

受検番号

1

(1)	(2)	(3)	(4)
/4	/4	/4	/4

小計 /16

2

(1)

ア	イ	ウ	エ	オ
褐色	迅速	寡黙	控（える）	狭（める）

カ	キ	ク	ケ	コ
フッキュウ	ゴクヒ	サンサク	コナ	タ（らす）

(2)

(1) ア〜オ	(1) カ〜コ	(2)
/5	/5	/2

小計 /12

3

(1) ア	(1) イ	(1) ウ	(2) ア	(2)
/2	/4	/4	/2	/2

小計 /14

※100点満点

総計 /100

【注意】　　の欄には何も記入しないこと。

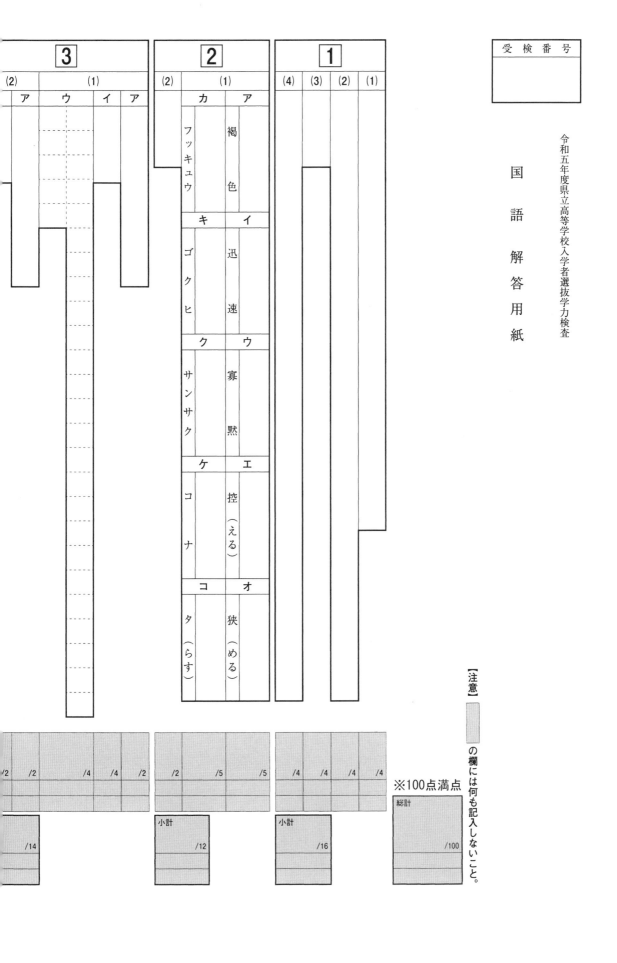

4	(1)	ア		/2
		イ		/2
		ウ		/2
	(2)	1		/3
		2		/3
		3		/3
	(3)			/6

小計
/21

5	(1)	ア		イ		ウ		エ		/12
	(2)									/4
	(3)	ア		イ		ウ				/9

小計
/25

教英出版

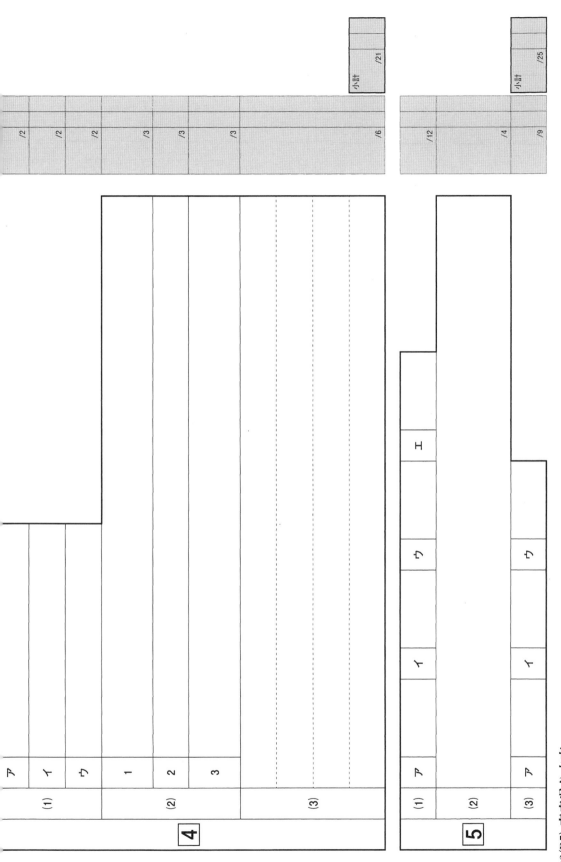

(7)		cm	/4
(8)			/4
		小計	/43

2	(1)		A・ ・O		/3
	(2)	ア	あ		/2
			い		/2
			う	え	/3
			X		/2
		イ			/3
				小計	/15

5	(1)	あ			/2
		い			/2
	(2)	ア			/3
		イ	え	(,), (,), (,), (,)	/4
			お	(,) りんご 個、なし 個	/4
				小計	/15

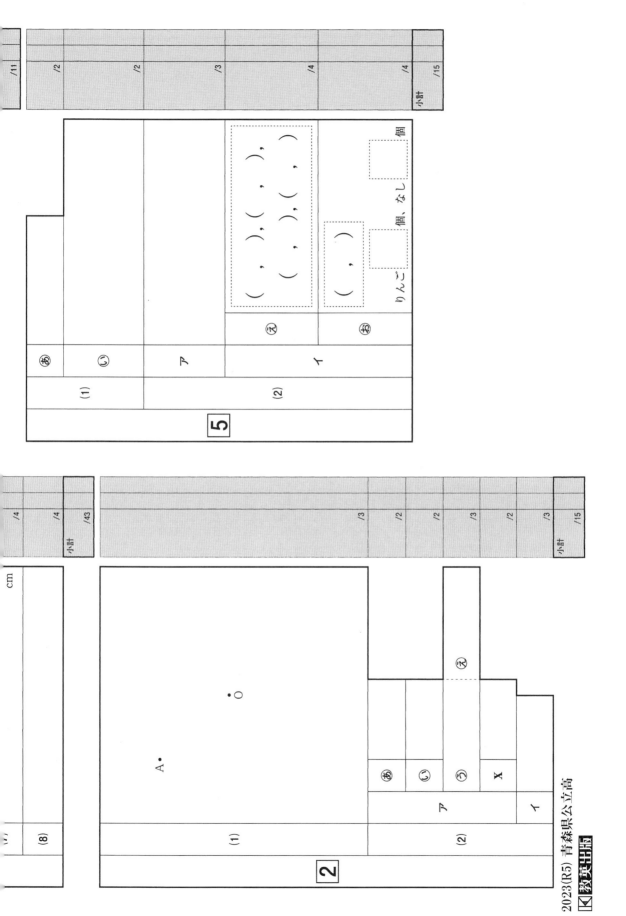

(2)			/3
	イ	中国・四国地方	/2
		九州地方	/2
小計			/16

3			
(1)	ア		/2
	イ		/3
(2)			/3
(3)	ア		/2
	イ		/2
(4)			/3
小計			/15

	/3
小計	/14

6		
(1)		/2
(2)		/2
(3)		/2
(4)	A 月 B ドル 番号	/3
(5)		/3
(6)	a b c d	/3
小計		/15

7		
(1)		/2
(2)		/3
(3)	→ →	/3
(4)		/2
(5)		/2
小計		/12

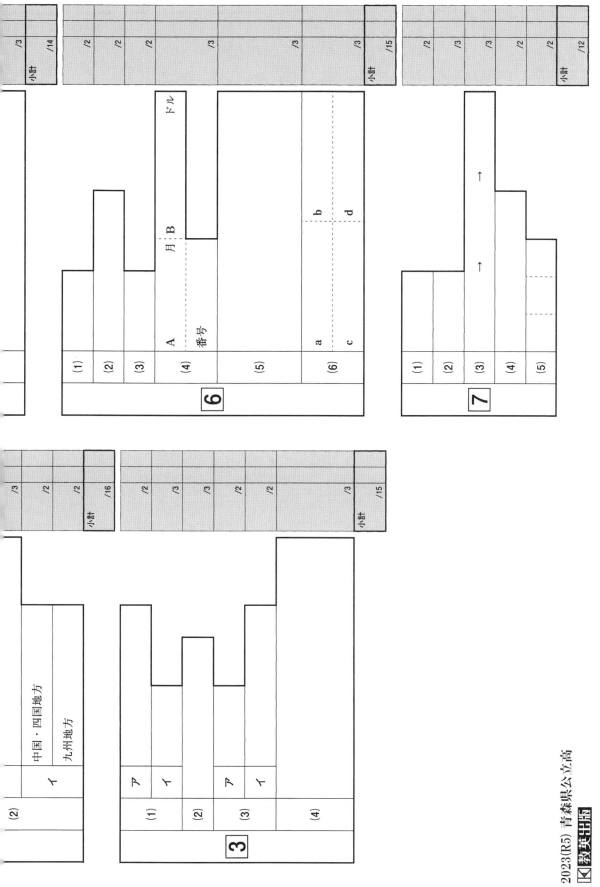

2

	②		/3
(3)	ア		/2
(3)	イ		/3
(4)	ア		/2
(4)	イ	cm	/3
		小計	/18

3

(1)	ア			/2
(1)	イ			/3
(1)	ウ			/3
(2)	ア	①		/2
(2)	ア	②		/2
(2)	イ			/3
			小計	/15

5

	イ		/3
(2)	ウ	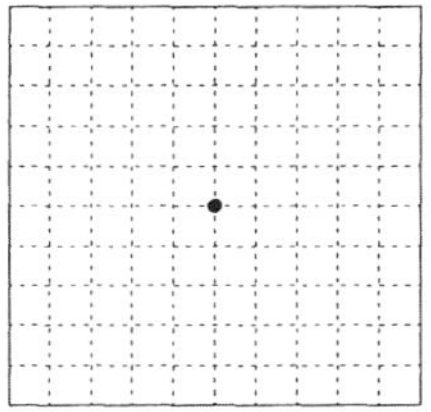	/4
		小計	/15

6

(1)	ア			/2
(1)	イ			/3
(1)	ウ	①		/1
(1)	ウ	②		/1
(1)	ウ	③		/1
(2)	ア	1月10日 → 1月11日 → 1月12日 図2 → 1月13日		/3
(2)	イ			/4
			小計	/15

教英出版

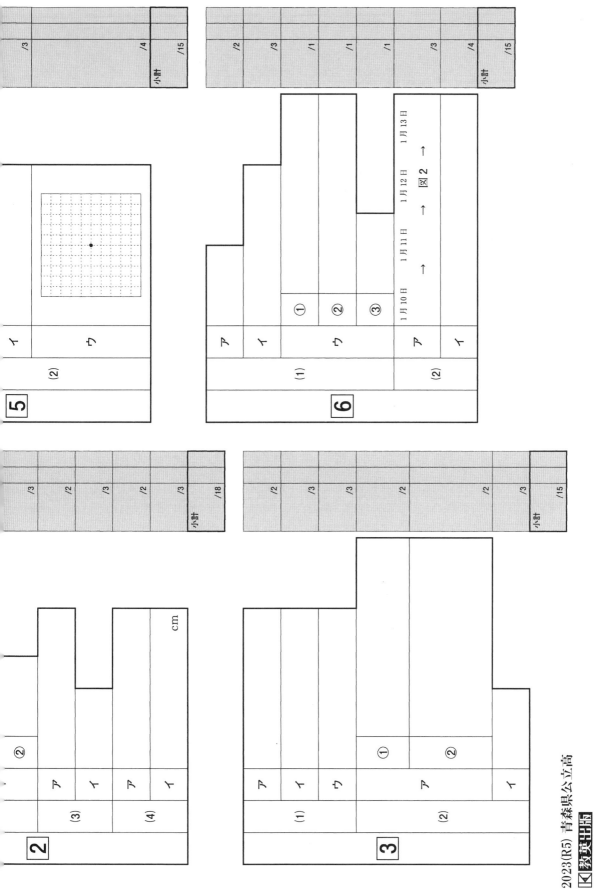

受　検　番　号

令和５年度県立高等学校入学者選抜学力検査

理　　科　　解 答 用 紙

※100点満点

【注意】　　の欄には何も記入しないこと。

総計
/100

1				
	(1)	ア		/2
		イ		/3
	(2)	ア		/2
		イ	器官A 血管	/3
	(3)	ア		/2
		イ		/3
	(4)	ア		/2
		イ	時　　分	/3
			小計	/20

4				
	(1)	ア	＋　　→ 2MgO	/3
		イ	g	/3
	(2)	ア		/2
		イ	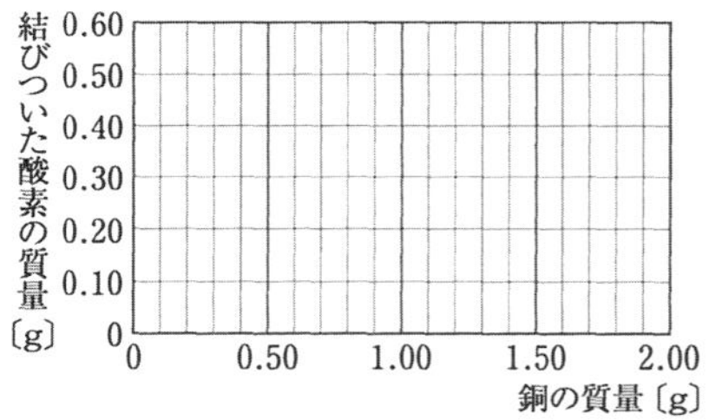	/3
	(3)			/3
	(4)		g	/3
			小計	/17

	(1)		cm³	/3
		ア		

	(1)	ア		/2
		イ		

【解答

受　検　番　号

令和５年度県立高等学校入学者選抜学力検査

社　会　解 答 用 紙

※100点満点

【注意】 の欄には何も記入しないこと。

総計
/100

1	(1)			/2
	(2)			/2
	(3)			/2
	(4)	ア		/2
		イ		/2
	(5)			/3
			小計	/13

	(1)	ア	市	/2
		イ		/2
		ウ		/2
		エ	A県　B県　C県	/3

4	(1)			/2
	(2)			/2
	(3)	X		
		Y		/3
	(4)		→　→	/3
	(5)			/2
	(6)			/3
			小計	/15

5	(1)			/2
	(2)			/2
	(3)	ア		/2
		イ		/2
		ウ	C　D	/3

【解答

受　検　番　号

令和５年度県立高等学校入学者選抜学力検査

数　　学　　解 答 用 紙

※100点満点

【注意】　　　の欄には何も記入しないこと。

総計
/100

1				
	(1)	ア		/3
		イ		/3
		ウ		/3
		エ		/3
		オ		/3
	(2)			/4
	(3)	相対度数		/2
		累積相対度数		/2
	(4)			/4
	(5)	$a=$		/2
		$b=$		/2

3					
	(1)	ア		cm	/2
		イ	(ア)	cm^3	/2
			(イ)	cm	/3
	(2)	ア	㋐		/2
			㋑		/2
			㋒		/2
		イ		cm^2	/3
				小計	/16

4				
	(1)	ア		/2
		イ	$a=$	/2
		ア		

【解答

受検番号

令和5年度県立高等学校入学者選抜学力検査

英語　解答用紙

※100点満点

【注意】　の欄には何も記入しないこと。

総計 /100

1	(1)	ア		イ		ウ		/9
	(2)	ア		イ		ウ		/9
	(3)	ア		イ				/6
	(4)	(　　　　　　　　　)						/3

小計 /27

2	(1)	ア	(　　　　　　　　　), please?	/2
		イ	(　　　　　　　　　)?	/2
		ウ	This is a (　　　　　　　　　) of numbers.	/2
	(2)			/2
	(3)	1		/3
		2		/3

小計 /14

3	(1)	A		B		C		/9

【解答

4

(2) (3) (4) (5)

A B

/4 /4 /4 /2

小計 /22

5

(1) (2) (3) (4) (5) (6)

A B

/4 /4 /4 /4 /4 /2 /4

小計 /26

6

/10

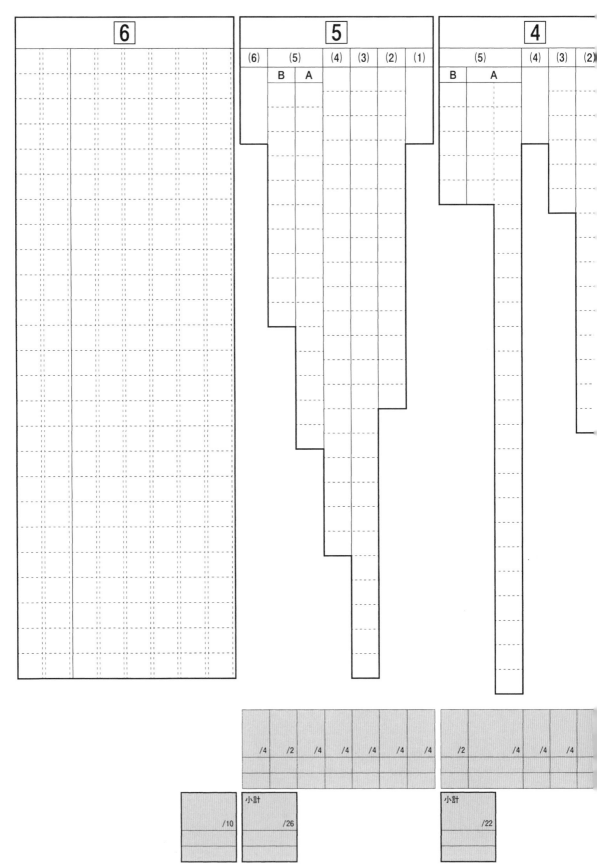

（３）は，ルーシーとサトウ先生の対話の一部を聞いて，質問に答える問題です。問題は，**ア**，**イ**の二つあります。はじめに，対話を読みます。次に，質問を読みます。質問の答えとして最も適切なものを，**１**，**２**，**３**，**４**の中からそれぞれ一つ選んで，その番号を解答用紙に書きなさい。対話と質問は二回読みます。（間２秒）それでは始めます。（間３秒）

アの問題（間２秒）

Lucy　　：My family likes to go camping, so we went to the mountain last summer.（間１秒）
Mr. Sato：How was it, Lucy? I guess it was nice.（間１秒）
Lucy　　：Of course, it was nice. I saw a lot of beautiful stars in the sky at night.（間２秒）

Question：What did Lucy do last summer?

（間２秒）もう一度読みます。（間２秒）（対話と質問を読む）（間２秒）答えを書きなさい。（間３秒）

イの問題（間２秒）

Mr. Sato：Hi, Lucy. You look sick. What's wrong?（間１秒）
Lucy　　：I have a headache and feel cold.（間１秒）
Mr. Sato：That's too bad. You may have a cold. You should go home and go to bed.（間２秒）

Question：What will Lucy say next?

（間２秒）もう一度読みます。（間２秒）（対話と質問を読む）（間２秒）答えを書きなさい。（間３秒）

これで（３）を終わります。（間３秒）では，（４）に移ります。（間３秒）

（４）は，ウィリアム先生の話を聞いて，質問に答える問題です。話の最後の質問に対して，あなたなら何と答えますか。あなたの答えを解答用紙に英文で書きなさい。ウィリアム先生の話は二回読みます。（間２秒）それでは始めます。（間３秒）

Hi, everyone. You have only a few weeks before graduating. I remember all the school days I've had with you. My best memory is enjoying the English classes with you. Your English is getting better. So, I want to ask you. What will you do to improve your English in high school?

（間２秒）もう一度読みます。（間２秒）（英文を読む）（間２秒）答えを書きなさい。（間25秒）

これで，放送による検査を終わります。あとの問題を続けてやりなさい。

［加藤さん］
そうですね、インタビューも面白そうですね。インタビューを行うには準備が大切だと思いますが、田村さんはどのような準備をすればよいと思いますか。

（間2秒）

［田村さん］
はい。インタビューの前に、相手の思いや考えをきく質問をあらかじめ考えておきます。そのために、相手に関する情報を集めます。例えば、最近活躍している卓球部の生徒なら、活動の状況や出場した大会について調べておきます。そして、集めた情報を利用して質問を考えます。質問してわかったその人の思いや考えを、全校生徒に紹介したいと思います。

（間3秒）

以上、委員会の様子は、ここまでです。続いて問題に移ります。

(1)の問題。今日の議題は何でしたか。書きなさい。

（間20秒）

(2)の問題。資料1は、放送委員会での話し合いの記録です。空欄に入る適切な内容を書きなさい。

（間25秒）

(3)の問題。三浦さんと田村さんの意見について述べているものとして最も適切なものを、これから言う、1、2、3、4の中から一つ選んで、その番号を書きなさい。

1　三浦さんも田村さんも、全力で取り組むことについて、複数の生徒から話してもらうとよいと述べている。

2　三浦さんも田村さんも、生徒が参加する企画について、全校生徒に意見を募集するとよいと述べている。

3　三浦さんは、多くの生徒が参加できる企画を提案しているが、田村さんは、一人の生徒を紹介する企画を提案している。

4　三浦さんは、みんなを楽しませる生徒を紹介したいと述べているが、田村さんは、必ず運動部を紹介したいと述べている。

（間10秒）

(4)の問題。資料2は、放送委員が用意したインタビューのためのメモです。集めた情報を利用して、卓球部の井上さんの思いや考えをきく質問を考えて書きなさい。

（間40秒）

これで、放送による検査を終わります。では、あとの問題を続けてやりなさい。

3 生態系における生物のはたらきについて，次の（１），（２）に答えなさい。(15点)

（１）図１は，生態系における炭素の循環を模式的に表したもので，矢印は炭素の流れを示している。次のア～ウに答えなさい。

ア　図１の（　　）に入る語を書きなさい。

イ　矢印A～Eの中で，生物の呼吸による炭素の流れを示すものを**すべて**選び，その記号を書きなさい。

ウ　矢印X，Yは食物連鎖による炭素の流れを表している。自然界において，多くの食物連鎖が複雑にからみ合っているつながりを何というか，書きなさい。

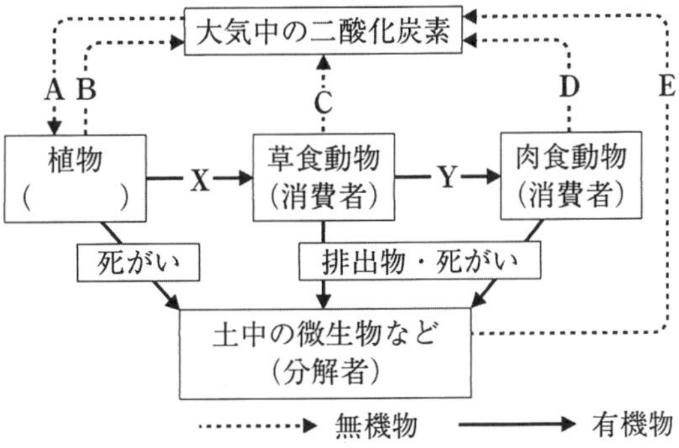

図１

（２）土中の微生物のはたらきについて調べるために，下の**実験**を行った。次のア，イに答えなさい。

実験

手順１　図２のように，ビーカーに森林の土と蒸留水を入れ，よくかき混ぜた後しばらく放置して，微生物をふくむ上ずみ液をつくった。

手順２　図３のように，３本の試験管P～Rを用意し，0.5％のデンプン溶液を5 cm^3ずつ入れた。次に，Pには蒸留水を，Qには上ずみ液を，それぞれ5 cm^3ずつ加えた。Rには沸騰《とう》させた上ずみ液を室温に戻してから5 cm^3加えた。その後，アルミニウムはくでふたをして室温で３日間放置した。

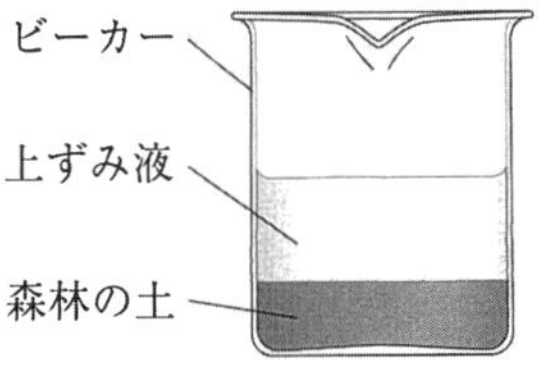

図２

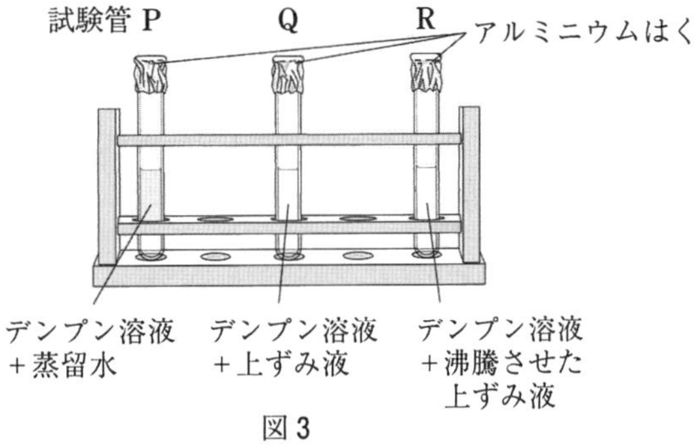

図３

手順３　それぞれの試験管にヨウ素液を加えて色の変化を調べ，その結果を下の表にまとめた。

試験管	P	Q	R
ヨウ素液の色の変化	青紫色になった	変化しなかった	青紫色になった

ア　下の文は，試験管Q，Rが表のような結果になった理由について述べたものである。文中の ① ， ② に入る適切な内容を書きなさい。

試験管Q：微生物が ① ため，ヨウ素液の色が変化しなかった。
試験管R：上ずみ液を沸騰させることで，微生物が ② ため，ヨウ素液の色が青紫色になった。

イ　試験管にアルミニウムはくでふたをせずに同じ実験を行うと，試験管Pや試験管Rでもヨウ素液の色が変化しないことがある。その理由について述べたものとして最も適切なものを，次の１～４の中から一つ選び，その番号を書きなさい。

1　試験管の中で発生した二酸化炭素が空気中に出るため。
2　試験管の中に空気中の酸素が入るため。
3　試験管の中に空気中の微生物が入るため。
4　試験管の中の温度を一定に保てないため。

4 金属の酸化について，下の**実験1**，**2**を行った。次の（1）～（4）に答えなさい。(17点)

実験1　ステンレス皿にマグネシウムの粉末1.20 gをはかりとり，図1の装置を用いて，全体の色が変化するまで加熱した後，よく冷やしてから物質の質量をはかった。

これをよく混ぜてから一定時間加熱し，よく冷やして質量をはかった。この操作を，物質の質量が一定になるまでくり返し，その結果を，下の表にまとめた。

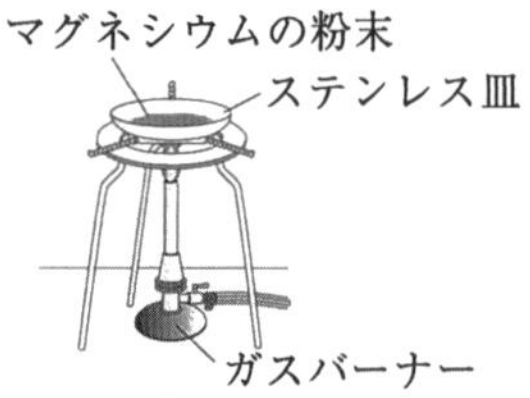

図1

マグネシウムの粉末の質量〔g〕	加熱後の物質の質量〔g〕				
	1回目	2回目	3回目	4回目	5回目
1.20	1.56	1.80	1.94	2.00	2.00

実験2　ステンレス皿に銅粉1.20 gをはかりとり，**実験1**と同じ装置を用いて，かき混ぜながら全体の色が変化するまで加熱した後，よく冷やしてから物質の質量をはかった。

これをかき混ぜながら一定時間加熱し，よく冷やして質量をはかった。この操作を，物質の質量が一定になるまでくり返した。

さらに，最初にはかりとる銅粉の質量を1.60 g，2.00 gと変えて，同様の操作を行い，その結果を，図2にまとめた。

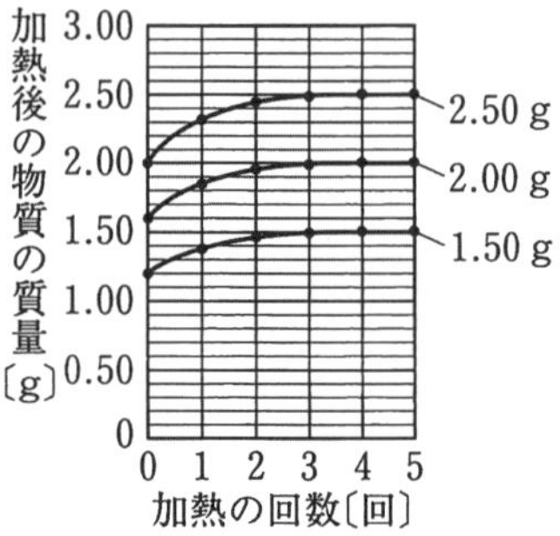

図2

（1）**実験1**について，次の**ア**，**イ**に答えなさい。

ア　マグネシウムの酸化を表した右の化学反応式を完成させなさい。

[　　　　] ＋ [　　　　] → 2MgO

イ　1回目の加熱で，酸素と反応したマグネシウムの質量は何gか，求めなさい。

（2）**実験2**について，次の**ア**，**イ**に答えなさい。

ア　銅粉を加熱したときに見られる変化として適切なものを，次の**1**～**4**の中から一つ選び，その番号を書きなさい。

1　激しく熱や光を出して，黒色の物質に変化する。
2　激しく熱や光を出して，白色の物質に変化する。
3　おだやかに黒色の物質に変化する。
4　おだやかに白色の物質に変化する。

イ　加熱後の物質の質量が一定になったときの結果をもとに，銅の質量と結びついた酸素の質量との関係を表すグラフをかきなさい。

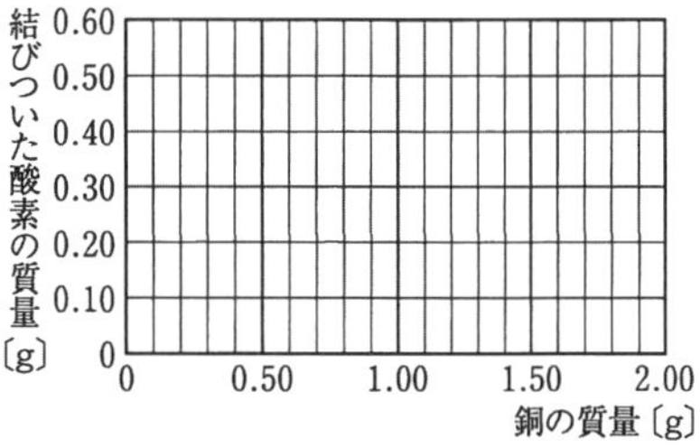

（3）下の文章は，マグネシウムと銅の質量と原子の数について考察したものである。文章中の[①]，[②]に入る語の組み合わせとして適切なものを，次の**1**～**4**の中から一つ選び，その番号を書きなさい。

> **実験1**，**2**より，同じ質量のマグネシウムと銅を比べると，結びつく酸素の質量は[①]の方が大きいので，結びつく酸素原子の数も[①]の方が多いことがわかる。また，マグネシウム原子1個と銅原子1個は，それぞれ酸素原子1個と結びつくため，同じ質量のマグネシウムと銅にふくまれる原子の数も[①]の方が多いことがわかる。これらのことから，原子1個の質量は，[②]の方が大きいと考えられる。

1　①　銅　②　マグネシウム　　**2**　①　マグネシウム　②　マグネシウム
3　①　銅　②　銅　　**4**　①　マグネシウム　②　銅

（4）ある生徒が実験をしていたところ，マグネシウムの粉末と銅粉が混ざってしまった。この混合物の質量をはかると，1.10 gであった。これをステンレス皿に入れて，**実験1**と同様の手順で実験を行った。全体の質量が一定になったとき，物質の質量は，1.50 gであった。加熱する前の混合物の中にふくまれていた銅粉の質量は何gか，求めなさい。

2023(R5) 青森県公立高
教英出版

5 凸レンズによってできる像について調べるために，下の**実験1**，**2**を行った。次の（1），（2）に答えなさい。(15点)

実験1　図1のように，光学台の上に物体（アルファベットのLの文字を記した方眼紙），凸レンズを直線上に並べた。物体が凸レンズの焦点よりも内側にあるとき，凸レンズを通して物体を見ると文字の像が見えた。

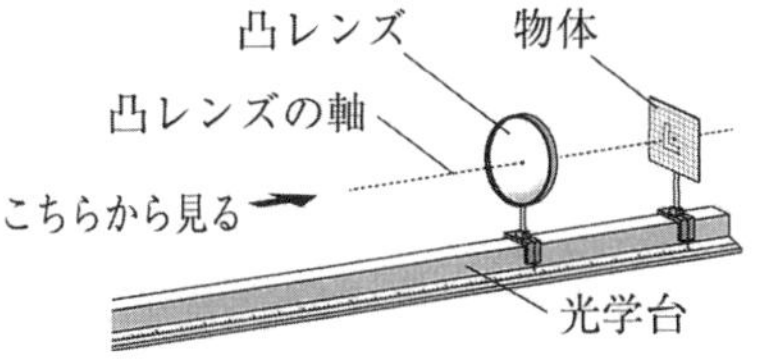

図1

実験2　図2のように，光学台の上に方眼付きの半透明のスクリーンを加えて，直線上に並べた。物体は固定し，スクリーンに文字の像がはっきりとうつるように，凸レンズとスクリーンを光学台上でそれぞれ動かした。図3は，物体を表したもので，方眼の1目盛りは1cmであり，物体の中心は•で示している。物体から凸レンズまでの距離と，物体からスクリーンまでの距離，物体の文字の高さと比べた像の高さをそれぞれ測定すると，下の表のようになった。

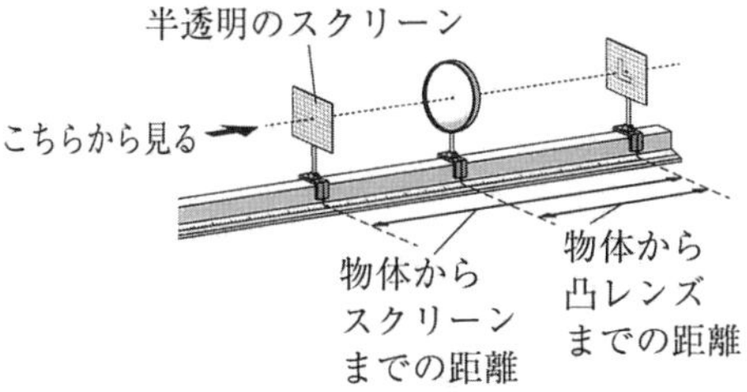

図2

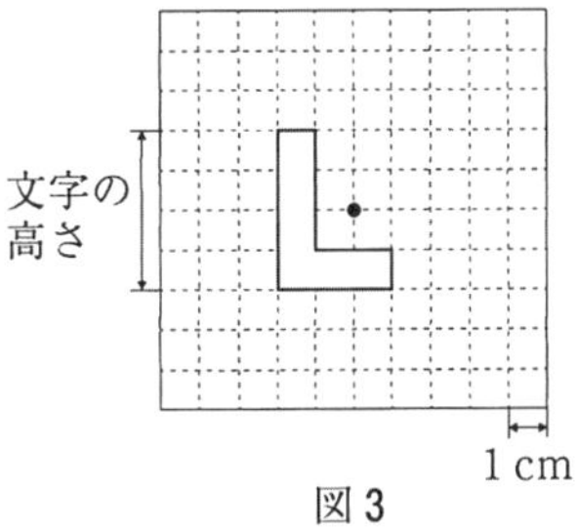

図3

物体から凸レンズまでの距離〔cm〕	28	30	36	40	(　)	60	70
物体からスクリーンまでの距離〔cm〕	98	90	81	80	81	90	98
物体の文字の高さと比べた像の高さ〔倍〕	2.50	2.00	1.25	1.00	0.80	0.50	0.40

ただし，物体，凸レンズ，スクリーンは光学台に対して垂直であり，それぞれの中心は，光学台に平行な凸レンズの軸上に並んでいるものとする。

（1）**実験1**について，次の**ア**，**イ**に答えなさい。

ア　下線部のとき，凸レンズを通して見える像を何というか，書きなさい。

イ　図1において，凸レンズを物体に少しずつ近づけていくと，凸レンズを通して見える文字の像はどのようになるか。適切なものを，次の**1**～**4**の中から一つ選び，その番号を書きなさい。

1　少しずつ大きくなり，やがて実際の文字より大きく見える。
2　少しずつ小さくなり，やがて実際の文字より小さく見える。
3　少しずつ大きくなるが，実際の文字より大きく見えることはない。
4　少しずつ小さくなるが，実際の文字より小さく見えることはない。

（2）**実験2**について，次の**ア**～**ウ**に答えなさい。

ア　用いた凸レンズの焦点距離として適切なものを，次の**1**～**4**の中から一つ選び，その番号を書きなさい。

1　15 cm　　**2**　20 cm　　**3**　30 cm　　**4**　40 cm

イ　表の（　　）に入る適切な数値を書きなさい。

ウ　物体から凸レンズまでの距離が30 cmのとき，スクリーンにうつった文字の像をかきなさい。ただし，スクリーンの方眼の1目盛りは1 cmであり，スクリーンの中心は•で示しているものとする。

スクリーン

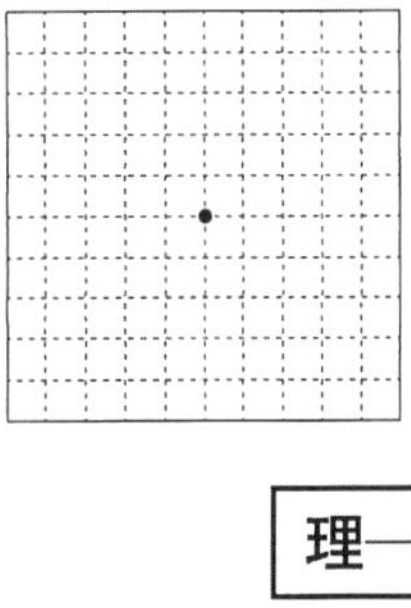

6 下の資料は，日本の天気の記録についてまとめたものの一部である。次の（1），（2）に答えなさい。(15点)

資料

> 図1は，ある年の7月11日の13時の天気図である。この日は，前線Aが日本列島付近にいすわっていて，西日本から北日本の広い範囲で雨が降り，ある地域では(あ)雷雨であった。
> 図2は，ある年の1月12日の13時の天気図である。この日は，発達した気団の影響を受け，(い)冬型の気圧配置となり，日本海側で大雪であった。
>
> 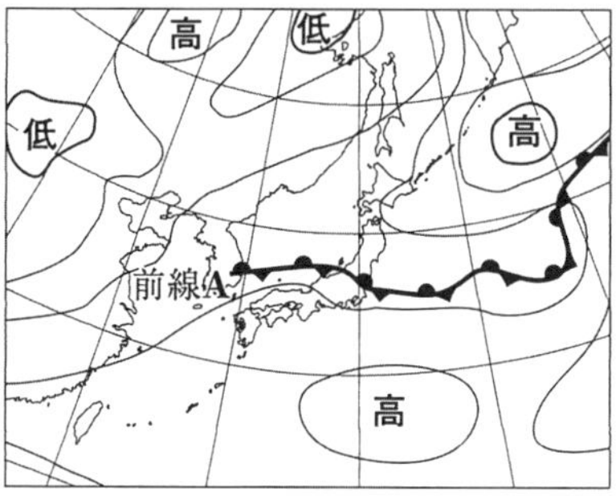
>
> 図1
>
> 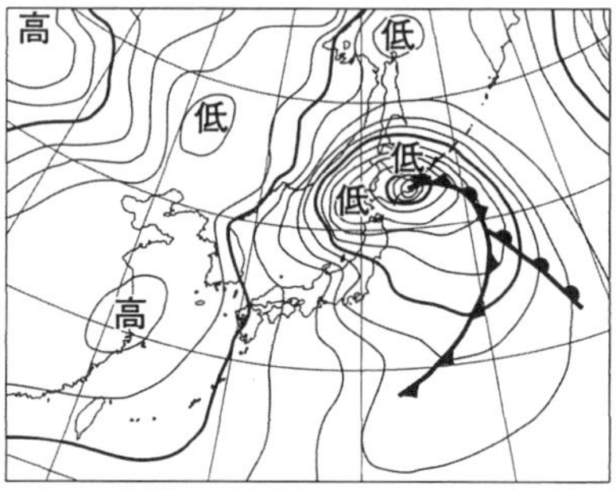
>
> 図2

（1）図1について，次のア～ウに答えなさい。

ア　下線部(あ)をもたらす雲として最も適切なものを，次の1～4の中から一つ選び，その番号を書きなさい。

1　積乱雲　　2　乱層雲　　3　高積雲　　4　巻雲

イ　前線Aの名称を書きなさい。

ウ　下の文章は，前線Aと気団の関係について述べたものである。文章中の［①］，［②］に入る気団の名称を書きなさい。また，［③］に入る方位は，**東**，**西**，**南**，**北**の中のどれか，書きなさい。

> 6月から7月にかけて，日本列島付近では［①］と［②］の勢力がつり合って前線Aはあまり動かなくなる。7月の後半になると，前線Aは勢力を増した［①］により，［③］に移動させられたり消滅させられたりする。

（2）図2について，次のア，イに答えなさい。

ア　下のX～Zは，この年の1月10日，1月11日，1月13日のいずれかの日における13時の天気図である。X～Zを日付の早い順に左から並べて書きなさい。

X

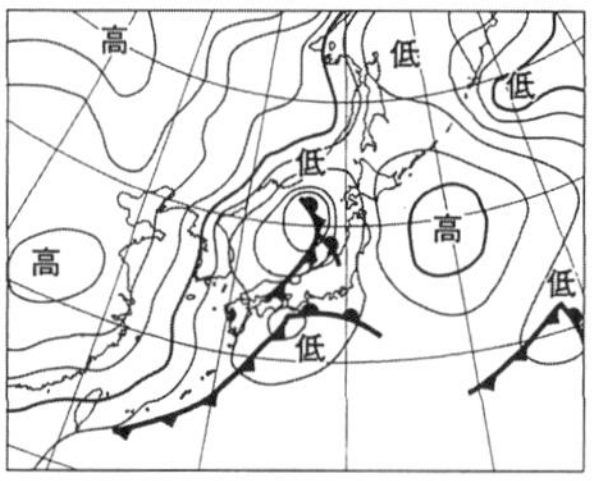

Y

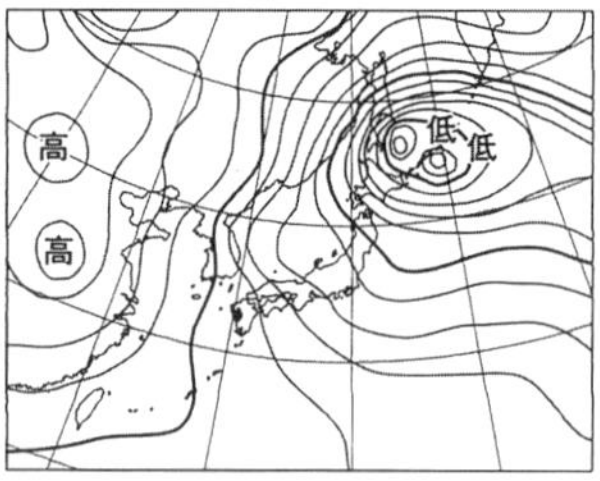

Z

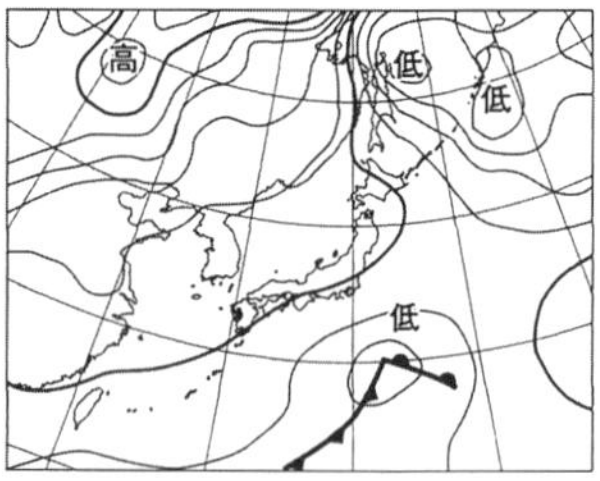

イ　下線部(い)について，下の文章は，日本海側に雪が降るしくみについて述べたものである。文章中の（　　）に入る適切な内容を書きなさい。

> ユーラシア大陸からふく冷たく乾燥した季節風は，日本海をわたるときに，比較的あたたかい海水から（　　　　）ことで，雲を生じさせるようになる。この雲が日本の中央部の山脈に当たって上昇することによって，日本海側に雪が降る。

令和四年度県立高等学校入学者選抜学力検査

国語

(50分)

青森県公立高等学校

注意

1 **問題の1は放送による検査です。**問題用紙は放送による指示があるまで開いてはいけません。
2 問題用紙は表紙を入れて八ページあり、これとは別に解答用紙が一枚あります。
3 受検番号は、検査開始後、解答用紙の決められた欄に記入しなさい。
4 机の上に置けるものは、受検票・鉛筆（シャープペンシルも可）・消しゴム・鉛筆削りです。
5 筆記用具の貸し借りはいけません。
6 問題を読むとき、声を出してはいけません。
7 印刷がはっきりしなくて読めないときや、筆記用具を落としたときなどは、だまって手をあげなさい。
8 「やめなさい」という合図ですぐに書くのをやめ、筆記用具を置きなさい。

答えの書き方

1 答えは、問題の指示に従って、すべて解答用紙に記入しなさい。
2 答えはていねいに書きなさい。答えを書き直すときは、きれいに消してから書きなさい。
3 答えを漢字で書く場合は、楷書《かいしょ》で書きなさい。

2022(R4) 青森県公立高
教英出版

1　放送による検査（16点）

※教英出版注
音声は，解答集の書籍ＩＤ番号を教英出版ウェブサイトで入力して聴くことができます。

【資料】話し合いの記録

生徒会役員会（司会：林さん）

〔本田さん〕
動画を利用する。
・動画の特徴
→ ＿＿＿＿＿＿＿＿。
・紹介する内容
→「総合的な学習の時間」で調べたこと。

〔中村さん〕
新聞を作る。
・新聞の特徴
→全体を見渡せるので読みやすいこと。
・紹介する内容
→文化祭で学級旗が展示されたこと。

新聞の一部

○○中学校新聞

（見出し）

（写真）

10月15日(金)に文化祭が行われた。3年生が制作した各クラスの「学級旗」が展示された。

学級旗には、それぞれのクラスの目標の言葉とオリジナルの絵柄が入り、色とりどりの学級旗が見る人の目を楽しませた。3年2組の佐藤君は「細かい部分の色塗りが大変だった。みんなで力を合わせて完成させたのでうれしい」と、クラスの団結を喜んだ。学級旗は、文化祭終了後、各クラスの教室に飾られている。

下の読み取りコードから動画にアクセスできます。

http://……

2　次の(1)、(2)に答えなさい。（14点）

(1) 次のア～オの――の漢字の読みがなを書きなさい。また、カ～コの――のカタカナの部分を楷書《かいしょ》で漢字に書き改めなさい。

ア　不屈の精神でやり遂げる。

イ　試合前に激励の言葉をもらった。

ウ　博物館で剝製を見る。

エ　砂糖を水に溶かす。

オ　小学生の頃の自分を顧みる。

カ　芸術家のソシツがある。

キ　国王へのチュウセイを誓う。

ク　古くなった靴をホシュウする。

ケ　誕生会に友人をマネく。

コ　湿気を取りノゾく装置。

(2) 次のア、イの――のカタカナの部分を漢字で表したとき、その漢字と同じ漢字が使われている熟語を、それぞれあとの1～4の中から一つずつ選び、その番号を書きなさい。

ア 紙を縦にサく。

1 決裂　2 風刺　3 避暑　4 過去

イ シュコウを凝らしたおもてなしをする。

1 特殊　2 主役　3 取得　4 趣味

3

次の文章を読んで、あとの(1)～(3)に答えなさい。（12点）

【漢文】

漢人《ニ》有《リ》適《クモノ》呉《ニ》。呉人設《クレバ》レ筍《ヲ》、問《フ》「是《レ》何物《ゾト》。」

語《ゲテ》曰《ハク》、「竹也《ト》。」帰《リテ》煮《ルモ》二其《ノ》床(注1)簀《ヲ》一而不レ熟《セ》、乃《チ》謂《ヒテ》二

其《ノ》妻《ニ》一曰《ハク》、「呉人《ハ》轣(注2)轆《タリ》、欺《クコト》レ我《ヲ》如《シト》レ此《クノ》。」

――『笑林《しょうりん》』より――

【書き下し文】

漢《かん》人《ひと》（漢の国の人で）に呉《ご》に適《ゆ》くもの有り。呉《ご》人《ひと》筍《たけのこ》を設《まう》くれば、（呉の国の人がたけのこ料理を用意したところ）問ふ

「是《こ》れ何物ぞ。」と。語《つ》げて曰《い》はく、「竹なり。」（竹です）と。帰りて

其《そ》の床《しやう》簀《さく》を煮るも熟《じゆく》せず、（煮えなかったので）乃《すなは》ち其の妻に謂《い》ひて曰はく、

「呉人は轣《れき》轆《ろく》たり、我を欺くこと此《か》くのごとし。」（このようだ）と。

（注1）床簀……ベッドに敷くための竹で編んだ敷物。

（注2）轣轆……人を偽り、欺くこと。

(1) 有《リ》 適《クモノ》 呉《ニ》 に、【書き下し文】を参考にして、**返り点**をつけなさい。

(2) 問ふ の主語として最も適切なものを、次の1～4の中から一つ選び、その番号を書きなさい。

1 作者　2 漢人　3 呉人　4 妻

(3) 【漢文】にある「漢人」と、次の【資料】にある「宋人」について、両者に共通する内容として最も適切なものを、あとの1～4の中から一つ選び、その番号を書きなさい。

【資料】

宋《そう》人《ひと》（宋の国の人で畑を）に田を耕す者有り。田《でん》中《ちゆう》（畑の中に木の切り株があり）に株有り、兎《うさぎ》走りて株に触れ、（突き当たり）頸《くび》を折りて死す。因《よ》りて（そこで自分のすきを放り出して）其《そ》の耒《すき》を釈《す》てて株を守り、（切り株の番をし）復《ま》た（再び）兎を得んと冀《ねが》ふ。（手に入れようと待ち望んだ）兎復た（兎を二度とは）得《う》べからずして、（手に入れることができず）身は（彼自身は）宋国の笑《わらひ》と為《な》れり。

――『韓非子《かんぴし》』より――

1 両者とも自分の思い違いに気づいていない。

2 両者とも自分の失敗を人のせいにしている。

3 両者とも古い習慣を改めることができない。

4 両者とも予想通りになって満足している。

教英出版

4 次の文章を読んで、あとの(1)〜(5)に答えなさい。（22点）

平均的な日本人であれば、のこぎりは自分に引きつける方向に引く。ところが欧米人ののこぎりの方向は向こう側、つまり外側に向かっており、日本人とは真逆なのである。鼓《つづみ》のような日本古来の打楽器も内に打ちつける。打ったところで内側に向かってすり込むようにして止めることも多い。比較のために、西欧楽器のティンパニを考えてみればよい。ティンパニのバチは皮の表面を打つが、それは上に跳ねるためであり、皮面でバチを跳ねるようにして打っている。息を吹いて音を出す管楽器も同様で、クラリネットはリードを吹くとき、身体を上に向けて、ときに身体を反りかえらせるようにして、外に向かって音を出している。ところが日本の尺八は首を振りながら、息を下方に向かわせており、ときにかがみ込んで身体を折るように、内向きに吹く。三味線も琴も、爪弾《つまび》いて、弦の上でバチを止める。和楽器はいずれも、動きを下にして止めることで、リズムの流れをいったん途切れさせているのである。

つまり日本のリズムには断絶がある。切断がある。一方、ヨーロッパのリズムは上向きであるが、それに加えてリズムは連続性を蓄えて粘っており、エネルギーを途切れさせないように次へ次へと持続させてゆくのである。

さらによく観察してゆくと、日本人のつくるリズムは交互に裏と表に交替するように進んでいる。踊りにもこのリズムの方向性は顕《あらわ》れている。日本の古典舞踊は、摺《す》り足で、腰を落として沈みこんで踊り、その姿勢で足裏を下に向けて打つことを基本とする。邦楽(注1)の動作は基本的に、横向きで、安定的で、上下に大きく動くことを好まない。日本の舞踊にも、伝統にコミカルな面を強調した、跳び上がるものは少なくないのであるが、しかし跳びはねる踊りでも、動きの向きは身体を開放して上に向かうのではなく、跳ねる前に少しタメをつくるようにほんの少し動きを止めており、強拍で揃《そろ》えるように拍を狙って取るというリズムの基本を外すことはあまりない。

したがって、(あ)リズム感覚の差異は上向きか下向きか、というよりも、身体の内部から外に向かって開放されてゆく方向か、あるいは身体の中からさらにその芯へ、奥へ向かうか、という違いである、とした方がよいかもしれない。というのは、ヨーロッパのリズムの方向性は上向きである、といっても、上に向かうためには下肢の筋肉はいったん地面を蹴っていて、下に向かう瞬間があるからである。しかしそれははじけさせるための動きである。身体の中心にバネがあってそれがまず縮んで、粘りを絶やさずに次に伸びて外へと解放されていくことが、結果として身体リズムの方向を上に向けている。

日本人の(い)水平方向の運動に敏感な性向は、歩き方にも現れている。かつて日本人は、右手右脚、左手左脚を同時に出し、手と脚を同じ向きに動かして歩く歩き方、つまりいわゆる「ナンバ歩き」という歩き方をしていたとされる。今でも梯子《はしご》をのぼるときにはわれわれは同じ側の手と足を出している。竹馬の歩き方もそうである。梯子が同じ側の手と脚を同時に運ぶのは、この方法が身体全体を安定させてくれるからである。ナンバ歩きの痕跡は歌舞伎《かぶき》の六方(注2)や相撲の鉄砲(注3)などに残り、伝統として受け継がれて来ている。ひょっとこの面を頭に載せて踊る八木節の振り付けも、同じ手足の側を同時に出す。さらに盆踊りの振りは同じ側の手足を同時に出して歩く。山形の花笠《はながさ》音頭などのように、踊りの途中でしばしば二、三歩後ろに戻って、また進むというかたちも少なくない。阿波《あわ》踊りではこの格好で何百人、何千人という人が一斉に練り歩く。最近の身近な例として、映画の『シン・ゴジラ』でゴジラがナンバ歩きで歩いている。昔の日本においてこうした歩き方がさほど珍しいことでなかったとすれば、身体を揺さぶらずに安定して歩くことが、稲作を基調とする日本人の生のスタイルにかなっており、それが人々の普段の生活の中に組み込まれていたからであろう。

実はこのような歩き方は、ギリシアの壺絵《つぼえ》などにも見られるもので、右脚と右手を同時に出し、左手と左脚を同時に出す歩き方自体は、何も日本独自のものではなかった。身体の安定を保とうとするとき、人間は自然とこのような歩行法を取る。生の基盤を稲作に置く日本人にとっては、身体のブレを防いで動くことが必須のものであった。急な斜面を耕して、水を引き、稲を植えるという労働をこなしていくために、安定を約束してくれる歩行法をしなければならなかった。また、ひねもす(注4)地に伏して働く稲作のためには、地面と並行する横方向に注意を払い、どっしりと着実に、下向きに、ときには後ずさりして安定を確保しながら進むことを優先しなければならなかった。

稲作を営むためには、ともに力を合わせて、強い拍をつくるのがお互いに分かりやすい。息を止めて、断絶をつくり、打ち付けるように第一拍目を揃えて作業に携わることは、同じ動作のリズムの共有に役立つのである。下に向かい、内側に引く方向性をもつ㋒日本人の身体の型は、歩き方のみならず、日常生活の動作や仕草に影響を与える。

——樋口桂子《ひぐちけいこ》『日本人とリズム感』より——

(注1) 邦楽……日本古来の音楽の総称。
(注2) 六方……歌舞伎で、役者が舞台から退くとき、両手を大きく振り高く足踏みをして歩く所作。
(注3) 鉄砲……相撲で、両手を伸ばして相手の胸部を強く突っ張ること。
(注4) ひねもす……朝から夕まで。一日中。

(1) 向け と動詞の活用形が同じものを、次の1～4の——の中から一つ選び、その番号を書きなさい。

1 彼に聞けばわかるだろう。
2 毎日運動することが大切だ。
3 バランスよく食べよう。
4 女の子は楽しそうに笑った。

(2) ㋐リズム感覚 とありますが、ある生徒が、ヨーロッパのリズムの方向について、次のようにまとめました。［　］に入る適切な内容を、**十五字以内**で書きなさい。

ヨーロッパのリズムの方向とは、上向きというよりも、身体の［　］方向である。

(3) ㋑水平方向 とありますが、これと同じ内容を述べている語句を、本文中から**十字**で**そのまま抜き出して**書きなさい。

(4) この文章について述べたものとして最も適切なものを、次の1～4の中から一つ選び、その番号を書きなさい。

1 日本人と欧米人でのこぎりの方向が真逆であると提示することで、住居の違いによって動きが異なることを指摘している。
2 動きを下に向けて止める和楽器の奏法を解説することで、日本のリズムは持続されずに途切れることを表現している。
3 日本の伝統的な動作は跳び上がるものが少なくないことをあげることで、ヨーロッパのリズム感覚との違いを示唆している。
4 日本人の「ナンバ歩き」が他国でも見られる例を示すことで、人間としてリズムの共有が大切であることを論証している。

(5) ㋒日本人の身体の型 とありますが、ある生徒が、このことについて、次のようにまとめました。［　］に入る適切な内容を、「安定」「生の基盤」「共有」の**三つの語句**を用いて**五十字以内**で書きなさい。

日本人の身体の型が、下向きで内側に引く方向性であるのは、［　］から。

5

次の文章を読んで、あとの(1)～(6)に答えなさい。（26点）

（四国の山村留学センターで十三人の仲間と共同生活を送る小学校四年生の「ぼく（壮太《そうた》）」は、釣りの帰りにみかんの葉の上にアゲハチョウの幼虫を見つける。飼育ケースの中でアゲハチョウは順調に育ち、ついに羽化の時を迎える。）

「羽化だ、羽化が始まった！」

ぼくは廊下を走り回ってみんなに知らせた。宿題を放り出して、みんながどやどやとぼくらの部屋に集まってきた。事務室でたくとの音読を聞いてやっていたセンター長まで、「どれどれ」とやってきた。

息をこらして全員が見守る中、カラをやぶってアゲハが頭を出した。ごくっ。ぼくはつばを飲みこんだ。

「出た！」

たくとが叫び、みんなが「しー」と指をたてた。興奮するとたくとはじっとしていられない。雄大《ゆうだい》の足をがんがん蹴って、「やめて！」と黄色い声をあげられていた。

アゲハはゆっくりと時間をかけて前脚を壁にかけ、体全体を出そうとするんだけど、飼育ケースのプラスチックがつるつるすべるせいで、うまくいかない。

――しまった。ダンボールかなにか、すべらない入れ物に移してやればよかった。

後悔したけど、もう遅い。動かなくなったサナギに興味を失ってしまった自分をなぐりつけたくなった。今となってはもう、息を□見守ることしかできなかった。

ようやくなんとかカラから抜け出すことに成功したアゲハは、抜け殻の中におしっこをした。

「きゃはははは、おしっこ、おしっこ」

大声をあげるたくとに、ふたたびみんなが「しー」と指をたてた。

次の瞬間だった。ふるふるふるえるアゲハの細い脚が壁をつーとすべって、アゲハは飼育ケースの床に落下してしまった。

「あー」

今度は全員の口から声がもれた。

Ⓐ飼育ケースの床に落ちたアゲハは動かなかった。まだぬれているような羽も閉じられたままだ。

――死んだのか？

体中の血がさーと引いて、心臓が音をたてて鳴り始めた。

だれも、なにも言わなかった。十秒、二十秒……。アゲハはまったく動かない。見守っていたみんなは一人、二人と引き上げていった。センター長はなにも言わず、ぼくの肩をとんとんとたたくと、

「ほれ、音読の続きやるぞ」

と、たくとを引き連れ、事務室にもどっていった。

一人になると涙が出た。ぽたぽたぽたぽた、雨だれみたいに飼育ケースの底に落ちていく涙をじっと見ていた。

――どうしてサナギになったとき、Ⓘもっと気をつけてやらなかったんだろう。どうして、どうして。自分への問いばかりが頭の中で渦を巻く。

そうしてどのくらいの時間がたったのか、雄大とたくとが風呂に入る用意をしに部屋にもどってきたときだった。まったく動かなかったアゲハの糸のように細い脚がかすかにふるえているのに気がついた。最初はぼくの息のせいかと思った。だけど違った。息をとめてもやっぱり動いている。

「生きてる！」

思わず立ち上がって叫んでいた。

「うそ！」

雄大とたくとが駆け寄ってきた。

「よかったねえ、壮くん」

たくとの声かけに、泣き笑いで答えた。

「羽を広げるためにつかまる場所を探してるんだ。壮くん、早く棒を立ててやらなきゃ」

こんなときは雄大の知識が頼りだ。はじかれたようにぼくは調理室へと走り、割り箸片手に猛ダッシュでもどった。

「どしたんや、壮太」

ぼくのあまりの勢いに、センター長が事務室から顔をのぞかせた。

プラスチックの壁に割り箸を立てかけてやると、待っていたかのようにアゲハは前脚を伸ばして一歩一歩上っていく。そして床から十センチほどのところでぴたりと静止すると、ゆっくりと羽を広げ始めた。

「わあ」

思わず声が出た。思っていたよりずっと大きい。羽のはしからはしまで十センチはゆうに超えてる。黒に少し青みがかった黄色の模様がものすごくきれいだ。

「羽がやぶけとる」

たくとが言った。四枚ある羽のうち、下の一枚のとがった先が破れて垂れ下がっていた。きっと床にすべり落ちたときに傷ついたんだろう。ほんとうはぼくも気がついていた。だけど、こわくて(う)口にできなかった。

「おう、とうとう羽化したか」

蚊にさされたのか、おしりをぼりぼりかきながらセンター長が入ってきた。

「……羽が、破けとんよ」

涙声になったのが恥ずかしかった。

「どうれ」

あわてもせず飼育ケースをのぞきこんだセンター長は、

「ほう、立派なアゲハになったなあ。壮太が一生懸命世話したからなあ」

と感嘆したような声をあげた。

「……でも、羽が……」

「大丈夫だ、このくらい。心配するな。ほれ、外に放してやれ」

センター長にうながされ、ぼくはそっと手を飼育ケースに入れた。

「羽じゃなくて、胴をつまめよ」

言われるまでもなく、そのつもりだった。これ以上羽を傷つけたくない。たくとが急いで窓の網戸を開けに走った。

指がふるえているのが自分でもわかった。力の入れ加減が難しい。入れすぎるとつぶしちゃいそうだし、入れなさすぎるとつまめない。

――つかまえた!

全神経を集中した人差し指と親指に、生きてるアゲハのわななきが伝わる。バタついた拍子に鱗粉《りんぷん》が舞った。ぼくは窓辺へとダッシュし、アゲハを空中に放った。一瞬落下しそうになったけれど、すぐにアゲハは羽をバタつかせて、ひらひらと外灯の下で旋回した。夜見るチョウはきれいだった。黒い羽が外灯の明かりを受けて、キラキラ光る。

「どや、壮太。ここで一句」

センター長に言われたけれど、俳句なんてまったく浮かばなかった。

(え)ぼくはただ黙って、外灯の下で舞い続けるアゲハの行方を目で追っていた。

生き物ってすごい。　弱いけど強い。

――八《や》束《つか》澄《すみ》子《こ》『ぼくらの山の学校』PHP研究所より――

(1) [　　] に入る最も適切な語句を、次の1～4の中から一つ選び、その番号を書きなさい。

1　ぬいて　　2　つめて　　3　いれて　　4　はずませて

---

(2) (あ)飼育ケースの床に落ちたアゲハは動かなかった とありますが、このあとの場面の表現について述べたものとして最も適切なものを、次の1～4の中から一つ選び、その番号を書きなさい。

1　「ぼく」の体の血の流れや心臓の動きを描くことで、「ぼく」の緊張が解けていっていることを表現している。

2　誰も言葉を発しない様子を描くことで、「ぼく」の周りの人物がアゲハへの興味を失ったことを表現している。

3　過ぎていく時間の秒数を示すことで、子どもたちがアゲハをじっと見続けていることを表現している。

4　引き上げていく人数を示すことで、子どもたちの宿題の時間が近づいてきたことを表現している。

(3) (い)もっと気をつけて とありますが、このときの「ぼく」の気持ちについて次のようにまとめました。[　　] に入る最も適切な語句を、本文中から**十二字**で**そのまま**抜き出して書きなさい。

「ぼく」は、アゲハがサナギになったときに [　　] やるべきだったと考えている。

(4) (う)口にできなかった について、次の**ア**、**イ**に答えなさい。

ア　「ぼく」が口にできなかったことを、**十五字以内**で書きなさい。

イ　ある生徒が、「ぼく」が口にできなかった理由を次のようにまとめました。[　　] に入る適切な内容を、**五字**で書きなさい。

「ぼく」はアゲハの今の状態を目《ま》の当たりにして、そうなったのは [　　] だと考え、こわさを感じているから。

(5) ある学級で㋓ぼくはただ黙ってにおける「ぼく」の気持ちについて話し合いをしました。次は竹内さんのグループで話し合っている様子です。［　　　］に入る適切な内容を、**四十字以内**で書きなさい。

竹内　「生き物ってすごい」という言葉があるね。
川田　「ぼく」が、言葉を失うほど生き物に驚嘆していることがわかるね。
橋本　「弱いけど強い」とあるから、生き物の弱さを乗り越える強さに心が動かされているんだと思うよ。
竹内　アゲハを羽化から見守り続けた「ぼく」は、アゲハが、［　　　］様子から、生き物が「弱いけど強い」ことを感じとったんだね。
川田　そうだね。特に、生き物の強い生命力に感動しているんじゃないかな。

(6) ある生徒が、この文章の登場人物についてまとめました。文章全体を通して述べられた人物像として最も適切なものを、次の**1**〜**4**の中から一つ選び、その番号を書きなさい。

1　「ぼく」は魚やチョウなどの生き物が好きなので、飼育ケースで多くの生き物を飼っている。
2　「たくと」は衝動的な行動が多いので、周りに迷惑をかけることもあるが友だち思いの面もある。
3　「雄大」は豊富な知識があるので、どんな状況でも冷静で動揺することはない。
4　「センター長」はおおらかな性格であるので、子どもたちが宿題をやらなくても気にしない。

6

次の【資料】は、「国語が乱れていると思うか」というアンケートの結果を、調査年度ごとにまとめたグラフです。これを見て、あとの(1)〜(3)に従って文章を書きなさい。（10点）

【資料】

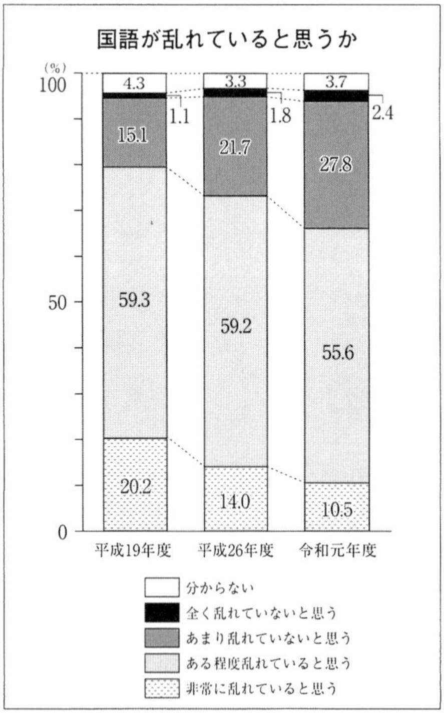

文化庁「国語に関する世論調査（令和元年度）」より作成

(1) 題名を書かないこと。
(2) 二段落構成とし、それぞれの段落に次の内容を書くこと。
・第一段落では、【資料】をもとに**自分の意見**を書くこと。
・第二段落では、第一段落をふまえて、**意見の理由**を書くこと。
(3) **百五十字以上、二百字以内**で書くこと。

令和４年度県立高等学校入学者選抜学力検査

数　　　学

（45分）

注　　　意

1　問題用紙は「始めなさい」という合図があるまで開いてはいけません。

2　問題用紙は表紙を入れて７ページあり，これとは別に解答用紙が１枚あります。

3　受検番号は，検査開始後，解答用紙の決められた欄に記入しなさい。

4　机の上に置けるものは，受検票・鉛筆（シャープペンシルも可）・消しゴム・鉛筆削り・分度器の付いていない定規（三角定規を含む）・コンパスです。

5　筆記用具の貸し借りはいけません。

6　問題を読むとき，声を出してはいけません。

7　印刷がはっきりしなくて読めないときや，筆記用具を落としたときなどは，だまって手をあげなさい。

8　「やめなさい」という合図ですぐに書くのをやめ，筆記用具を置きなさい。

答えの書き方

1　答えは，問題の指示に従って，すべて解答用紙に記入しなさい。

2　答えはていねいに書きなさい。答えを書き直すときは，きれいに消してから書きなさい。

3　計算などには，問題用紙の余白を利用しなさい。

1 次の（1）～（8）に答えなさい。(43点)

（1） 次の**ア**～**オ**を計算しなさい。

ア $-5+7$

イ $(-0.4)\times\frac{3}{10}$

ウ $\frac{1}{3}x+y-2x+\frac{1}{2}y$

エ $24ab^2\div(-6a)\div(-2b)$

オ $(\sqrt{5}-\sqrt{2})(\sqrt{2}+\sqrt{5})$

（2） 右の図は，半径が9 cm，中心角が60°のおうぎ形である。
このおうぎ形の面積を求めなさい。

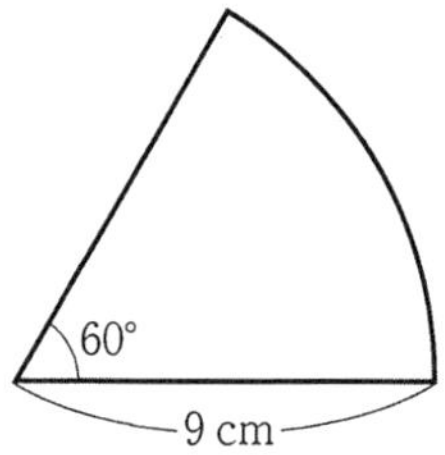

（3） 2.7，$-\frac{7}{3}$，-3，$\sqrt{6}$ の中で，絶対値が最も大きい数を選びなさい。

（4） 右の表は，ドーナツとクッキーをそれぞれ1個作るのに必要な材料のうち，小麦粉とバターの量を表したものである。表をもとに，ドーナツ x 個，クッキー y 個を作ったところ，小麦粉380 g，バター75 gを使用していた。x，y についての連立方程式をつくり，ドーナツとクッキーをそれぞれ何個作ったか，求めなさい。

	小麦粉	バター
ドーナツ1個	26 g	1.5 g
クッキー1個	8 g	4 g

(5)　関数$y = ax^2$について，xの変域が$-2 \leqq x \leqq 3$のとき，yの変域は$-6 \leqq y \leqq 0$である。
このとき，aの値を求めなさい。

(6)　右の図で，点A，B，Cは円Oの周上の点である。
$\angle x$の大きさを求めなさい。

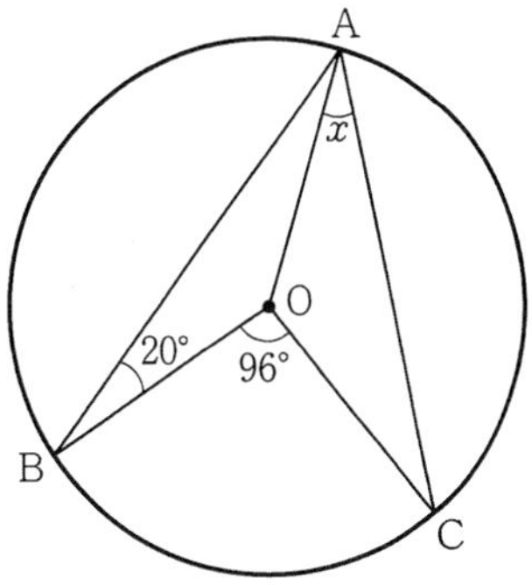

(7)　下のデータは，ある中学校のバスケットボール部員A～Kの11人が1人10回ずつシュートをしたときの成功した回数を表したものである。このとき，四《し》分《ぶん》位《い》範《はん》囲《い》を求めなさい。

バスケットボール部員	A	B	C	D	E	F	G	H	I	J	K
成功した回数(回)	6	5	10	2	3	5	9	8	4	7	9

(8)　根号を使って表した数について述べた文として適切なものを，次のア～エの中から1つ選び，その記号を書きなさい。ただし，$0 < a < b$とする。

ア　$\sqrt{a} < \sqrt{b}$である。
イ　$\sqrt{a} + \sqrt{b} = \sqrt{a + b}$である。
ウ　$\sqrt{(-a)^2} = -a$である。
エ　aの平方根は$\sqrt{a}$である。

2 次の（1），（2）に答えなさい。（16 点）

（1） 下の図において，円 O の周上の点 A を通る接線を作図しなさい。ただし，作図に使った線は消さないこと。

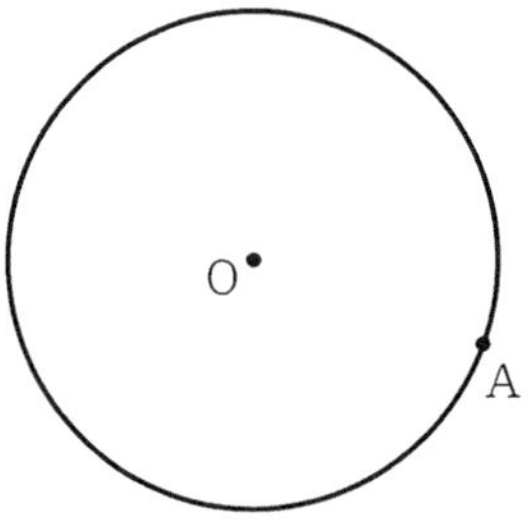

（2） 下の［問題］とそれについて考えているレンさんとメイさんの会話を読んで，次の**ア**，**イ**に答えなさい。

> **［問題］** 大小 2 つのさいころを同時に投げ，大きいさいころの出た目の数を a，小さいさいころの出た目の数を b とする。このとき，x についての方程式 $ax + 4b = 20$ の解が負の整数になる確率を求めなさい。

レン ： 例えば，大きいさいころの出た目の数が 2，小さいさいころの出た目の数が 3 のときは，方程式 $ax + 4b = 20$ の解はどうなるかな。

メイ ： 方程式に $a = 2$，$b = 3$ を代入して x について解くと，$x =$ ［あ］ だね。
解が負の整数になるさいころの目の出方は，どんなときだろう。

レン ： 大小 2 つのさいころを同時に投げるとき，起こりうる場合は全部で 36 通りあるから，それぞれ代入して解が負の整数になるかどうかを調べるしかないのかな。
でも，これだと時間がかかって大変だね。

メイ ： そうだ。この方法はどうかな。
方程式を x について解くと，$x = \dfrac{\boxed{\text{い}}}{a}$ となるから，
この解が負になるのは，［X］ さいころの出た目の数が ［う］ のときだけだよ。

レン ： なるほど。でも，これだと解が整数になるとは限らないよね。
解が負の整数になる確率を求めなければいけないから，
［Y］ さいころの出た目の数が ［え］ の約数になるときを考えたらいいんだね。

ア ［あ］，［う］，［え］ には正の数，［い］ には式をそれぞれ入れなさい。また，［X］，［Y］ に入る語の組み合わせとして適切なものを，次の①～④の中から 1 つ選び，その番号を書きなさい。

① X 大きい　Y 大きい　　② X 大きい　Y 小さい
③ X 小さい　Y 大きい　　④ X 小さい　Y 小さい

イ ［問題］を解きなさい。

教英出版

3 次の（1），（2）に答えなさい。(16点)

（1） 右の図のように，1辺の長さが12 cmである立方体の容器が水平に固定されている。その容器の中には，面EFGHを底面とし，高さが12 cmの正《せい》四《し》角錐《かくすい》が入っており，点E，F，G，Hは容器の底面ABCDの各辺の中点にある。次のア，イに答えなさい。ただし，容器の厚さは考えないものとする。

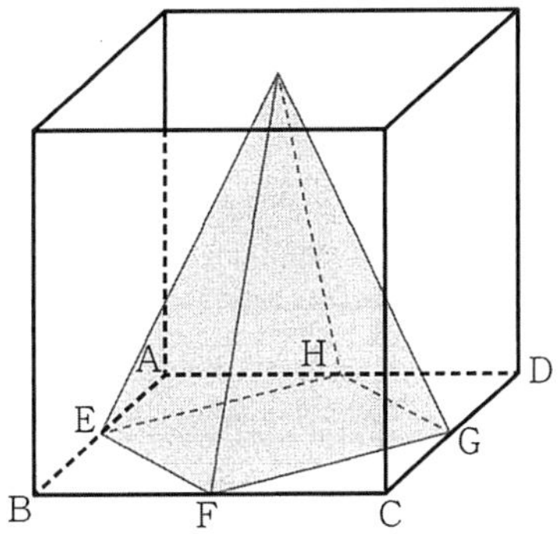

ア 辺EFの長さを求めなさい。

イ 容器の中にいっぱいになるまで水を入れ，その後，容器の外に水をこぼすことなく正四角錐を取り出したとする。このとき，容器の中にある水の底面ABCDから水面までの高さを求めなさい。

（2） ひし形の紙があり，これをひし形ABCDとする。下の図のように，辺ABと辺CDが対角線BDと重なるように折った。線分BE，DFは折り目であり，点A，Cが移った対角線BD上の点をそれぞれG，Hとする。$\angle BAD = \angle x$とするとき，次のア，イに答えなさい。

ア △BFHと△DEGが合同になることを次のように証明した。［あ］，［い］には式，［う］には適切な内容をそれぞれ入れなさい。

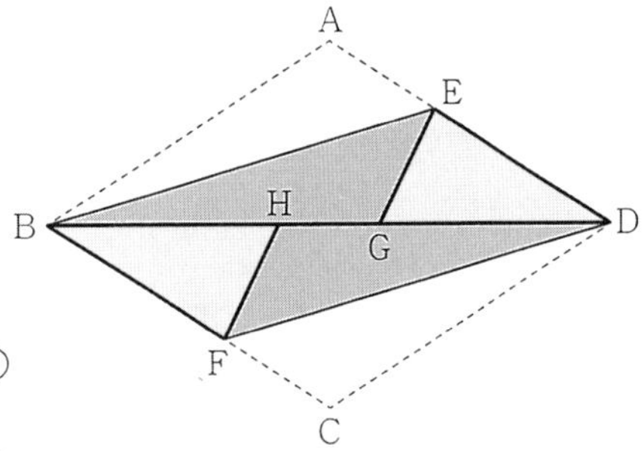

［証明］
△BFHと△DEGにおいて
平行線の錯角は等しいから
$\angle FBH = \angle EDG$ ……①
$\angle DHF = \angle BGE = \angle x$から
［　　あ　　］$= 180° - \angle x$ ……②
また
$BH = BD - DH$，$DG = DB - BG$であり
$AB = CD = BG = DH$であるから
［　　い　　］ ……③
①，②，③から
［　　う　　］がそれぞれ等しいので
△BFH ≡ △DEG

イ $\angle x = 108°$のとき，次の（ア），（イ）に答えなさい。

（ア） $\angle GED$の大きさを求めなさい。

（イ） $DG = 4$ cmのとき，ひし形ABCDの周の長さと四角形ABGEの周の長さとの差を求めなさい。

4 図1で，①は関数 $y=\dfrac{16}{x}$ のグラフであり，2点A，Bは①上の点で x 座標がそれぞれ -4，8である。点Pは y 軸上にあり，y 座標は点Bの y 座標と同じである。②は2点A，Bを通る直線であり，②と y 軸との交点をQとする。次の（1）～（3）に答えなさい。(10点)

（1） 点Aの y 座標を求めなさい。

（2） 点Pを通り，直線②に平行な直線の式を求めなさい。

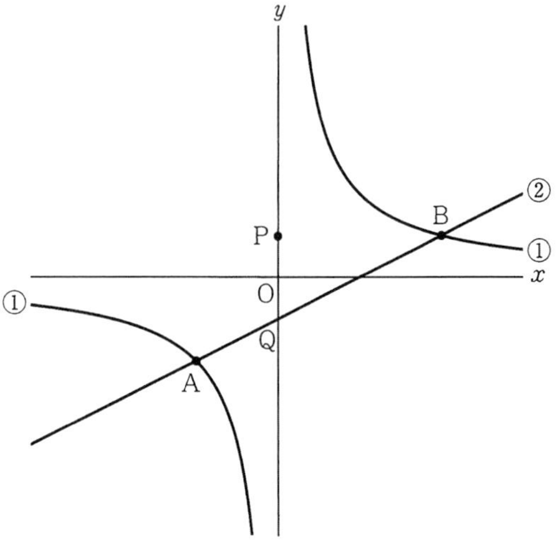

図1

（3） 図2は，図1に③，④をかき加えたもので，③は関数 $y=\dfrac{1}{4}x^2$ のグラフであり，④は直線 $x=t$ である。また，④と②，③の交点をそれぞれR，Sとする。このとき，次のア，イに答えなさい。

ア 点Sの y 座標を t を用いた式で表しなさい。

イ 四角形PQRSが平行四辺形になるとき，t の値をすべて求めなさい。

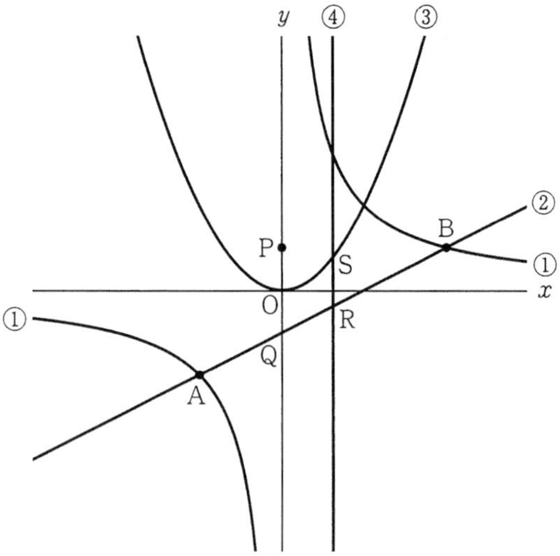

図2

教英出版

5 ある年の１月１日は水曜日である。この年について，マユさんは水曜日を基準として，２月以降の各月の最初の日（一日《ついたち》）が何曜日になるのかを求めるために，下のように考え，ノートにまとめた。次の（１）～（４）に答えなさい。(15点)

① 右のカレンダーのように，水曜日を基準とします。
② 7日間で1週間なので，28日間で4週間になることを利用します。
③ 下のような表を作ります。

項目＼日数＼月	1月	2月	3月	4月	5月	6月	7月	8月	9月	10月	11月	12月
	31	28	31	30	31	30	31	31	30	31	30	31
A	3	0	3	2	3	2	3	3	2	3	2	3
B	／	3	3	6	㋐	11	13					
C	0	+3	+3	−1	+1	㋑	−1					

1月（基準：水）

日	月	火	水	木	金	土
			1	2	3	4
5	6	7	8	9	10	11
12	13	14	15	16	17	18
19	20	21	22	23	24	25
26	27	28	29	30	31	

2月（基準：水）

日	月	火	水	木	金	土
			——+3——→			1
2	3	4	5	6	7	8

【表の項目A～Cについて】

A：各月の日数から28を引いた数

B：1月から前の月までのAの和

※この数は，各月の最初の日（一日）の曜日が，水曜日から何日後の曜日かを表します。

C：各月の最初の日（一日）の曜日が，日曜日から土曜日の１週間の中で，水曜日からみて，前（日曜日側）や後ろ（土曜日側）にずれている日数

※上のカレンダーの中央にある水曜日を0，前にずれている日数を負の数，後ろにずれている日数を正の数として，−3，−2，−1，0，+1，+2，+3で表します。

例えば

・1月の日数は31日だから，Aは31−28＝3になります。
・2月は，Bが3になるので，2月1日は水曜日から3日後の曜日です。
　つまり，Cは+3となり，上のカレンダーのように土曜日だとわかります。
・3月も，Bが3+0＝3になるので，3月1日は土曜日だとわかります。
・4月は，Bが6になるので，4月1日は水曜日から6日後の曜日である火曜日だとわかります。
　つまり，火曜日は基準である水曜日からみて，前に1日ずれた曜日なのでCは−1となります。

（１） ㋐，㋑ にあてはまる数を求めなさい。

（２） この年の５月１日は何曜日か，求めなさい。

（３） この年の７月の最初の日曜日は何日か，求めなさい。

（４） マユさんのノートをみた数学の先生は，マユさんに下のように質問をした。次のア，イに答えなさい。

右のカレンダーは，この年のある月のもので，日数は30日です。
私の誕生日は，このカレンダーの中にあります。誕生日の日にちをaとすると，aの２乗と<u>aのすぐ真上にある数</u>の２乗の和は，aの２日後の数の２乗と等しくなっています。
私の誕生日がわかりますか。

□月

日	月	火	水	木	金	土
	1	2	3	4	5	6
7	8	9	10	11	12	13
14	15	16	17	18	19	20
21	22	23	24	25	26	27
28	29	30				

ア 下線部について，aを用いた式で表しなさい。

イ 数学の先生の誕生日は何月何日か，求めなさい。

令和４年度県立高等学校入学者選抜学力検査

英　　　　語

（50分）

注　　　　意

1　**問題の[1]は放送による検査です。**問題用紙は放送による指示があるまで開いてはいけません。

2　問題用紙は表紙を入れて７ページあり，これとは別に解答用紙が１枚あります。

3　受検番号は，検査開始後，解答用紙の決められた欄に記入しなさい。

4　机の上に置けるものは，受検票・鉛筆（シャープペンシルも可）・消しゴム・鉛筆削りです。

5　筆記用具の貸し借りはいけません。

6　問題を読むとき，声を出してはいけません。

7　印刷がはっきりしなくて読めないときや，筆記用具を落としたときなどは，だまって手をあげなさい。

8　「やめなさい」という合図ですぐに書くのをやめ，筆記用具を置きなさい。

答えの書き方

1　答えは，問題の指示に従って，すべて解答用紙に記入しなさい。

2　答えはていねいに書きなさい。答えを書き直すときは，きれいに消してから書きなさい。

1 放送による検査（27点）

※教英出版注
音声は，解答集の書籍ＩＤ番号を
教英出版ウェブサイトで入力して
聴くことができます。

（1）

ア　1

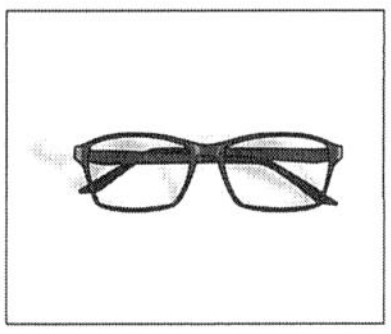

2

3

4

イ　1

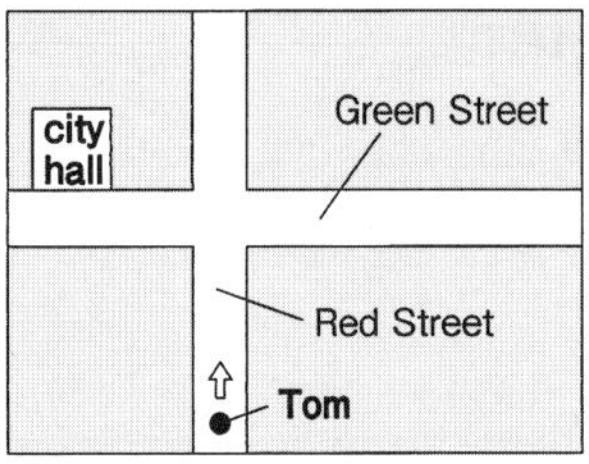

2

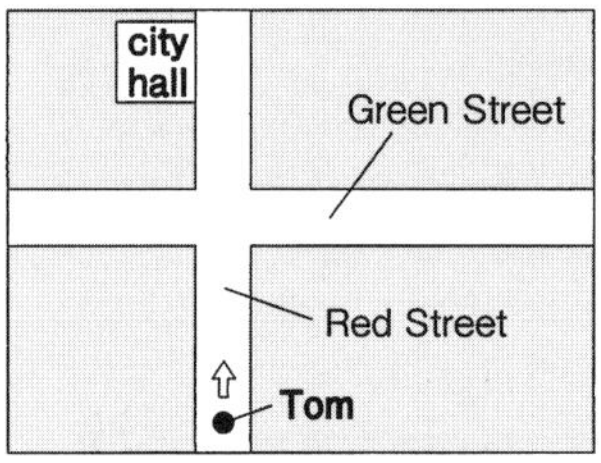

3

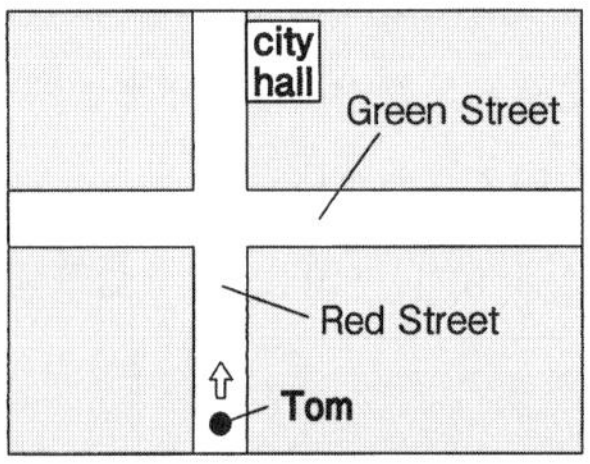

4

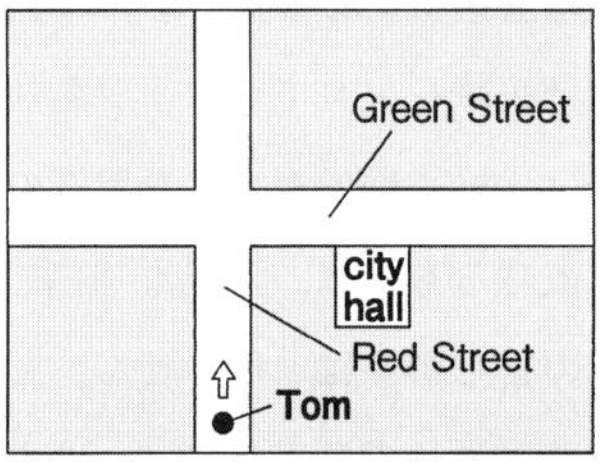

ウ　1　It's easy to understand our teacher.　　2　What do you think about that?
　　3　Could you say that again?　　4　Please listen to our teacher.

（2）

ア　1　To a bookstore.　　2　To her house.
　　3　To a Japanese restaurant.　　4　To a cooking school.

イ　1　Her parents tried to cook Japanese food many times.
　　2　Her parents went to a restaurant to buy a gift.
　　3　Her mother cooked Japanese food and could cook it well.
　　4　Her mother wanted to learn how to cook Japanese food.

ウ　1　Her father.　　2　Her brother.
　　3　Her mother.　　4　Her sister.

（3）

ア　1　Yes, I will.　　2　No, I will not.
　　3　Next Saturday.　　4　Last Saturday.

イ　1　That's a wonderful idea.　　2　You really enjoyed it.
　　3　You're welcome.　　4　I have many things to do today.

（4）　(　　　　　　　　　　　　　　　　　　　　)

教英出版

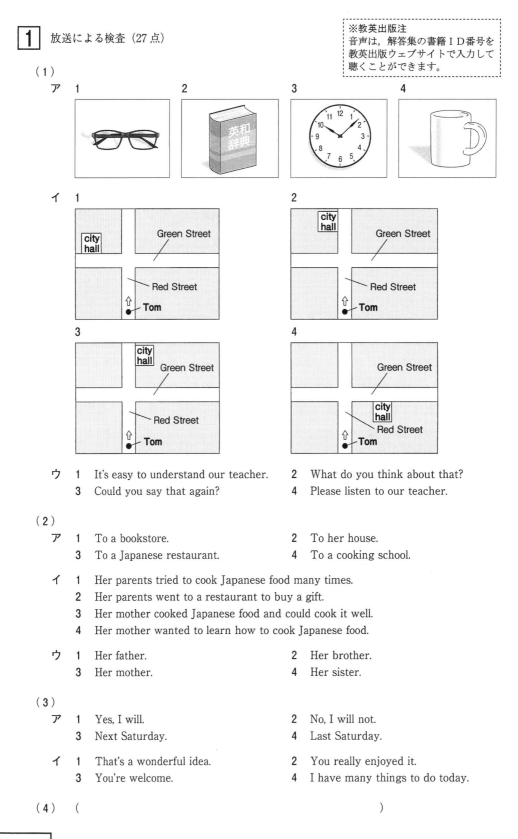

2　次の英文は，ケンタ（Kenta）と，アメリカ人留学生のビル（Bill）の対話の一部です。２人は，アメリカ合衆国の硬貨を見ながら話をしています。これを読んで，あとの（１）～（３）に答えなさい。
＊印の語句には，対話のあとに（注）があります。(14 点)

Kenta：Hi, Bill.
Bill　：Hi, Kenta. ア（ will　interesting　show　I　you ）things. Look at these *coins. I brought them from my country.

【アメリカ合衆国の硬貨】

one-cent coin（１セント硬貨）　five-cent coin（５セント硬貨）

Kenta：Oh, these two coins have a person's face on them.
Bill　：You're right.
Kenta：イ（ are　whose　on　designed　faces ）the coins?
Bill　：Well, for example, the one-cent coin has the face of *Abraham Lincoln on it.
Kenta：Oh, Abraham Lincoln. I know his name.
Bill　：This coin is called a *penny. Penny is another name of the one-cent coin.
Kenta：I see. Does the other coin have another name, too?
Bill　：Yes, it does. It is a five-cent coin. It is called a *nickel.
Kenta：Interesting! Some coins have other names. I didn't know that.
Bill　：Do you have other names for Japanese coins?
Kenta：No, we don't have them, but Japanese coins have interesting *characteristics. We have six [　　　　] of coins today. Two of them have a hole in them. Did you know that?
Bill　：Yes, I did. I was surprised when I saw them *for the first time. I can *distinguish the coins easily by the hole. It's very useful.
Kenta：Do you think so? ウ（ have　you　I　could　wish ）a useful hole in your country's coins. Now, I'm interested in the coins of your country. I will look at a website about them. If I have questions, I will send you an e-mail.
Bill　：Yes, please.

（注）coin(s)　硬貨　Abraham Lincoln　エイブラハム・リンカン（アメリカ合衆国第16代大統領）
penny　ペニー（硬貨の通称）　nickel　ニッケル（硬貨の通称）
characteristic(s)　特徴　for the first time　初めて　distinguish　～を見分ける

（１）　下線部ア～ウについて，文の意味が通るように，（　　）内の語をすべて用いて，正しい順序に並べかえて書きなさい。大文字にする必要のある文字は大文字にしなさい。

（２）　[　　　　]に入る最も適切な英語１語を書きなさい。

（３）　次の文章は，ビルと話をした日の夜に，ケンタがビルに送ったメールの内容です。下線部１，２をそれぞれ一つの英文で書きなさい。

Hi, Bill. Thank you for talking with me today. I found some words on the two coins. I don't think that some of them are English. １ 私はその言語が何かを知りたいです。Do you know that? I also found a nice building on the five-cent coin. I looked at the website about it and I was surprised that it was a part of a World Heritage Site. ２ 世界には訪れるべき建物がたくさんあります。I think that this building is one of them.

3 次の英文は，中学生のヒロミ（Hiromi）と台湾からの留学生のメイリン（Meiling）の対話の一部です。これを読んで，あとの（1），（2）に答えなさい。＊印の語には，対話のあとに（注）があります。（13点）

Meiling：Is this a present for my birthday? Thank you, Hiromi. What a pretty paper bag! I'm so happy. I want to see what is in this bag. [ア]

Hiromi：Of course. I want you to see what is in it. I've been thinking about what to give you for a week. I hope you will like it.

Meiling：Wow, this is wonderful. It is a box with beautiful *wrapping paper and there is a message card on it. Pretty *ribbons and some *stickers are on it, too. Did you *decorate the paper for me?

Hiromi：Yes, I did it for you. When I decorated it, 〔 A 〕.

Meiling：I'm happy to hear that. I haven't seen the present yet, but I'm already enjoying your present. Opening presents makes me surprised and excited. I enjoy guessing what it is.

Hiromi：That's good to know. I often use special gift wrapping paper for special days. I sometimes decorate it with ribbons and stickers, and use paper bags. Have you ever thought about why some people, like myself, enjoy wrapping a present?

Meiling：[イ] Why do you enjoy it and take your time to do it?

Hiromi：When I'm wrapping a present, I'm thinking about the person who will get it. Giving and receiving a present gives both of us a wonderful time to think about each other. I can say that thinking about how to wrap this gave me a great time to think about you.

Meiling：I like your idea. A present *itself is important but 〔 B 〕. Your idea is also a special present for me today. My mother's birthday is next month and I will send her a present. I really thank her for helping me a lot. You gave me a great idea about gift wrapping. I will enjoy decorating, wrapping, and thinking about her. I'm looking forward to seeing her smile.

Hiromi：I'm sure she will love it! I'm happy that you like my wrapping. Oh, 〔 C 〕. I wonder how you will like it. Please open it.

Meiling：OK, what is it… I'm excited!

（注）wrap　～を包装する　　ribbon(s)　リボン　　sticker(s)　シール
decorate　～を飾る　　itself　それ自体

（1）二人の対話が成立するように [ア]，[イ] に入る英文をそれぞれ一つ書きなさい。

（2）二人の対話が成立するように，〔 A 〕～〔 C 〕に入る最も適切なものを，次の1～7の中からそれぞれ一つ選び，その番号を書きなさい。

1 you have not opened my present yet
2 you should take more time for wrapping to enjoy yourself
3 I was thinking about what you like and how you feel
4 I wanted to make my mother surprised with my wrapping
5 I want you to open the box because I don't know what is in it
6 thinking about how to give it is also important
7 thinking about where to buy it is more important for you

K 教英出版

4 次の英文は，中学生のミホ（Miho）がお気に入りのものについて紹介したスピーチです。これを読んで，あとの（1）～（3）に答えなさい。*印の語句には，スピーチのあとに（注）があります。（21 点）

Do you know the children's picture book, "The Very Hungry *Caterpillar" by *Eric Carle? A little green caterpillar was born from an egg, ate one apple on Monday, three *plums on Wednesday, five oranges on Friday… and finally grew into a big, beautiful *butterfly! If you read it, you may feel that you want to try something new and improve yourself. The original book was written in America in 1969. The book was written in more than 70 different languages. A lot of people in the world have bought the book. Some of you may have it, but did you know that it was created by using Japanese *technology?

You can find "*Printed in Japan" on the first book's last *page. Why was it printed in Japan? The book has many colors, different page sizes, and even some holes on the pages. You can see a hole on some fruits in the book. It shows that the caterpillar has already eaten them. This is one of Eric's interesting ideas. Children can enjoy reading by putting their fingers into these holes. They were difficult to make in America. Then a Japanese man said to Eric, "We will help you. Our company's technology can do it." This is why the book was printed in Japan.

Eric's new idea and Japanese technology made this book famous. He died last May, but his book has *influenced many people around the world and will be always with us.

（注） caterpillar イモムシ　Eric Carle エリック・カール（人名）　plum(s) スモモ
butterfly チョウ　technology 技術　print(ed) ～を印刷する　page(s) ページ
influence(d) ～に影響を与える

（1） 次の文章は，ミホのスピーチの内容に関する生徒のメモです。スピーチの内容と合うように，（ ア ）～（ ウ ）に入る最も適切な日本語をそれぞれ書きなさい。

【メモ】

- 「The Very Hungry Caterpillar」という絵本を読むと，（　ア　）に挑戦して自分を高めていきたい気持ちになる。
- 果物の絵に開いている穴は，イモムシがすでに（　イ　）ことを表している。
- エリック氏は昨年（　ウ　）に亡くなったが，彼の本はこれからも私たちのそばにあり続ける。

（2） ミホのスピーチの内容と合うように，次の 1 ～ 3 の質問に対する答えをそれぞれ一つの英文で書きなさい。

1　When was the original book written in America?
2　How can children enjoy reading with the holes in the book?
3　Was it easy to make the holes on the pages in America?

（3） 「あなたのお気に入りのもの」一つについて，その理由を含めて英語 **20 語以上**で書きなさい。文の数はいくつでもかまいません。

5 高校生のナオミ（Naomi）と弟のケイタ（Keita）についての英文を読んで，あとの（１）～（３）に答えなさい。＊印の語句には，本文のあとに（注）があります。(25点)

One Sunday afternoon, Naomi and Keita, decided to go to the park to play tennis after it stopped raining in the morning. Keita is a junior high school student and three years younger than Naomi. They are always interested in many things around them.

While Naomi and Keita were walking to the park, they found a beautiful rainbow in the sky. Naomi asked, "Why does a rainbow appear in the sky?" Keita answered, "Rain *divides the *sunlight into seven colors. I learned it in a science class." Naomi said, "Great, but are there really seven colors? They are seven for us, Japanese, but six for people in America and three for people in some countries in Asia." Keita was surprised and said in a big voice, "What? Why is the number of colors so different?" Naomi continued, "Look at the rainbow again. Can you really see seven colors in the rainbow?" Keita looked at the rainbow for a few minutes and answered, "I can see red, yellow, green, blue... four colors.... If I try to see the other three colors between them, I think I can see more colors...." Naomi said, "See? We cannot say it is seven because colors of light change *little by little." "I didn't know that! That's interesting," Keita said. Naomi asked again, "Why do you think that a rainbow has seven colors?" "Maybe, I learned it when I was little," Keita answered. Naomi smiled and said, "That's right. Different people have different ideas about how many colors a rainbow has. If you believe that it is seven, seven will be the right answer for you." Keita looked up at the same rainbow again and began to think it didn't have seven colors.

Naomi said, "We have many cultures in the world and people in different cultures have different ways of feeling." "I am happy to know that," Keita smiled. Naomi continued, "When you want to know something, it is important to see it with your own eyes, listen to it with your own ears, and think about it with your own *mind. Sometimes it may be different from ideas that you have learned. Think and feel by yourself!" Keita looked excited and said, "I also learned at school that all colors *disappear when they are *mixed." Naomi felt proud of her brother and even herself. Keita found a new way to learn through talking with his sister.

This experience was a nice lesson for Keita. He wanted to learn more than before. The most exciting thing for him was that science gave him a better understanding of different cultures in the world. Before this experience, he believed that learning science and thinking about cultures were different. Now he knows that all learning experiences *are related to each other.

（注） divide(s) ～を分ける　sunlight 太陽光　little by little 少しずつ　mind 頭
disappear 消える　mix(ed) ～を混ぜる　be related to ～に関係している

（1）　本文の内容と合うように英文を完成させるとき，次のア～エに続く最も適切なものを，1～4の中からそれぞれ一つ選び，その番号を書きなさい。

ア　When Naomi asked the number of the colors in a rainbow,

1　Keita already knew that there were not seven colors in a rainbow.
2　Keita's answer was seven, but he could not see all of them.
3　Keita could see more colors in a rainbow than Naomi.
4　Keita said there were four, but he could see seven colors.

イ　After Naomi and Keita talked, Keita

1　knew that understanding different cultures was more important than learning science.
2　was happy because the things he learned before were always right.
3　understood that thinking by himself would help him learn something.
4　wasn't interested in the number of colors in a rainbow.

ウ　This experience

1　let Keita think that learning at school was more important than thinking by himself.
2　gave Keita a new idea that learning science and thinking about cultures were different.
3　made Keita tired because he had to remember many new things.
4　taught Keita that all the things he was learning from his experiences were related.

エ　The thing Naomi taught Keita is that

1　rain divides the sunlight into seven colors.
2　the number of colors in a rainbow may be different in other cultures.
3　every country believes a rainbow has seven colors.
4　all colors disappear when they are mixed.

（2）　下線部 that が表している内容を日本語で書きなさい。

（3）　本文の内容をふまえて，次の英文の（ ア ）～（ ウ ）に入る最も適切な語を，下の1～7の中からそれぞれ一つ選び，その番号を書きなさい。

Naomi asked Keita some questions when they （　ア　） to the park. Her questions gave him a new understanding in his way of learning. Naomi found her brother was more excited to enjoy talking and learning with her. This made Naomi proud of herself in （　イ　） him new things. She began to feel that he could find his （　ウ　） to any questions by himself from all of his learning experiences.

1　answers	2　talked	3　science	4　walked
5　looking	6　cultures	7　teaching	

令和４年度県立高等学校入学者選抜学力検査

理　　　　科

（45分）

注　　　意

1　問題用紙は「始めなさい」という合図があるまで開いてはいけません。

2　問題用紙は表紙を入れて８ページあり，これとは別に解答用紙が１枚あります。

3　受検番号は，検査開始後，解答用紙の決められた欄に記入しなさい。

4　机の上に置けるものは，受検票・鉛筆（シャープペンシルも可）・消しゴム・鉛筆削り・分度器の付いていない定規（三角定規を含む）・コンパスです。

5　筆記用具の貸し借りはいけません。

6　問題を読むとき，声を出してはいけません。

7　印刷がはっきりしなくて読めないときや，筆記用具を落としたときなどは，だまって手をあげなさい。

8　「やめなさい」という合図ですぐに書くのをやめ，筆記用具を置きなさい。

答えの書き方

1　答えは，問題の指示に従って，すべて解答用紙に記入しなさい。

2　答えはていねいに書きなさい。答えを書き直すときは，きれいに消してから書きなさい。

3　計算などには，問題用紙の余白を利用しなさい。

1 次の（1）～（4）に答えなさい。(20点)

（1）タンポポの花と根について，次の**ア**，**イ**に答えなさい。

ア 右の図は，花のつくりを表したものである。図の**A**～**D**の中でおしべはどれか，適切なものを一つ選び，その記号を書きなさい。

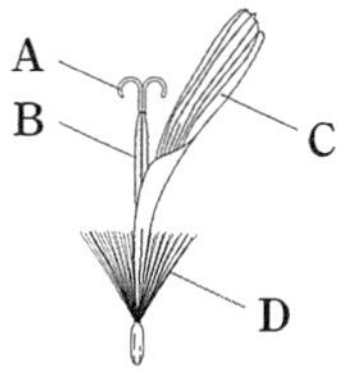

イ 下の文章は，根のつくりとはたらきについて述べたものである。文章中の ① ～ ③ に入る適切な語句を書きなさい。

> タンポポの根は太い根の主根と細い根の ① からなり，根の先端近くには多くの ② がある。 ② があることによって根の ③ が広くなるので，水と水に溶けている無機養分を効率よく吸収することができる。

（2）右の図は，ある地域のすべての生物とそれをとりまく環境を一つのまとまりとしてとらえたものにおいて，生物量（生物の数量）のつり合いのとれた状態をピラミッド形に表したものである。次の**ア**，**イ**に答えなさい。

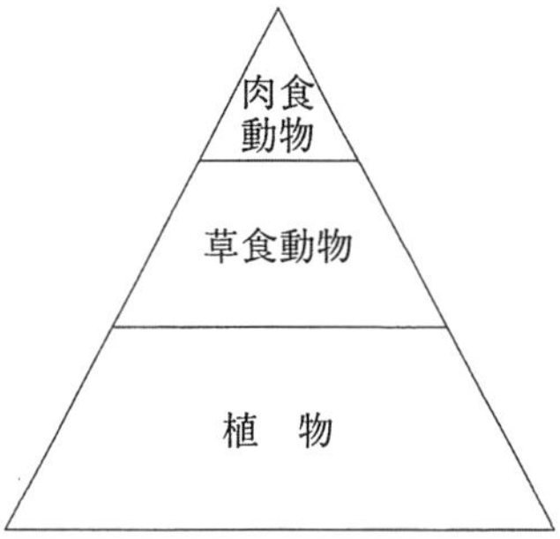

ア 下線部を何というか，書きなさい。

イ 下の文章は，この地域において，何らかの原因で急に草食動物の生物量が変化したとき，再び全体の生物量のつり合いがとれるまでの過程について述べたものである。文章中の ① ～ ③ に入る語の組み合わせとして最も適切なものを，次の1～6の中から一つ選び，その番号を書きなさい。ただし，ほかの地域との間で生物の移動はないものとする。

> 草食動物の生物量が ① すると，植物が増加し，肉食動物が ② する。肉食動物の ② により，その後，草食動物が ③ すると，やがて植物が減少し，肉食動物が増加する。このような増減が繰り返され，全体の生物量のつり合いがとれた状態になる。

1 ① 増加 ② 増加 ③ 増加　　2 ① 減少 ② 増加 ③ 減少
3 ① 増加 ② 増加 ③ 減少　　4 ① 減少 ② 減少 ③ 増加
5 ① 増加 ② 減少 ③ 増加　　6 ① 減少 ② 減少 ③ 減少

（3）右の図は，花こう岩をルーペで観察してスケッチしたものである。花こう岩のつくりは，結晶が大きく成長した鉱物でできており，不規則に割れる無色鉱物や，決まった方向にうすくはがれる有色鉱物などが見られた。次の**ア**，**イ**に答えなさい。

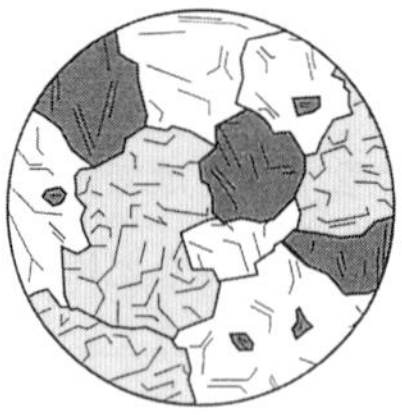

ア 下線部として適切なものを，次の1～4の中から一つ選び，その番号を書きなさい。

1 セキエイ　　2 カンラン石　　3 クロウンモ　　4 チョウ石

イ 花こう岩をつくる鉱物について，結晶が大きく成長する理由を，**マグマ**という語を用いて書きなさい。

2022(R4) 青森県公立高
教英出版

（4）右の図は，ある年の4月14日から15日にかけて，青森市を温帯低気圧が通過したときの，気温，湿度，天気の変化をまとめたものである。次のア，イに答えなさい。

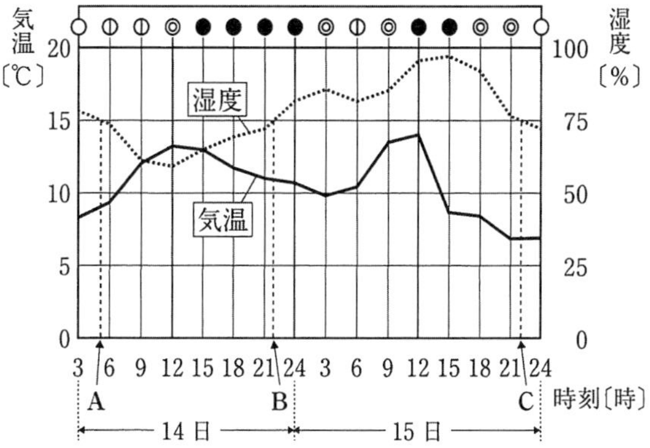

ア　寒冷前線が通過したのは，何日の何時から何時の間であると考えられるか，最も適切なものを，次の1～4の中から一つ選び，その番号を書きなさい。

1　14日の6時から12時
2　14日の15時から24時
3　15日の6時から9時
4　15日の12時から15時

イ　図のA，B，Cの各時刻における湿度はすべて75％であり，各時刻において空気1 m^3 にふくまれる水蒸気量をそれぞれa，b，cとしたとき，a～cを小さい順に左から並べて書きなさい。

2　次の（1）～（4）に答えなさい。(18点)

（1）3枚の蒸発皿A～Cを準備し，Aに塩化ナトリウム，Bに炭酸水素ナトリウム，Cに塩化ナトリウムと炭酸水素ナトリウムの混合物を3.2gずつ入れ，それぞれをかき混ぜながら十分に加熱した。右の表は，加熱前後のそれぞれの質量をまとめたものである。混合物3.2gにふくまれていた炭酸水素ナトリウムの質量は何gか，求めなさい。

蒸発皿	物質	加熱前の質量〔g〕	加熱後の質量〔g〕
A	塩化ナトリウム	3.2	3.2
B	炭酸水素ナトリウム	3.2	2.0
C	混合物	3.2	2.3

（2）下の図のように，6本の試験管を準備し，硫酸マグネシウム水溶液，硫酸亜鉛水溶液，硫酸銅水溶液をそれぞれ2本ずつに入れた。次に，硫酸マグネシウム水溶液には亜鉛板と銅板を，硫酸亜鉛水溶液にはマグネシウムリボンと銅板を，硫酸銅水溶液にはマグネシウムリボンと亜鉛板をそれぞれ入れて変化を観察した。下の表は，その結果をまとめたものである。次のア，イに答えなさい。

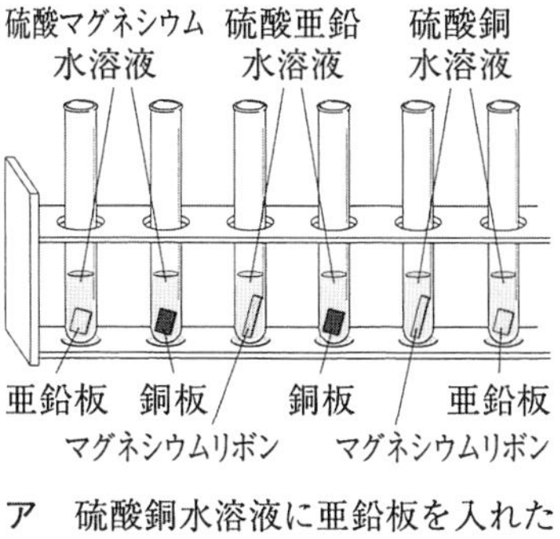

	硫酸マグネシウム水溶液	硫酸亜鉛水溶液	硫酸銅水溶液
マグネシウムリボン		亜鉛が付着した	銅が付着した
亜鉛板	変化しなかった		銅が付着した
銅板	変化しなかった	変化しなかった	

ア　硫酸銅水溶液に亜鉛板を入れたときの亜鉛原子の変化のようすは，次のように化学式を使って表すことができる。（　　）に入る適切なイオンの化学式を書きなさい。

$$Zn \rightarrow (\quad\quad) + 2e^-$$

イ　マグネシウム，亜鉛，銅を陽イオンになりやすい順に左から並べたものとして適切なものを，次の1～6の中から一つ選び，その番号を書きなさい。

1　マグネシウム・亜鉛・銅
2　マグネシウム・銅・亜鉛
3　亜鉛・マグネシウム・銅
4　亜鉛・銅・マグネシウム
5　銅・マグネシウム・亜鉛
6　銅・亜鉛・マグネシウム

（3）図1のように，直方体のガラスを通して鉛筆を見ると，光の屈折により，鉛筆が実際にある位置よりずれて見えた。次のア，イに答えなさい。

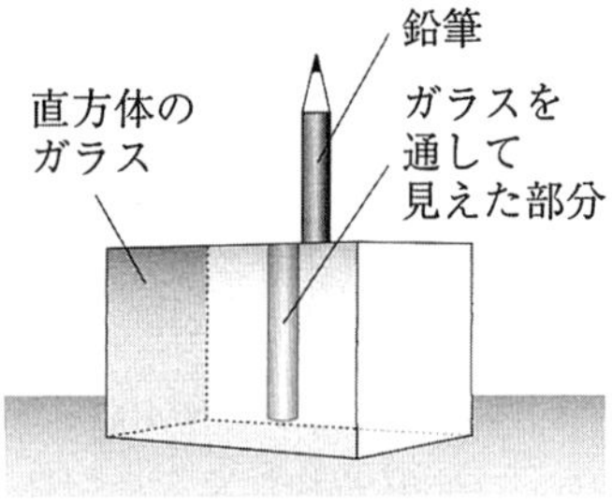

図1

ア　下線部による現象として最も適切なものを，次の1～4の中から一つ選び，その番号を書きなさい。

1　鏡にうつった物体は，鏡のおくにあるように見える。
2　虫めがねを物体に近づけると，物体が大きく見える。
3　でこぼこのある物体に光を当てると，光がいろいろな方向に進む。
4　光ファイバーの中を光が進む。

イ　図2は，図1の直方体のガラスと鉛筆，ガラスを通して見えた鉛筆の位置の関係を模式的に表したものである。鉛筆を見た位置をA点として，鉛筆からガラスの中を通ってA点に向かう光の道すじを実線（——）でかきなさい。ただし，空気中から直方体のガラスに光が入るときの入射角と，直方体のガラスから空気中に光が出るときの屈折角は同じ大きさであるものとする。

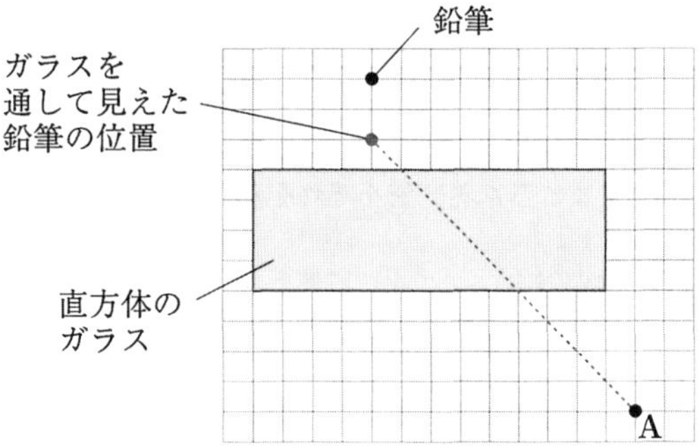

図2

（4）1200 W の電気ストーブを，家庭のコンセントにつないで使用したところ，電気ストーブの電気使用量は30日間で324 kWh であった。次のア，イに答えなさい。

ア　家庭のコンセントからの電流のように，周期的に向きが変わる電流の名称を書きなさい。

イ　電気ストーブを使用したのは1日あたり平均して何時間か，求めなさい。

2022(R4) 青森県公立高
教英出版

3 だ液のはたらきと性質を調べるために，下の**実験 1**，**2** を行った。次の（1）～（3）に答えなさい。(15 点)

実験 1

手順 1　試験管A～Cに0.5％のデンプン溶液を10 cm^3ずつ入れ，Aには水 2 cm^3 を，B，Cにはだ液 2 cm^3 を加えてふり混ぜた。

手順 2　図 1 のように，A，Bは 24 ℃ の室温で，Cは手でにぎってあたためながら 10 分間おいた。

手順 3　A～Cそれぞれにヨウ素液を加えて反応のようすを観察し，その結果を表 1 にまとめた。

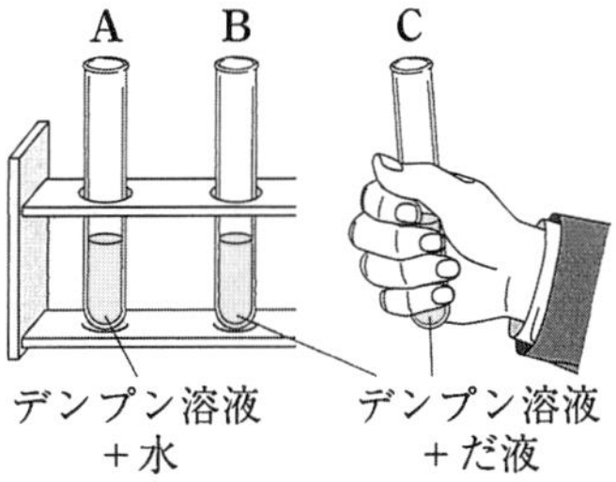

図 1

Aの溶液	Bの溶液	Cの溶液
青紫色になった	うすい青紫色になった	反応しなかった

表 1

実験 2

手順 1　図 2 のように，試験管D～Gに0.5％のデンプン溶液を 10 cm^3 ずつ入れ，DとEには水 2 cm^3 を，FとGにはだ液 2 cm^3 を加えてふり混ぜ，24 ℃ の室温で 20 分間おいた。

手順 2　DとFにヨウ素液を加えて反応のようすを観察した。

手順 3　EとGにベネジクト液を加えてある操作を行い，反応のようすを観察した。

手順 4　手順 2，3 の結果を表 2 にまとめた。

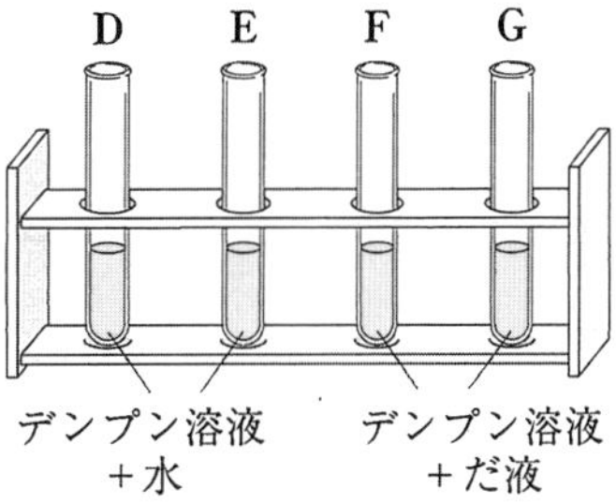

図 2

	Dの溶液	Eの溶液	Fの溶液	Gの溶液
手順2	青紫色になった		反応しなかった	
手順3		反応しなかった		赤褐色になった

表 2

（1）**実験 1** について，次の**ア**，**イ**に答えなさい。

ア　試験管Bに対するAのように，調べたい条件以外の条件をそろえて行う実験を何というか，書きなさい。

イ　試験管BとCの結果を比べて，だ液のはたらきについてわかることを，温度に着目して書きなさい。

（2）**実験 2** について，次の**ア**，**イ**に答えなさい。

ア　下線部として適切なものを，次の 1 ～ 4 の中から一つ選び，その番号を書きなさい。

1　沸とう石を入れて加熱する。　　2　水に入れて冷やす。
3　暗いところにしばらく置く。　　4　日光にしばらく当てる。

イ　次のX，Yは，どの試験管とどの試験管の結果を比べることでわかるか。比べる試験管の組み合わせとして最も適切なものを，次の 1 ～ 6 の中からそれぞれ一つ選び，その番号を書きなさい。

X　だ液のはたらきでデンプンがなくなったこと。
Y　だ液のはたらきでデンプンが麦芽糖などに分解されたこと。

1　DとE　　2　DとF　　3　DとG　　4　EとF　　5　EとG　　6　FとG

（3）下の文章は，**実験 1**，**2** を終えた生徒が，デンプンの消化・吸収・貯蔵・運搬について調べてまとめたものである。文章中の ① ～ ③ に入る適切な語を書きなさい。

> デンプンは，だ液にふくまれる消化酵素である ① のはたらきで麦芽糖などに分解され，さらにほかの消化酵素のはたらきで最終的に ② に分解される。 ② は小腸の柔毛で吸収されて毛細血管に入り，血液とともに ③ に集まった後，ここから血管を通って全身に運ばれる。

4 気体の発生について，下の**実験1**，**2**を行った。次の（**1**）～（**3**）に答えなさい。(17点)

実験1 図**1**の装置を用いて，石灰石にうすい塩酸を加えて気体を発生させた。㋐1本目の試験管に集めた気体は調べずに，2本目の試験管に集めた気体を調べたところ，㋑この気体は二酸化炭素であることがわかった。

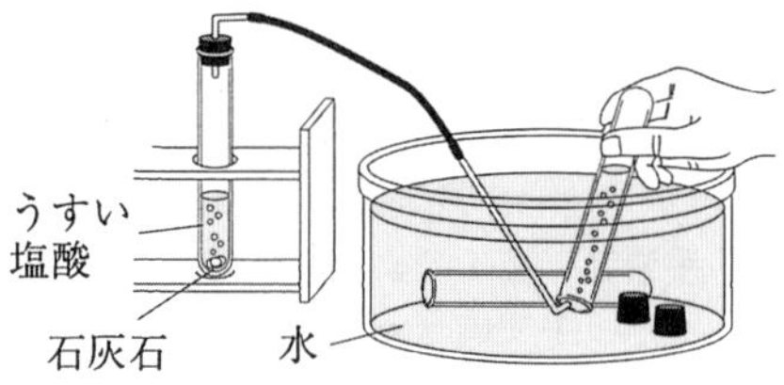

図**1**

実験2 図**2**のように，うすい塩酸 40.0 cm^3 を入れたビーカーと，石灰石 1.00 g をのせた薬包紙を電子てんびんにのせ，反応前の質量をはかった。この石灰石 1.00 g をうすい塩酸に入れて二酸化炭素を発生させ，発生が止まったところで，反応後の質量をはかった。反応前後の質量の差から，発生した二酸化炭素の質量を求めたところ，0.44 g であった。石灰石の質量を 2.00 g，3.00 g，4.00 g，5.00 g と変えて，他の条件は変えずに同様の実験を行った。図**3**は，その結果をまとめたものである。ただし，反応によって発生した二酸化炭素はすべて空気中に逃げて，ビーカーに残らないものとする。

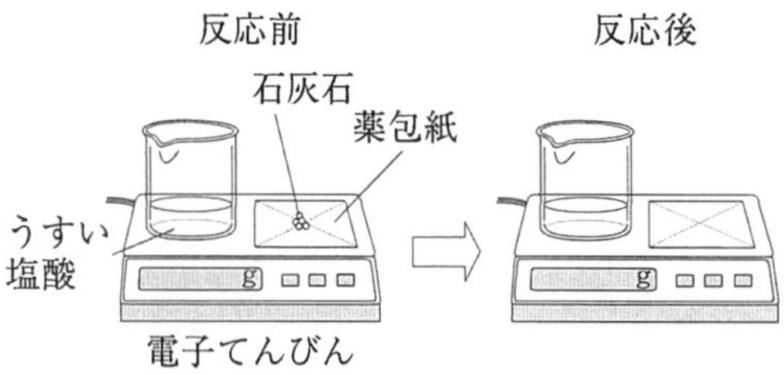

図**2**

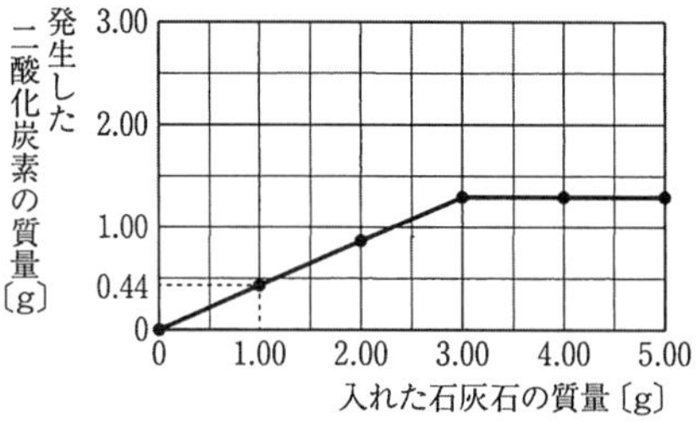

図**3**

（**1**）次の**1**～**4**の中で，化学変化によって気体が発生するものを**二つ**選び，その番号を書きなさい。

1 うすい硫酸ナトリウム水溶液にうすい塩化バリウム水溶液を加える。
2 鉄にうすい塩酸を加える。
3 塩化アンモニウムと水酸化カルシウムの混合物を加熱する。
4 銅板を加熱する。

（**2**）**実験1**について，次の**ア**～**ウ**に答えなさい。

ア 二酸化炭素の化学式を書きなさい。

イ 下線部㋐の理由を書きなさい。

ウ 下の文は，下線部㋑について述べたものである。文中の［ ① ］に入る適切な語を書きなさい。また，［ ② ］に入る適切な内容を書きなさい。

> 発生した気体を集めた試験管に［ ① ］を入れてよくふると［ ② ］ことから，二酸化炭素であることを確かめられる。

（**3**）**実験2**について，次の**ア**，**イ**に答えなさい。

ア うすい塩酸に入れた石灰石の質量と，反応せずに残った石灰石の質量の関係を表すグラフをかきなさい。

イ この実験で用いたものと同じうすい塩酸 100.0 cm^3 に，石灰石 8.00 g を入れたとき，発生する二酸化炭素の質量は何 g か，求めなさい。

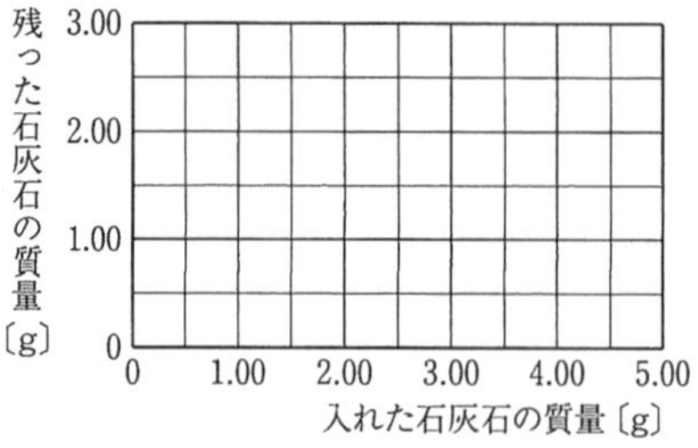

K 教英出版

5 ある生徒が，運動とエネルギーについて調べるために下の**実験1**，**2**を行った。次の（1）～（3）に答えなさい。ただし，摩擦力は木片だけが受けるものとし，空気の抵抗は考えないものとする。また，小球のもつエネルギーは木片に衝突後，すべて木片を移動させる仕事に使われるものとする。(15点)

実験1　図1の装置を用いて，レールの水平面から高さが5 cmの位置で小球をはなし，小球をはなしてからの時間とはなした位置からの移動距離を調べた。次に，高さが10 cm，20 cmの位置で小球をはなして，同様の実験を行い，その結果を表1にまとめた。

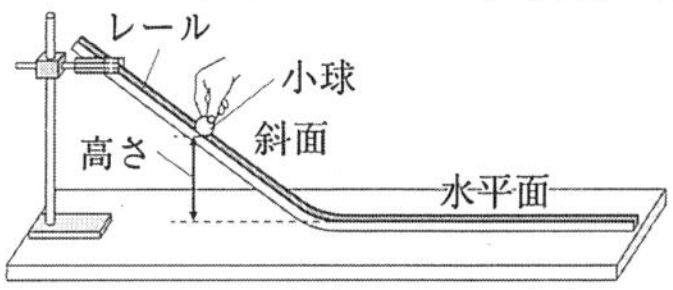

図1

小球をはなしてからの時間〔秒〕		0.0	0.1	0.2	0.3	0.4	0.5	0.6	0.7
はなした位置からの移動距離〔cm〕	高さ5 cmのとき	0.0	2.0	8.0	17.5	27.4	37.3	47.2	57.1
	高さ10 cmのとき	0.0	2.0	8.0	18.0	31.5	45.5	59.5	73.5
	高さ20 cmのとき	0.0	2.0	8.0	18.0	32.0	50.0	69.8	89.6

表1

実験2　図2のように，小球を転がして木片に衝突させて小球の速さと木片の移動距離の関係を調べ，その結果を表2にまとめた。

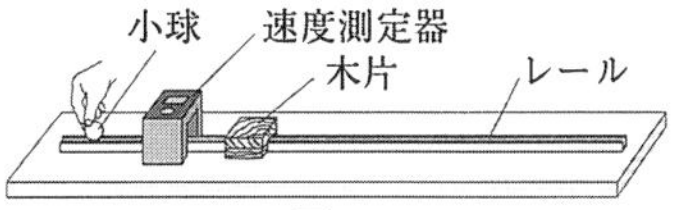

図2

小球の速さ〔cm/s〕	99	140	171	198	221
木片の移動距離〔cm〕	4.0	8.0	12.0	16.0	20.0

表2

（1）**実験1**について，次のア，イに答えなさい。

ア　水平面での小球の運動を何というか，その名称を書きなさい。

イ　高さが5 cmの位置で小球をはなしたとき，水平面を運動しているときの小球の速さは何cm/sか，求めなさい。

（2）下の文章は，**実験2**の結果について述べたものである。文章中の［①］，［②］に入る語の組み合わせとして適切なものを，次の1～4の中から一つ選び，その番号を書きなさい。また，［③］に入るグラフとして適切なものは，次のA，Bのどちらか，その記号を書きなさい。

> 小球の速さが［①］なるほど，［②］が大きくなる。また，小球の速さと木片の移動距離の関係を表すグラフは，［③］のようになる。

1　①　大きく　　②　運動エネルギー
2　①　大きく　　②　位置エネルギー
3　①　小さく　　②　運動エネルギー
4　①　小さく　　②　位置エネルギー

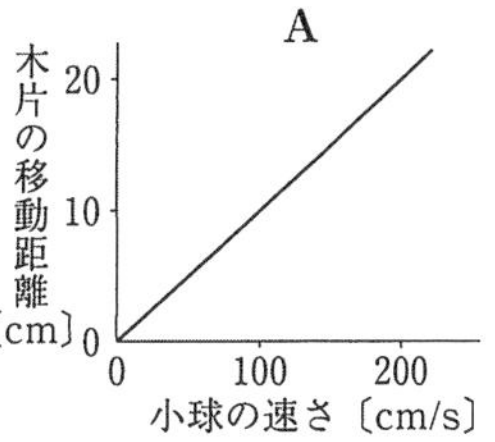

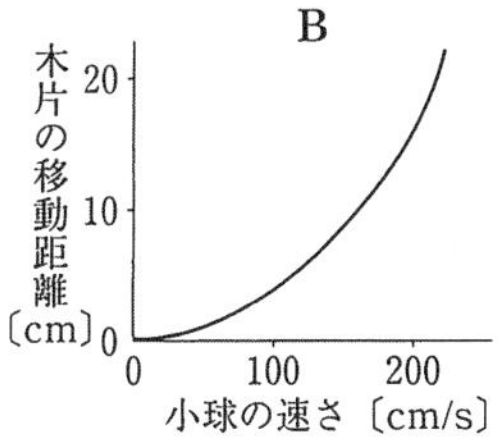

（3）この生徒が，図3のように，**実験1**の装置のレールの水平面に木片を置き，高さを変えながら小球をはなして木片に衝突させた。次のア，イに答えなさい。ただし，用いた木片および木片が受ける摩擦力は**実験2**と同じであるものとする。

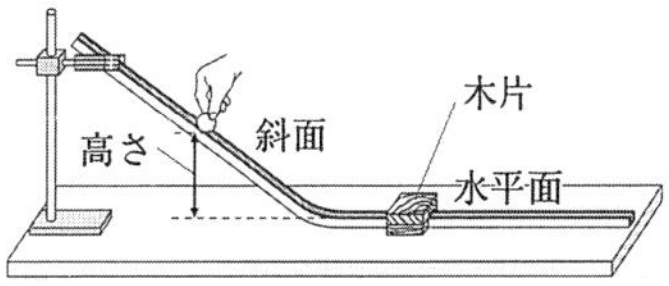

図3

ア　次の1～4の中で，小球が斜面を運動しているときと比べて，水平面に達したときに小さくなっているものはどれか。適切なものを一つ選び，その番号を書きなさい。

1　小球にはたらく重力
2　小球のもつ力学的エネルギー
3　小球のもつ運動エネルギー
4　小球のもつ位置エネルギー

イ　表1，2をもとに，小球をはなした高さと木片の移動距離の関係を表すグラフをかきなさい。

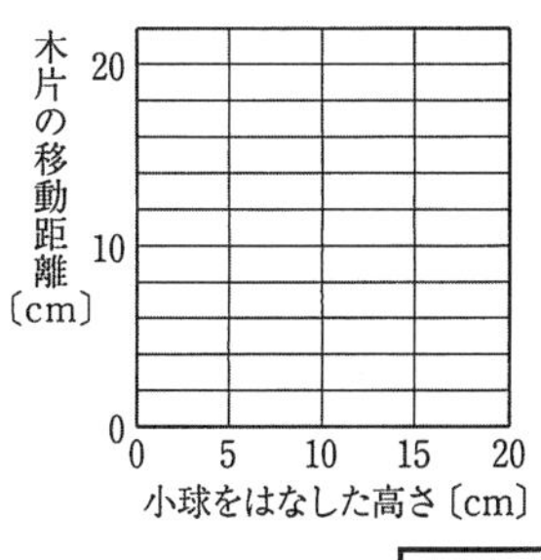

6 下の資料１，２は，天体の運動についてまとめたものである。次の（１），（２）に答えなさい。（15 点）

資料１

図１は，日本のある場所で観察した北の空の星の動きを模式的に表したものである。北極星はほとんど動かず，ほかの星は北極星を中心に回転しているように見えた。

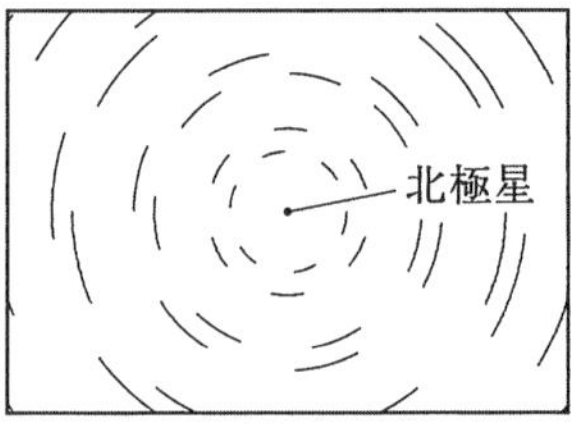

図１

資料２

図２は，太陽と黄道上の 12 星座および地球の位置関係を模式的に表したものである。また，Aは日本における春分，夏至，秋分，冬至のいずれかの日の地球の位置を示している。

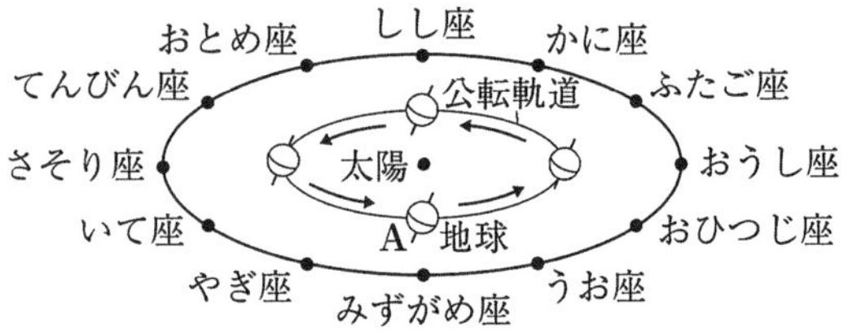

図２

（１）資料１について，次のア～ウに答えなさい。

ア　それぞれの恒星は，非常に遠くにあるため，観測者が恒星までの距離のちがいを感じることはなく，自分を中心とした大きな球面にはりついているように見える。この見かけの球面を何というか，その名称を書きなさい。

イ　この場所での天頂の星の動きを表したものとして最も適切なものを，次の１～４の中から一つ選び，その番号を書きなさい。

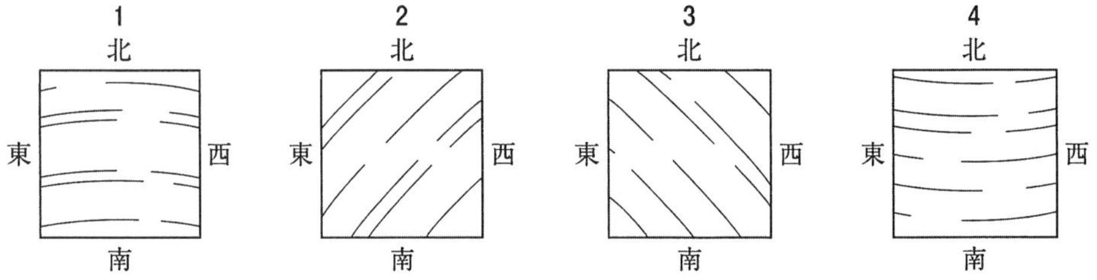

ウ　次の文章は，星の動きについて述べたものである。文章中の ① ，② に入る適切な語を書きなさい。

> 北の空の星は ① を延長した方向の一点を中心として，１日に１回転しているように見える。これは，地球が ① を中心にして自転しているために起こる見かけの運動で，星の ② という。

（２）資料２について，次のア，イに答えなさい。

ア　図２のAは，次の１～４の中のいずれの日の地球の位置を示しているか，適切なものを一つ選び，その番号を書きなさい。

１　春分　　２　夏至　　３　秋分　　４　冬至

イ　青森県内のある場所において，22 時にてんびん座が南中して見えた。同じ場所で２時間後には，さそり座が南中して見えた。この日から９か月後の 20 時に，同じ場所で南中して見える星座として最も適切なものを，図２の 12 星座の中から一つ選び，その名称を書きなさい。

2022(R4) 青森県公立高
教英出版

令和４年度県立高等学校入学者選抜学力検査

社　　会

（45分）

注　　意

1　問題用紙は「始めなさい」という合図があるまで開いてはいけません。

2　問題用紙は表紙を入れて８ページあり，これとは別に解答用紙が１枚あります。

3　受検番号は，検査開始後，解答用紙の決められた欄に記入しなさい。

4　机の上に置けるものは，受検票・鉛筆（シャープペンシルも可）・消しゴム・鉛筆削りです。

5　筆記用具の貸し借りはいけません。

6　問題を読むとき，声を出してはいけません。

7　印刷がはっきりしなくて読めないときや，筆記用具を落としたときなどは，だまって手をあげなさい。

8　「やめなさい」という合図ですぐに書くのをやめ，筆記用具を置きなさい。

答えの書き方

1　答えは，問題の指示に従って，すべて解答用紙に記入しなさい。

2　答えはていねいに書きなさい。答えを書き直すときは，きれいに消してから書きなさい。

1 下の略地図や資料を見て，次の（1）～（5）に答えなさい。(14点)

略地図

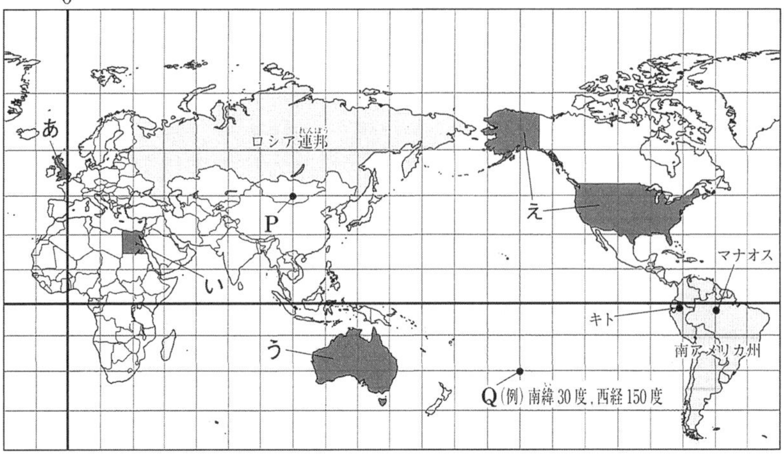

（1）略地図中のロシア連邦の北部に広がる針葉樹の森林を何とよぶか，書きなさい。

（2）略地図中のP点の緯度と経度を，Q点の例を参考に書きなさい。

（3）資料1は，面積，人口，ＧＤＰ（国内総生産）の世界の州別割合を表している。資料1中のA～Cは，それぞれ面積，人口，ＧＤＰのどれを表しているか。適切な組み合わせを，次の1～6の中から一つ選び，その番号を書きなさい。

	A	B	C
1	人口	面積	ＧＤＰ
2	ＧＤＰ	人口	面積
3	面積	ＧＤＰ	人口
4	人口	ＧＤＰ	面積
5	ＧＤＰ	面積	人口
6	面積	人口	ＧＤＰ

資料1

(注) ロシア連邦は，ヨーロッパ州にふくむ。

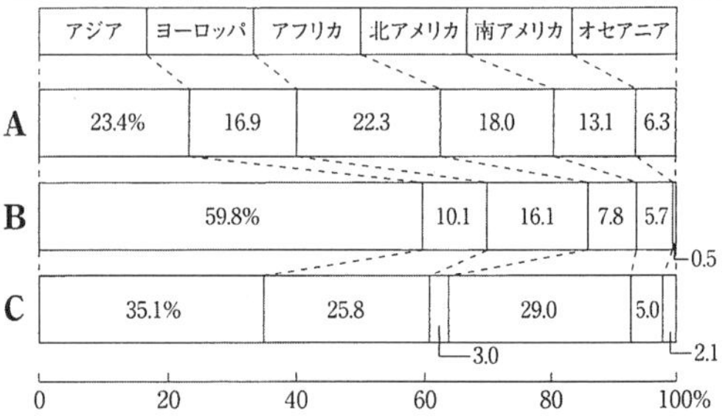

〔「世界人口年鑑」2015年版などによる〕

（4）資料2は，日本における鉄鉱石の輸入相手国ごとの輸入額の割合を表している。資料2中のXにあてはまる国として適切なものを，略地図中のあ～えの中から一つ選び，その記号を書きなさい。また，その国名を書きなさい。

資料2

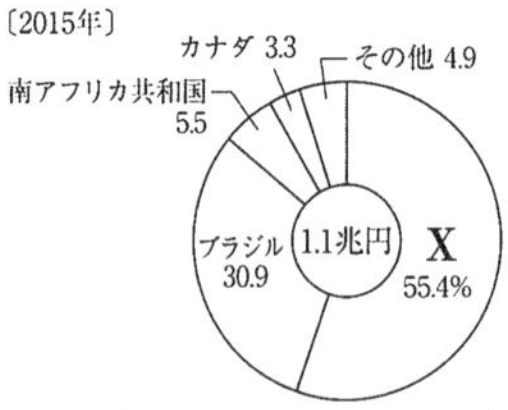

〔「財務省貿易統計」による〕

（5）略地図中の南アメリカ州について，次のア，イに答えなさい。

ア　さとうきびやとうもろこしなどの植物原料から作られ，地球温暖化対策になると注目されている燃料を何というか，書きなさい。

イ　資料3は，略地図中のキトとマナオスの月平均気温を表している。ほぼ同緯度に位置するマナオスに比べて，キトの気温が低い理由を書きなさい。

資料3

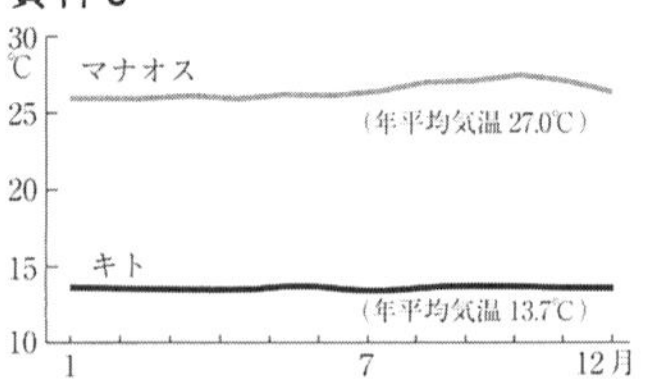

〔「理科年表2021年版」などによる〕

2 下の表は，ある生徒が中国・四国地方，近畿地方，関東地方についてまとめたものである。次の（1）～（6）に答えなさい。(15点)

	中国・四国地方	近畿地方	関東地方
産業	瀬戸内《せとうち》工業地域で生産された工業原料は，瀬戸内海を利用して船で全国の工業都市に運ばれる。	戦後，阪神《はんしん》工業地帯では，沿岸部の製鉄所や石油化学コンビナートなどが生産の中心になった。	東京湾の臨海部には，大工場が立ち並び，(あ⃝)工業地帯や京葉《けいよう》工業地域が形成されている。
他地域との結び付き	高速道路や鉄道の建設により，人々の行動や物の移動の範囲が広がった。	大阪，い⃝京都，神戸などを中心にう⃝大都市圏《けん》が形成され，人や物の移動が盛《さか》んである。	都市の機能が一極集中するえ⃝東京には，郊外からもたくさんの人々が鉄道を利用して通勤・通学している。
人口，都市・村落	過疎《かそ》に直面する市町村では，地域の実状に応じたお⃝町おこし・村おこしが行われている。	海と山にはさまれ，都市の発展に限界のあった神戸市では，か⃝海と山との一体的な開発が行われた。	首都である東京では，住宅問題やゴミ問題など，さまざまな都市問題を抱えている。

（1）(あ⃝ ）にあてはまる語を書きなさい。

（2）下線部い⃝では，店の看板，建物の高さ，デザインなどを規制する条例が定められている。このような条例が定められている理由を，**景観**という語を用いて書きなさい。

（3）下線部う⃝について，資料1は，日本の総人口にしめる三大都市圏の人口の割合を表している。京都府が位置する大都市圏を表しているものを，資料1中のX～Zの中から一つ選び，その記号を書きなさい。また，その大都市圏名を書きなさい。

資料1

総人口 1億2807万人	X	Y	Z	その他
	28.2%	14.4	8.9	48.5

〔「住民基本台帳人口要覧」平成28年版による〕

（4）下線部え⃝について述べた下の文中の［　　　］にあてはまる語を，**カタカナ5字**で書きなさい。

> 都心と郊外を結ぶ鉄道が集中する新宿，池袋，渋谷などは，［　　　］駅として多くの人が利用するため，朝夕の通勤・通学時間帯にとても混雑する。

（5）下線部お⃝について，資料2は，高知県檮原《ゆすはら》町の町おこしに活用されている水田を表している。このような山の斜面などに階段状に造られた水田を何というか，書きなさい。

資料2

（6）下線部か⃝について，資料3は，神戸市の主なニュータウンとうめ立て区域を表している。神戸市ではどのような開発が行われたのか，資料3を参考にして，次の**2語**を用いて書きなさい。

丘陵地　　**うめ立て**

資料3

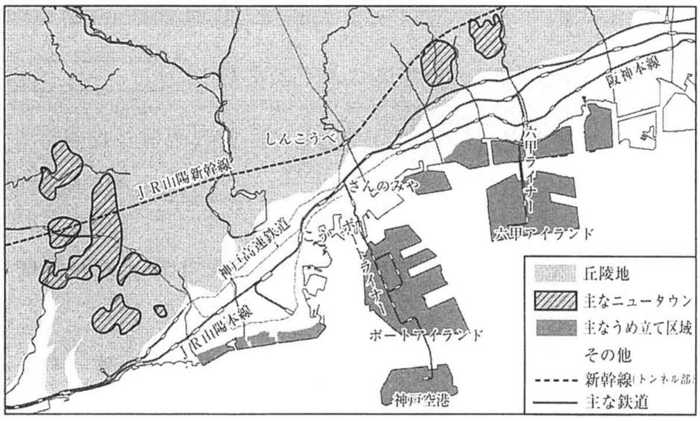

3 下の表は，ある生徒が歴史の学習で興味をもった出来事についてまとめたものである。次の（1）～（6）に答えなさい。(15点)

世紀	日本と世界の主な出来事
7	㋐大化《たいか》の改新
8	㋑墾田永年私財法《こんでんえいねんしざいのほう》
9	坂上田村麻呂《さかのうえのたむらまろ》が胆沢城《いさわじょう》を築く
10	A
11	藤原道長《ふじわらのみちなが》が摂政《せっしょう》になる
12	源頼朝《みなもとのよりとも》が征夷大将軍《せいいたいしょうぐん》になる
13	㋒モンゴル襲来《しゅうらい》
14	南朝と北朝が統一される
15	応仁《おうにん》の乱 B
16	キリスト教の伝来
17	鎖国《さこく》の体制が固まる
18	寛政《かんせい》の改革 ㋓フランス革命
19	C ㋔天保《てんぽう》の改革

（1）下線部㋐について述べた文として適切なものを，次の1～4の中から一つ選び，その番号を書きなさい。

1　聖徳太子《しょうとくたいし》らが大王《おおきみ》（天皇）を中心とする政治制度を整えようとした。

2　中大兄皇子《なかのおおえのおうじ》らが新しい支配の仕組みを作る改革を始めた。

3　聖武《しょうむ》天皇が仏教の力にたよって国家を守るために，東大寺を建てた。

4　桓武《かんむ》天皇が政治を立て直すために，都を平安京《へいあんきょう》に移した。

（2）下線部㋑によって認められた貴族や寺院の私有地を何というか，書きなさい。

（3）下の資料は，下線部㋒の後に鎌倉幕府が出した法令の一部である。この法令を何というか，書きなさい。

資料

> 領地の質入《しちい》れや売買は，御家人《ごけにん》の生活が苦しくなるもとなので，今後は禁止する。
> …御家人以外の武士や庶民《しょみん》が御家人から買った土地については，売買後の年数に関わりなく，返さなければならない。

（4）下線部㋓の様子を表しているものとして適切なものを，次の1～4の中から一つ選び，その番号を書きなさい。

1

2

3

4

（5）下線部㋔について述べた下の文章中の［　　　］に入る適切な内容を書きなさい。

> 水野忠邦《みずのただくに》は，倹約令《けんやくれい》を出して，町人の派手な風俗《ふうぞく》を取りしまり，政治批判や風紀を乱す小説の出版を禁止した。また，［　　　］ため，営業を独占している株仲間《かぶなかま》に解散を命じた。

（6）［ A ］～［ C ］にあてはまる出来事として適切なものを，次の1～6の中からそれぞれ一つ選び，その番号を書きなさい。

1　ローマ帝国が成立する　2　隋《ずい》が中国を統一する　3　コロンブスが西インド諸島に到達する

4　ロシア革命が起こる　5　アヘン戦争が起こる　6　唐《とう》がほろびる

国語放送台本

※教英出版注
音声は，解答集の書籍ＩＤ番号を教英出版ウェブサイトで入力して聴くことができます。

今から、国語の、放送による検査を行います。はじめに、解答用紙を出して、受検番号を決められた欄に記入してください。

（間5秒）

次に、問題用紙の2ページを開いてください。

（間3秒）

□《しかく》一は、【資料】を見ながら放送を聞いて、質問に答える問題です。

（間2秒）

ある中学校で生徒会役員会が開かれました。話し合っているのは、林さん、本田さん、中村さんの三人で、林さんが司会を務めます。これから、その役員会の様子を紹介します。そのあとで、四つの問題を出します。それを聞いて、解答用紙の(1)、(2)、(3)、(4)、それぞれの欄に答えを書きなさい。役員会の様子、問題は、それぞれ一回しか言いません。必要なことは、メモを取ってもかまいません。

それでは、始めます。

（間3秒）

[林さん]

これから生徒会役員会を始めます。今日は、地域の人たちに本校の活動の様子を伝えるにはどうすればよいかを考えます。では、本田さん、意見をどうぞ。

（間2秒）

[本田さん]

はい。私は、動画を利用するのがよいと思います。動画の特徴は、音や動きがあることです。私たちが学習や学校行事に積極的に取り組んでいる姿を、地域の人たちに見てもらいたいと思います。特に、「総合的な学習の時間」で調べたことを紹介してはどうでしょうか。私たちは地域の歴史について、グループに分かれて調べました。わかったことをまとめ、資料を使って発表する様子を撮影しましょう。さまざまな人にわかりやすい動画にするために、話す速さや表情を工夫することと、資料を効果的に提示することが大切だと思います。この動画を通して、地域の人たちに学校への興味をもってもらいたいです。より多くの人たちに動画を見てもらうためにはどうすればよいか、考えているところです。

（間2秒）

[林さん]

では次に、中村さん、意見をどうぞ。

（間2秒）

[中村さん]

はい。新聞を作って、学校行事の様子を紹介するのはどうでしょうか。動画を見ることに不慣れな方にとっては、新聞の方が全体を見渡せるので読みやすいと思います。作った新聞を地域の町内会の回覧板で各家庭に届けてもらうと、手に取りやすいのではないでしょうか。記事は自分

※教英出版注
音声は，解答集の書籍ＩＤ番号を教英出版ウェブサイトで入力して聴くことができます。

英語放送台本

今から，英語の，放送による検査を行います。はじめに，解答用紙を出して，受検番号を決められた欄に記入してください。（間５秒）次に，問題用紙の２ページを開いてください。（間３秒）

□《しかく》１は放送による検査です。問題は（１）から（４）まであります。必要があればメモを取ってもかまいません。それでは（１）から始めます。（間３秒）

（１）は，英文と質問を聞いて，適切なものを選ぶ問題です。問題は，ア，イ，ウの三つあります。質問の答えとして最も適切なものを，１，２，３，４の中からそれぞれ一つ選んで，その番号を解答用紙に書きなさい。英文と質問は二回読みます。（間２秒）それでは始めます。（間３秒）

アの問題（間２秒）
You want to know what a word means. What will you use?（間２秒）
もう一度読みます。（間２秒）（英文と質問を読む）（間２秒）答えを書きなさい。（間３秒）

イの問題（間２秒）
Tom is walking on Red Street to visit the city hall. He will go to Green Street and turn left. Then, he will find the city hall on his right. Which picture shows this?（間２秒）
もう一度読みます。（間２秒）（英文と質問を読む）（間２秒）答えを書きなさい。（間３秒）

ウの問題（間２秒）
You are talking with a teacher from Australia in English, but you didn't hear what he said. What will you say to him?（間２秒）
もう一度読みます。（間２秒）（英文と質問を読む）（間２秒）答えを書きなさい。（間３秒）

これで（１）を終わります。（間３秒）では，（２）に移ります。（間３秒）

（２）は，メアリーの家族に関するスピーチを聞いて，質問に答える問題です。問題は，ア，イ，ウの三つあります。はじめに，英文を二回読みます。次に，質問を二回読みます。質問の答えとして最も適切なものを，１，２，３，４の中からそれぞれ一つ選んで，その番号を解答用紙に書きなさい。（間２秒）それでは始めます。（間３秒）

I'm looking for something for my mother's birthday. I know my mother likes Japanese food. So, when I went out with my family, we often went to a Japanese restaurant. She enjoyed eating Japanese food there. My father told me that she wanted to learn how to cook Japanese food and when she tried once at home, she could not cook it well. Then, he said that a book about Japanese cooking would be a nice gift for her. So, I will go to the bookstore with my brother to get it this weekend. I hope she will like it.
（間２秒）

もう一度読みます。（間２秒）（英文を読む）（間２秒）では，質問します。（間３秒）

アの問題（間２秒）Where did Mary go with her family?（間２秒）
もう一度読みます。（間２秒）（質問を読む）（間２秒）答えを書きなさい。（間３秒）

令和四年度県立高等学校入学者選抜学力検査

国語解答用紙

受検番号

1

(1)	(2)	(3)	(4)

2

(1)

ア	イ	ウ	エ	オ
不屈	激励	剥製	溶（かす）	顧（みる）

カ	キ	ク	ケ	コ
ソシツ	チュウセイ	ホシュウ	マネ（く）	ノゾ（く）

(2)

ア	イ

3

(1)	(2)	(3)
有リ適クモノ呉ニ		

(1)

【注意】 の欄には何も記入しないこと。

※100点満点

総計
/100

1 (1)	1 (2)	1 (3)	1 (4)	小計
/4	/4	/4	/4	/16

2 (1) ア〜オ	2 (1) カ〜コ	2 (2) ア	2 (2) イ	小計
/5	/5	/2	/2	/14

3 (1)	3 (2)	3 (3)	小計
/4	/4	/4	/12

(1)
/4

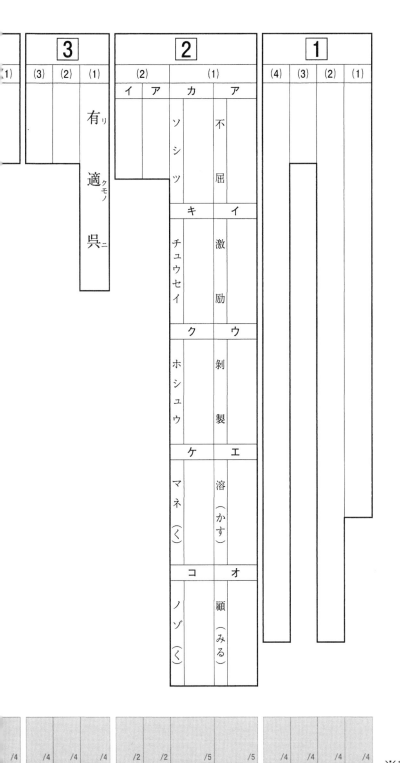

(8)		/4
		/4
	小計	/43

2	(1)	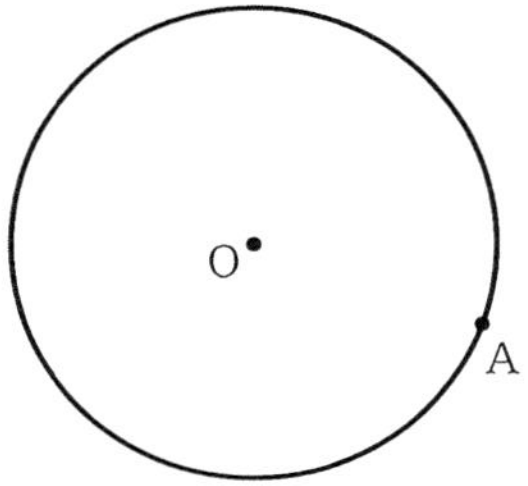			/3
	(2)	ア	あ		/2
			い		/2
			う		/2
			え		/2
			番号		/2
		イ			/3
				小計	/16

5	(2)			/2
	(3)		日	/3
	(4)	ア		/2
		イ	月　日	/4
			小計	/15

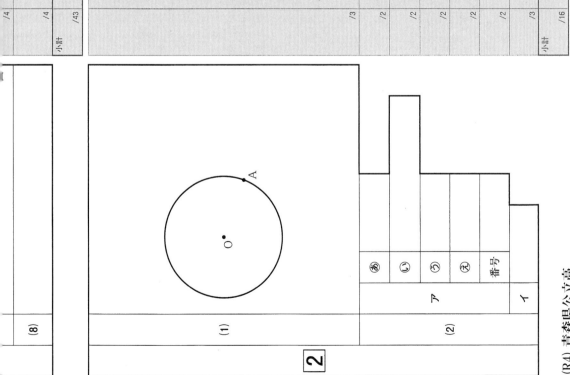

4	(1)	ア		/2
		イ		/2
		ウ		/2
	(2)	1		/3
		2		/3
		3		/3
	(3)			/6

小計 /21

5	(1)	ア		イ		ウ		エ		/12
	(2)									/4
	(3)	ア		イ		ウ				/9

小計 /25

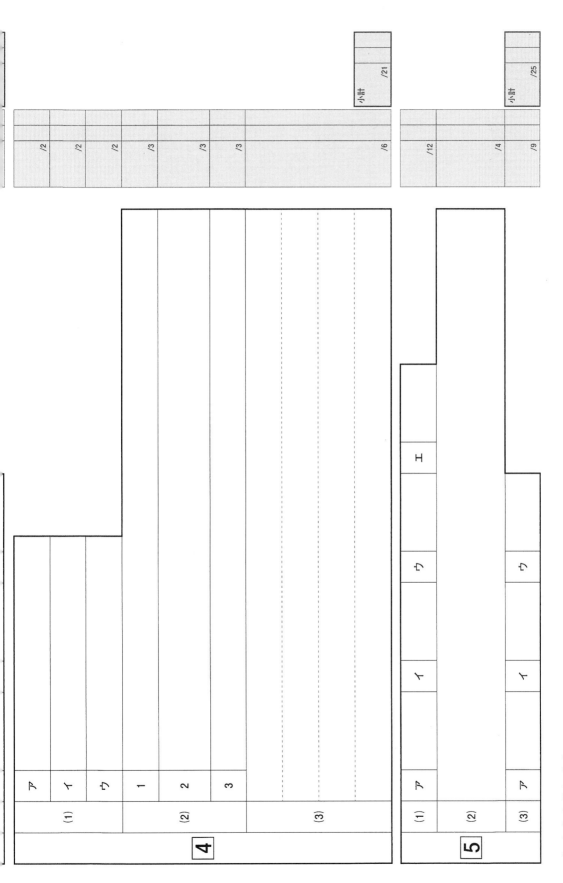

2		
	(3)	イ	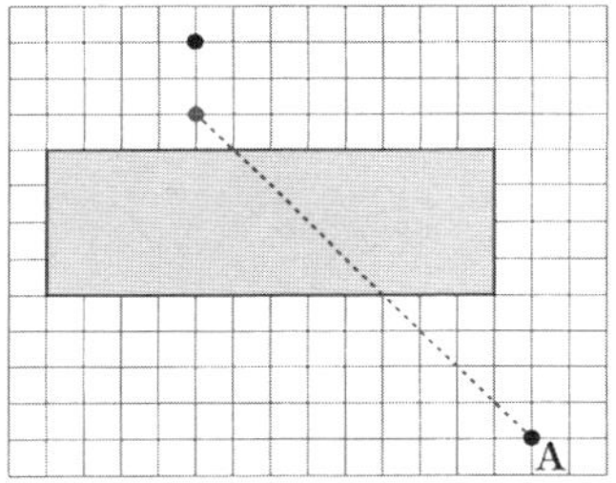	/3
	(4)	ア		/2
		イ	時間	/3
			小計	/18

3				
	(1)	ア		/2
		イ		/3
	(2)	ア		/3
		イ	X	/2
			Y	/2
	(3)	①		/1
		②		/1
		③		/1
			小計	/15

5				
	(2)	番号	記号	/3
	(3)	ア		/3
		イ	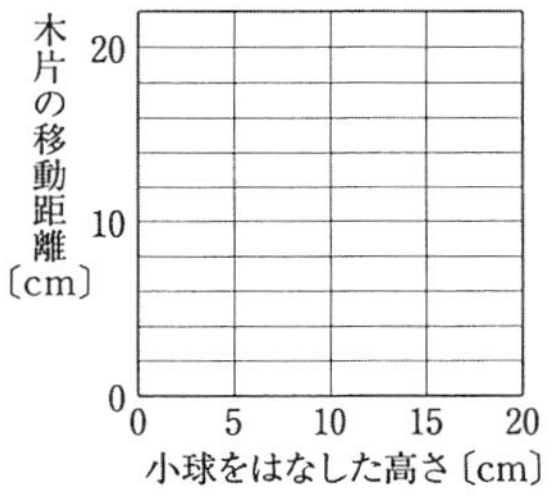	/4
			小計	/15

6				
	(1)	ア		/2
		イ		/3
		ウ	① ②	/3
	(2)	ア		/3
		イ		/4
			小計	/15

教英出版

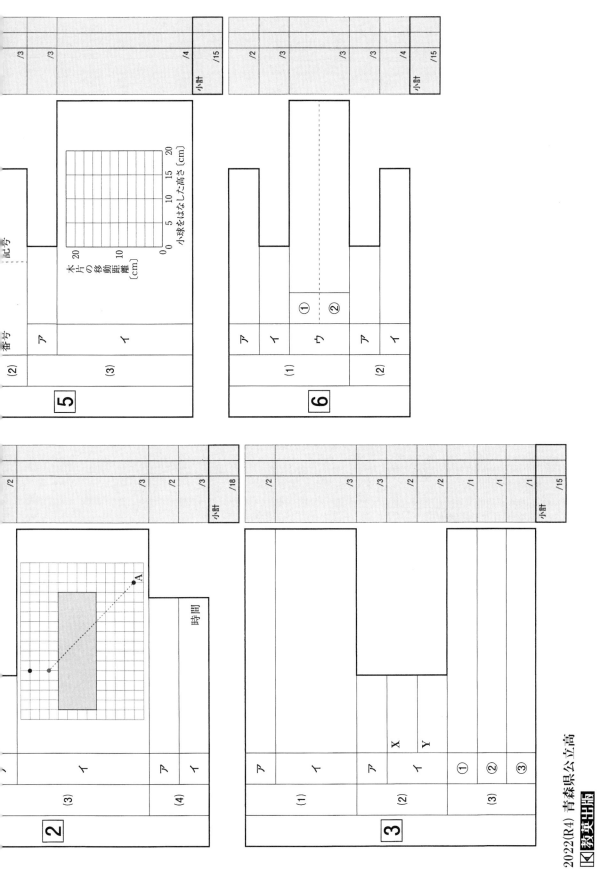

(5)		/2
(6)		/4
小計		/15

3	(1)		/2
	(2)		/2
	(3)		/2
	(4)		/3
	(5)		/3
	(6) A		/1
	(6) B		/1
	(6) C		/1
小計			/15

		/3
小計		/14

6	(1)		/2
	(2)		/2
	(3)		/2
	(4)		/2
	(5)		/3
	(6)	すべての国民が,	/3
小計			/14

7	(1)		/2
	(2)		/3
	(3)		/3
	(4)		/2
	(5)		/3
小計			/13

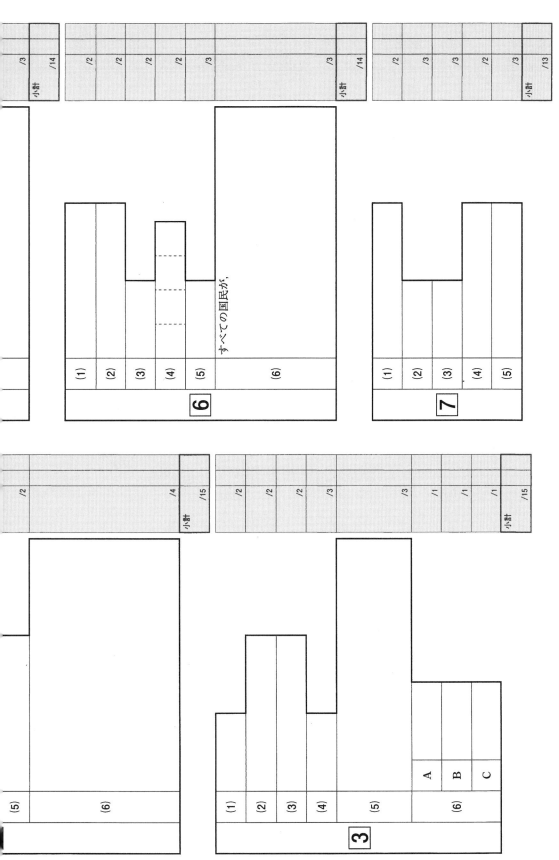

受 検 番 号

令和４年度県立高等学校入学者選抜学力検査

社 会 解 答 用 紙

※100点満点

【注意】（網掛け）の欄には何も記入しないこと。

総計
/100

1			配点
(1)			/2
(2)	度, 度		/2
(3)			/3
(4)	記号		
	国名		/2
(5)	ア		/2
	イ		/3
小計			/14

			配点
(1)			/2
(2)			/3
(3)	記号		

4		配点
(1)		/2
(2)		/2
(3)		/2
(4)		/3
(5)	→ →	/3
(6)		/3
小計		/15

5				配点
(1)	ア	A		/2
		B		/2
	イ	X		/1
		Y		/1
(2)				/2
(3)				

【解答

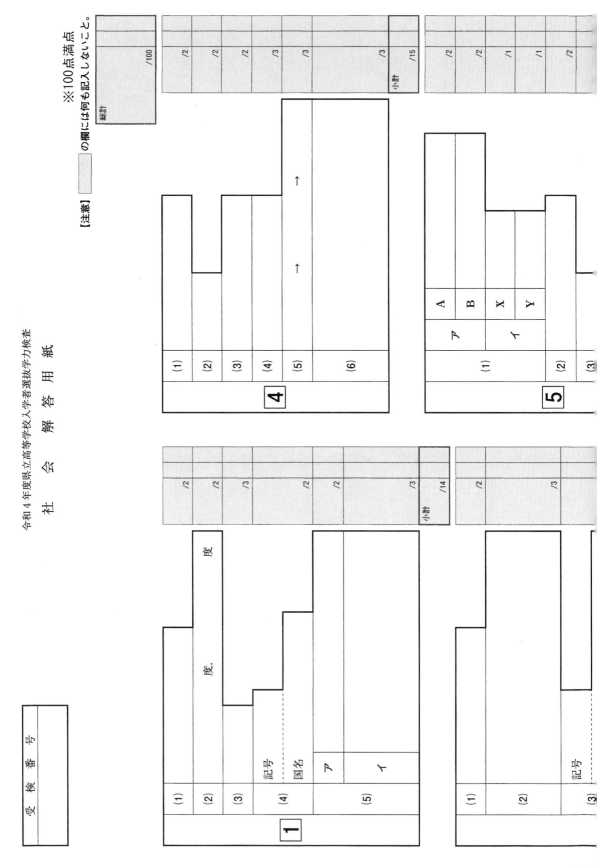

受検番号

令和４年度県立高等学校入学者選抜学力検査

理　科　解答用紙

※100点満点

【注意】　　の欄には何も記入しないこと。

総計	
	/100

1					採点
	(1)	ア			/2
		イ	①		/1
			②		/1
			③		/1
	(2)	ア			/2
		イ			/3
	(3)	ア			/2
		イ			/3
	(4)	ア			/2
		イ		・　・	/3
				小計	/20

				採点
	(1)		g	/3
		ア		

4					採点
	(1)				/2
	(2)	ア			/2
		イ			/3
		ウ	①		/3
			②		
	(3)	ア	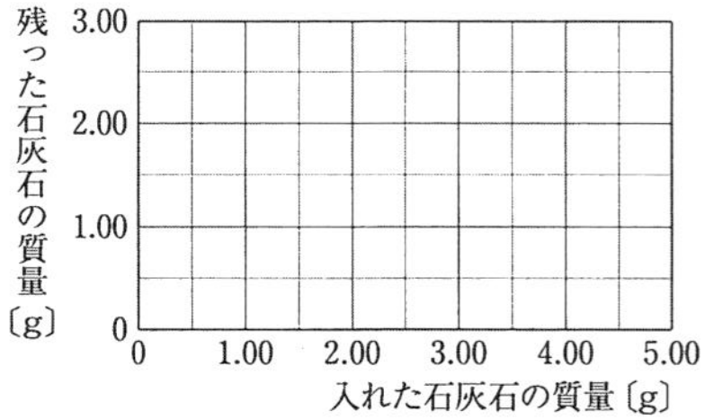		/3
		イ		g	/4
				小計	/17

【解答

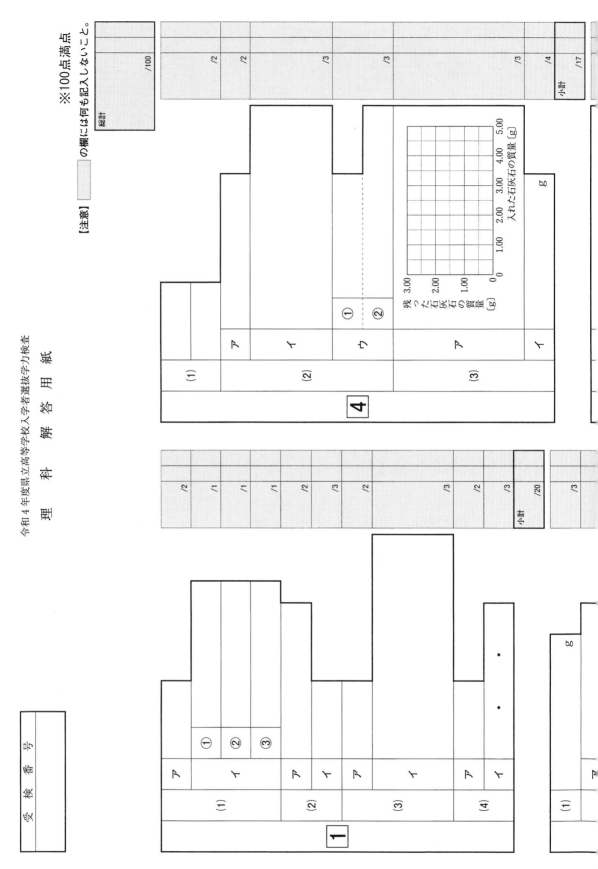

受検番号

令和４年度県立高等学校入学者選抜学力検査

英　語　解答用紙

※100点満点

【注意】 の欄には何も記入しないこと。

総計
/100

1	(1)	ア		イ		ウ		/9
	(2)	ア		イ		ウ		/9
	(3)	ア		イ				/6
	(4)	( )						/3

小計
/27

2	(1)	ア	( ) things.	/2
		イ	( ) the coins?	/2
		ウ	( ) a useful hole in your country's coins.	/2
	(2)			/2
	(3)	1		/3
		2		/3

小計
/14

	(1)	ア		/2

【解答

受検番号

令和４年度県立高等学校入学者選抜学力検査

数　学　解答用紙

※100点満点

【注意】　　　の欄には何も記入しないこと。

総計
/100

1	(1)	ア		/3
		イ		/3
		ウ		/3
		エ		/3
		オ		/3
	(2)		cm²	/4
	(3)			/4
	(4)	連立方程式		/2
		ドーナツ　個	クッキー　個	/2
	(5)	$a=$		/4

3	(1)	ア		cm	/2
		イ		cm	/3
	(2)	ア	Ⓐ		/2
			Ⓘ		/2
			Ⓤ		/2
		イ	(ア)	度	/2
			(イ)	cm	/3
				小計	/16

4	(1)			/2
	(2)			/2
	(3)	ア		/2
		イ	$t=$	/4
			小計	/10

【解答

4

(4)	(5)
/4	/6

小計 /22

5

(1)	(2)	(3)	(4) ア	(4) イ	(5)	(6)
/4	/4	/4	/2	/2	/6	/4

小計 /26

6

/10

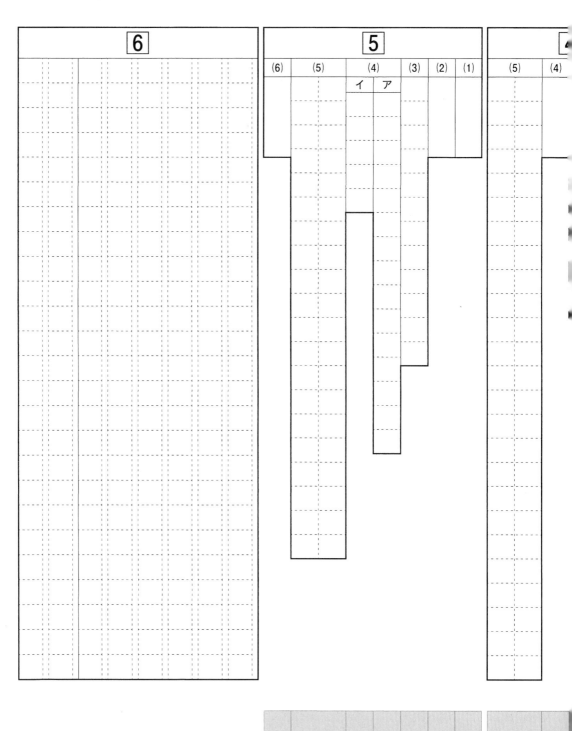

イの問題（間２秒）What did Mary hear from her father?（間２秒）
もう一度読みます。（間２秒）（質問を読む）（間２秒）答えを書きなさい。（間５秒）

ウの問題（間２秒）Who will go shopping with Mary?（間２秒）
もう一度読みます。（間２秒）（質問を読む）（間２秒）答えを書きなさい。（間３秒）

これで（２）を終わります。（間３秒）では，（３）に移ります。（間３秒）

（３）は，ジェーンとユウタの対話の一部を聞いて，質問に答える問題です。問題は，ア，イの二つあります。はじめに，対話を読みます。次に，質問を読みます。質問の答えとして最も適切なものを，１，２，３，４の中からそれぞれ一つ選んで，その番号を解答用紙に書きなさい。対話と質問は二回読みます。（間２秒）それでは始めます。（間３秒）

アの問題（間２秒）
Jane ： My friend invited me to the music festival this month and I will go.（間１秒）
Yuta ： That sounds good, Jane. I want to go with you. When will you go?（間２秒）

Question ： What will Jane say next?（間２秒）
もう一度読みます。（間２秒）（対話と質問を読む）（間２秒）答えを書きなさい。（間３秒）

イの問題（間２秒）
Jane ： Hi, Yuta. I heard that you have already watched this new movie.（間１秒）
Yuta ： That's right. I watched it two weeks ago, but I want to watch it again.（間１秒）
Jane ： How about watching it together next Sunday?（間２秒）

Question ： What will Yuta say next?（間２秒）
もう一度読みます。（間２秒）（対話と質問を読む）（間２秒）答えを書きなさい。（間３秒）

これで（３）を終わります。（間３秒）では，（４）に移ります。（間３秒）

（４）は，外国語指導助手のホワイト先生の話を聞いて，質問に答える問題です。話の最後の質問に対して，あなたなら何と答えますか。あなたの答えを解答用紙に英文で書きなさい。ホワイト先生の話は二回読みます。（間２秒）それでは始めます。（間３秒）

I tried to do many things in junior high school. Sometimes they didn't go well, but my friend helped me a lot. I improved myself after that. What do you do when your friends try to do something and it doesn't go well?（間２秒）

もう一度読みます。（間２秒）（英文と質問を読む）（間２秒）答えを書きなさい。（間 20 秒）

これで，放送による検査を終わります。あとの問題を続けてやりなさい。

たちで書いて、地域の人たちに伝えたいことを表現します。例えば、文化祭で三年生の学級旗が展示されたことを紹介するのはどうでしょうか。当日の様子に加えて、準備で大変だったことや学級旗に込めた思いを取材すると、より面白い記事になりそうです。見出しを一目見てわかるように工夫したり、写真や図を活用したりして、本校の生徒が楽しく活動する様子が伝わる新聞を目指しましょう。（間2秒）

［林さん］

そうですね、動画も新聞もどちらもよい方法だと思います。では、二人の意見を合わせて、新聞に、動画にアクセスできる読み取りコードやアドレスを掲載すれば、より多くの人たちが動画を見てくれるのではないでしょうか。（間3秒）

以上、役員会の様子は、ここまでです。続いて問題に移ります。

(1)の問題。本田さんは、動画の特徴はどのようなことだと言っていましたか。書きなさい。（間15秒）

(2)の問題。本田さんは、さまざまな人にわかりやすい動画にするために、話す速さや表情を工夫することと、もう一つ、どのようなことが大切だと言っていましたか。書きなさい。（間25秒）

(3)の問題。本田さんと中村さんの意見の述べ方の説明として最も適切なものを、これから言う、1、2、3、4の中から一つ選んで、その番号を書きなさい。

1 本田さんは、本やインターネットの内容を引用することで、聞き手が納得できるように意見を述べている。

2 中村さんは、調査した結果の数値をあげて、高齢化による地域の課題を知ってもらえるように意見を述べている。

3 本田さんも中村さんも、はじめに主張を明確に示して、話の中心がわかりやすく伝わるように意見を述べている。

4 本田さんも中村さんも、他者の意見に対して共感する点をあげて、話し合いがまとまるように意見を述べている。（間10秒）

(4)の問題。【資料】の新聞の一部は、ある生徒が、文化祭での学級旗の展示について書いた記事です。記事の内容に合わせて、「学級旗」という語を使って、見出しを考えて書きなさい。（間40秒）

これで、放送による検査を終わります。では、あとの問題を続けてやりなさい。

4 下の文章は，ある生徒が食生活の歴史について，カレーライスをテーマとしてまとめたものである。次の（1）～（6）に答えなさい。（15点）

> 「カレー」という言葉をはじめて紹介したのは，福沢諭吉《ふくざわゆきち》だといわれる。諭吉は1860年，ⓐ日米修好通商《にちべいしゅうこうつうしょう》条約を結ぶ手続きをするためにアメリカに派遣された。アメリカで諭吉は一冊の辞書を手に入れ，帰国後，日本語に訳した。その中に「カレー」を意味する言葉があった。
>
> ⓘ明治時代になると，文明開化《ぶんめいかいか》によって，食生活にも西洋料理が取り入れられ，カレーライスはイギリス料理として紹介された。カレーライスは，大鍋で一度に大量に作ることができるため，軍隊での料理で大いに活用された。ⓤ徴兵《ちょうへい》制によって，兵役の義務が課せられた人々が，除隊《じょたい》後にカレーライスの味と作り方をふるさとに持ち帰った。
>
> 大正時代には，カレーライスは一般家庭にも広く普及した。また，1923年9月1日に発生した（ ⓔ ）の後の復興の中で，西洋料理を提供する食堂が急増し，カレーライスは人気料理として，多くの人々に食べられた。
>
> しかし，1931年のⓞ満州事変《まんしゅうじへん》から，戦争の時代に入ると，スパイスの輸入が制限されるようになり，カレーライスは食卓から姿を消した。戦後，カレー粉の製造が再開され，ⓚ1950年代半ばには固形のカレールーが開発された。また，高度経済成長《こうどけいざいせいちょう》期には，レトルトカレーも販売され，カレーライスは人気料理の一つになった。

（1）下線部ⓐが結ばれたときの江戸幕府の大老《たいろう》は誰か，人物名を書きなさい。

（2）下線部ⓘの様子について述べた文として**適切でないもの**を，次の1～4の中から一つ選び，その番号を書きなさい。

1　民主主義の教育の基本を示す教育基本法などが作られた。

2　れんが造りなどの欧米風の建物が増え，道路にはランプやガス灯がつけられた。

3　太陽暦《たいようれき》が採用され，1日を24時間，1週間を七日とすることになった。

4　活版印刷の普及で，日刊新聞や雑誌が発行されるようになった。

（3）下線部ⓤや殖産興業《しょくさんこうぎょう》など，欧米諸国に対抗するため，経済を発展させ軍隊を強くする政策を何というか，書きなさい。

（4）（ ⓔ ）にあてはまる語を書きなさい。

（5）下線部ⓞの後に起こった次の1～3の出来事を年代の古い順に並べ，その番号を書きなさい。

1　日本軍が，アメリカの軍事基地があるハワイの真珠湾《しんじゅわん》を攻撃した。

2　日本は，ドイツ，イタリアと日独伊《にちどくい》三国同盟を結んだ。

3　日本軍と中国軍が，北京《ペキン》郊外の盧溝橋《ろこうきょう》付近で武力衝突を起こした。

（6）右の資料は，下線部ⓚの日本の外交に関する出来事を表している。資料中の［　　　　　　］に入る適切な内容を，次の**2語**を用いて書きなさい。

調印　　**国交**

資料

西暦	主な出来事
1951年	アメリカなど48か国とサンフランシスコ平和条約を結んだ。 アメリカと日米安全保障条約を結んだ。
1956年	［　　　　　　］ことにより，日本は国際連合に加盟し，国際社会に復帰した。

5 下の文章は，ある生徒が地方自治と私たちの生活についてまとめたものである。次の（1）～（4）に答えなさい。(14 点)

> 私たちは毎日の生活を，自分たちが住む地域という社会で営んでいる。地域は住民自身によって運営されるべきであり，そのために国から自立した地方公共団体を作るという原則が，Ⓐ日本国憲法に明確に示されている。地方自治は，住民の生活に身近な民主主義を行う場であり，「民主主義の（　Ⓘ　）」とよばれている。
> Ⓤ地方公共団体の首長《しゅちょう》が，都道府県知事と市町村長である。首長は，そのⒺ地方公共団体の予算を作って地方議会に提出し，地方議会が議決した予算を実行したり，地方公共団体の税金を集めたりする仕事を担当する。

（1）下線部Ⓐについて，次のア，イに答えなさい。

ア　資料1中の（　A　），（　B　）にあてはまる語句を，それぞれ書きなさい。

イ　第12条中の公共の福祉により，人権の制限が認められる場合がある。下のX，Yの人権が制限される例を，次の1～6の中からそれぞれ一つ選び，その番号を書きなさい。

X　労働基本権　　　　Y　表現の自由

資料1

前文	日本国民は，正当に（　A　）された国会における代表者を通じて行動し，…
第3条	天皇の国事に関するすべての行為《こうい》には，内閣の（　B　）を必要とし，内閣が，その責任を負ふ。
第12条	この憲法が国民に保障する自由及《およ》び権利は，国民の不断の努力によつて，これを保持しなければならない。又《また》，国民は，これを濫用《らんよう》してはならないのであつて，常に公共の福祉《ふくし》のためにこれを利用する責任を負ふ。

1　他人の名誉《めいよ》を傷つける行為の禁止　　2　企業《きぎょう》の価格協定（カルテル）などの禁止
3　不備な建築の禁止　　4　無資格者による営業の禁止
5　道路や空港建設のための土地の収用　　6　公務員のストライキ禁止

（2）（　Ⓘ　）にあてはまる語を書きなさい。

（3）下線部Ⓤについて述べた文として**適切でないもの**を，次の1～4の中から一つ選び，その番号を書きなさい。

1　首長は，議会が議決した条例や予算を拒否《きょひ》して審議《しんぎ》のやり直しを求めることができる。
2　議会は，首長の不信任の議決をすることができる。
3　住民がリコールを求めて集めた署名に基づく住民投票で過半数の賛成があれば，首長は解職される。
4　議会は，住民が直接選挙で選んだ議員の中から首長を指名することができる。

（4）下線部Ⓔについて，資料2は，主な都道府県の歳入《さいにゅう》とその内訳を表している。資料2中の地方交付税交付金について述べた下の文中の［　　　　］に入る適切な内容を書きなさい。

> 自主財源だけでまかなえない分を補う依存財源のうち，［　　　　］ために国から配分されるのが地方交付税交付金である。

資料2

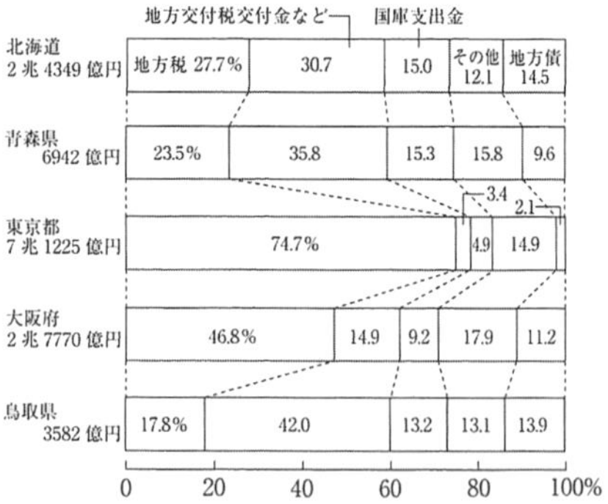

〔「地方財政統計年報」平成 28 年度による〕

2022(R4) 青森県公立高
教英出版

6 下の表は，ある生徒が暮らしと経済についてまとめたものである。次の（1）～（6）に答えなさい。（14点）

消費生活	私たちが消費するあ⃝商品は，農家や工場，商店などで生産され，卸売《おろしうり》業者や小売業者によって消費者に届けられる。 消費とは，私たちが商品を受け取る代わりに，お店にお金を支払うように，い⃝商品とお金のやりとりでつながっている。
消費者主権	私たちが買い物をするときには，う⃝企業の広告にたよることが多い。え⃝消費者が自分の意思と判断で，適切な商品を自由に選んで購入することが必要である。
価格の決まり方	お⃝商品の価格は，消費者の買う量と生産者の売る量との関係で変化する。 電気やガス，水道などの価格は，国や地方公共団体が決定や認可《にんか》をしている。
さまざまな税金	所得税や相続税などの直接税は，所得が高い人ほど，所得や財産などに対する税金の割合を高くする，累進《るいしん》課税の方法が採られている。 か⃝消費税などの間接税は，所得が低い人ほど，所得にしめる税金の割合が高くなるという逆進性がある。

（1）下線部あ⃝について，電車に乗ったり美容室で髪を切ったりといった，形の無い商品をサービスというのに対して，食品や衣類といった，形のある商品を何というか，書きなさい。

（2）下線部い⃝をするときに，売る側と買う側との間で成立している合意を何というか，書きなさい。

（3）下線部う⃝が果たすべき社会的責任として**適切でないもの**を，次の1～4の中から一つ選び，その番号を書きなさい。

1　法令を守り，情報を公開すること。
2　公開市場操作を行い，景気を安定させること。
3　従業員の生活を安定させることや消費者の安全を守ること。
4　教育や文化，環境《かんきょう》保護などの面で社会に貢献《こうけん》すること。

（4）下線部え⃝について述べた下の文章中の［　　］にあてはまる語を**カタカナ4字**で書きなさい。

> 消費者それぞれが各自にとっての社会的課題の解決を考慮《こうりょ》したり，そうした課題に取り組む事業者を応援しながら消費生活を行うことを［　　］消費という。リサイクルの商品やフェアトレードの商品，被災《ひさい》地の商品などを選ぶことで，持続可能な社会の実現に貢献することができる。

（5）下線部お⃝について，右の資料は，需要《じゅよう》量・供給量・価格の関係を表している。下の文章中の（　A　）～（　C　）にあてはまる語句の組み合わせとして適切なものを，次の1～4の中から一つ選び，その番号を書きなさい。

資料

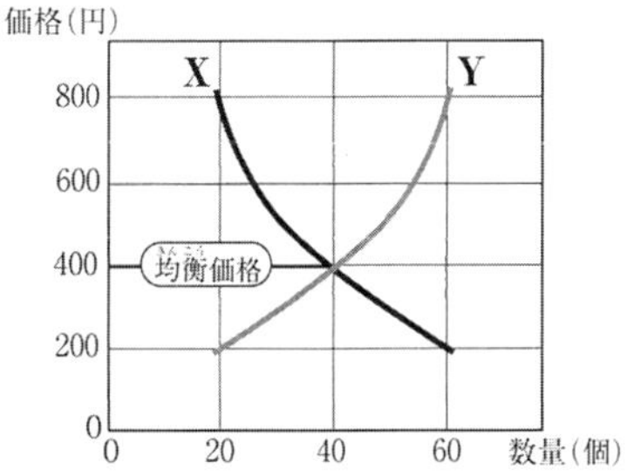

> 曲線Xは，（　A　）曲線である。価格が800円のとき，商品は（　B　）。やがて，価格は（　C　）し，需要量と供給量が一致《いっち》するような価格に落ち着いていく。

1　A―需要　B―売れ残る　C―下落　　2　A―需要　B―売り切れる　C―上昇
3　A―供給　B―売れ残る　C―上昇　　4　A―供給　B―売り切れる　C―下落

（6）下線部か⃝について，この理由を「すべての国民が，」に続けて，**所得**という語を用いて書きなさい。

7 下のレポートは，ある生徒が興味をもった文化遺産について調べてまとめたものの一部である。次の（1）～（5）に答えなさい。(13 点)

世界文化遺産

バチカン　サン・ピエトロ大聖堂

バチカンは全カトリック教会の総本山であり㋐ローマ教皇を元首とする国である。

世界最大のキリスト教建築物であるサン・ピエトロ大聖堂は，324 年に創建された。

イスファハン　イマームモスク

イスファハンは㋑イランの中部に位置する都市である。

青を基調とした幾何学《きかがく》模様のタイルに覆《おお》われ，イスラム建築の中でも屈指の美しさを誇る。

日本の無形文化遺産

小千谷縮《おぢやちぢみ》・越後上布《えちごじょうふ》

小千谷縮は，㋒新潟県の小千谷市を中心に，越後上布は南魚沼《みなみうおぬま》市を中心に生産される麻の織物である。

聖武天皇が使用した道具や楽器などが保管されていた東大寺の（ ㋓ ）の宝庫《ほうこ》にも「越後の麻布」という記録が残っている。

アイヌ古式舞踊

㋔アイヌ民族の伝統的な舞踊《ぶよう》（サロルン リムセ 鶴《つる》の踊《おど》り）

アイヌの人々によって伝承されている歌と踊りで，アイヌの主要な祭りや家庭での行事などに踊られる。

（1）11 世紀末に下線部㋐の呼びかけにより，聖地エルサレムをイスラム教の勢力から取り戻すために組織された軍隊を何というか，書きなさい。

（2）右の資料は，下線部㋑，ベトナム，フランス，アメリカの家畜頭数を表している。下線部㋑の家畜頭数を表しているものを，資料中の 1 ～ 4 の中から一つ選び，その番号を書きなさい。

資料

	牛（千頭）	豚（千頭）	羊（千頭）	鶏（百万羽）
1	6060	19616	—	383
2	94805	78658	5230	1972
3	18151	13510	7105	238
4	5194	—	41304	1091

〔「世界国勢図会 2021/22」による〕

（3）下の 1 ～ 4 は，旭川《あさひかわ》市，秋田市，上越《じょうえつ》市，鳥取市のいずれかの雨温図を表している。下線部㋒の都市の一つである上越市の雨温図として適切なものを，1 ～ 4 の中から一つ選び，その番号を書きなさい。

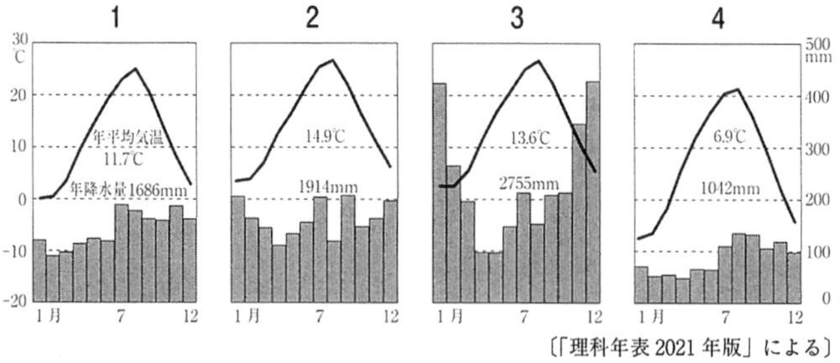

〔「理科年表 2021 年版」による〕

（4）（ ㋓ ）にあてはまる語を書きなさい。

（5）下線部㋔について述べた下の文章中の ☐ にあてはまる語を書きなさい。

> 2019 年に制定されたアイヌ民族支援法では，アイヌ民族が ☐ 民族として法的に位置付けられた。この法律の下で，民族としての誇りが尊重される社会の実現が目指されている。

K 教英出版